高等职业教育产教融合系列教材·电子商务类
2021年江苏省高等学校重点教材立项

电子商务法律法规

主　编　郑广成　俞国红

北京理工大学出版社
BEIJING INSTITUTE OF TECHNOLOGY PRESS

内容简介

本书围绕高职高专人才培养目标,对电子商务活动过程中应遵循的法律法规进行了详细的介绍,特别对法学研究中的热点进行了探讨,并有针对性地列举了大量电子商务案例,内容丰富,重点突出。本书主要内容包括电子商务法律关系与立法概况、《电子商务法》概述、电子签名法律制度、电子认证法律制度、电子合同法律制度、电子支付法律制度、电子商务广告法律制度、电子商务与知识产权法律制度、电子商务消费者权益保护法律制度、电子商务网络隐私权保护法律制度、电子商务税收法律制度、跨境电子商务法律法规、电子商务纠纷的解决。本书每章均配有案例、同步阅读、课后测试,对应的课程标准、授课计划、教案、教学视频、习题作业、试卷等电子教学资料请进入泛雅教学平台下载。

党的二十大报告全面擘画了中华民族伟大复兴的宏伟蓝图,提出了一系列新观点、新论断、新思想、新战略。作为广大电商从业者,要自觉深入学习领会二十大报告所蕴含的精神实质和丰富内涵,深刻理解其历史洞察力、理论引领力、实践指导力,积极推进电子商务法律理论创新和实践创新,为新时代电子商务行业发展贡献力量。

本书可以作为高职高专专业教材、电子商务培训教材、电子商务自学参考用书,也可作为相关领域管理人员的参考用书和培训教材。

版权专有　侵权必究

图书在版编目(CIP)数据

电子商务法律法规 / 郑广成,俞国红主编. 北京:北京理工大学出版社,2021.9 (2023.8 重印)

ISBN 9787576304527

Ⅰ. ①电… Ⅱ. ①郑… ②俞… Ⅲ. ①电子商务法规中国高等学校教材 Ⅳ. ①D922.294

中国版本图书馆 CIP 数据核字(2021)第 200134 号

出版发行 / 北京理工大学出版社有限责任公司
社　　址 / 北京市海淀区中关村南大街 5 号
邮　　编 / 100081
电　　话 / (010)68914775(总编室)
　　　　　 (010)82562903(教材售后服务热线)
　　　　　 (010)68944723(其他图书服务热线)
网　　址 / http://www.bitpress.com.cn
经　　销 / 全国各地新华书店
印　　刷 / 三河市天利华印刷装订有限公司
开　　本 / 787 毫米 × 1092 毫米　1/16
印　　张 / 15.25
字　　数 / 358 千字
版　　次 / 2021 年 9 月第 1 版　2023 年 8 月第 3 次印刷
定　　价 / 46.00 元

责任编辑 / 吴　欣
文案编辑 / 吴　欣
责任校对 / 周瑞红
责任印制 / 施胜娟

图书出现印装质量问题,请拨打售后服务热线,本社负责调换

前　言

本教材主要介绍了电子商务及其相关法律体系，紧紧围绕2021年实施的《中华人民共和国民法典》和2019年施行的《中华人民共和国电子商务法》，内容丰富、重点突出、特色鲜明。本教材具有以下四个特点。

第一，内容条理清晰、深入浅出、准确严谨。全书分为13章，详细阐述了电子商务中的法律问题，并列举了大量电子商务案例，寓电商法律知识于典型案例的分析中，结合观点论述，有理有据。

第二，具有前瞻性和实用性。本教材涉及的法律知识与电子商务联系紧密，引入数字人民币、跨境电子商务、互联网司法、在线纠纷解决机制ODR、替代性纠纷解决机制ADR等热门领域涉及的法律法规知识，注重培养网络文明素养、电子商务诚信素养、信息安全与保密素养。

第三，注意培育法律思维能力，通过熟悉与电子商务相关的政策、法规和国际惯例，提升法律问题分析能力，将"遵法、学法、守法、用法"的理念贯穿到电子商务经营活动和日常学习生活中，增强风险防范意识，保护企业和客户合法权益。

第四，将知识、技能及思政融于一体，并将这三个维度的学习目标内化到课程内容中。贯彻落实党的二十大精神，构建高质量电商创新体系，推动数字经济高质量发展，尤其是将课程知识点与社会主义核心价值观、职业道德、法治意识、优秀文化等进行融合，建立"厚商德、明规范、强技能"的人才培养目标，达到德行素养与技术技能相统一，以课程思政的方式进一步落实立德树人的电子商务人才培养目标。

本教材的编写分工如下：苏州健雄职业技术学院电子商务技术团队郑广成教授负责编写第6章和第8章，企业工程师杨磊负责编写第12章，企业工程师周丽君负责编写第7章，专任教师俞国红副教授负责全书其余章节的编写和全书的统稿工作。

本教材是校企融合的合作教材，既可作为高职高专院校电子商务、经济管理、市场营销、信息管理等专业的学习教材，又可作为各类与电子商务有关的短期企业培训班的培训教材。

编　者
2021.8

目　录

第1章　电子商务法律关系与立法概况 … 1

1.1　电子商务法律制度 … 2
1.1.1　电子商务的法律问题 … 3
1.1.2　电子商务对传统法规的挑战 … 3
1.1.3　电子商务法律关系的概念 … 4
1.1.4　电子商务法律关系的内容 … 7

1.2　国内外电子商务立法概况 … 9
1.2.1　国际组织的电子商务立法 … 9
1.2.2　国际组织电子商务立法概况 … 11
1.2.3　世界各国立法概况 … 12
1.2.4　我国电子商务法律法规立法概况 … 14

职业素养养成 … 16
本章小结 … 16
本章习题 … 16

第2章　《电子商务法》概述 … 18

2.1　《电子商务法》基础 … 19
2.1.1　《电子商务法》立法背景和进程 … 20
2.1.2　《电子商务法》的性质和地位 … 21
2.1.3　《电子商务法》的基本原则 … 22
2.1.4　我国《电子商务法》的特征 … 23

2.2　《电子商务法》内容解读 … 25
2.2.1　《电子商务法》体例框架 … 25

2.2.2　《电子商务法》重点条款解读 ································ 26
　职业素养养成 ··· 29
　本章小结 ··· 30
　本章习题 ··· 30

第3章　电子签名法律制度 ··· 32

　3.1　电子签名的法律效力 ·· 33
　　3.1.1　《电子签名法》 ·· 34
　　3.1.2　电子签名 ··· 34
　　3.1.3　电子签名的颁发 ··· 37
　　3.1.4　电子签名人的法律责任 ····································· 38
　　3.1.5　电子签名认证机构的法律义务和责任 ·················· 39
　　3.1.6　电子签名的认证服务 ······································· 39
　3.2　数据电文的法律问题 ·· 39
　　3.2.1　数据电文的含义 ··· 40
　　3.2.2　数据电文的法律效力 ······································· 40
　职业素养养成 ··· 46
　本章小结 ··· 46
　本章习题 ··· 46

第4章　电子认证法律制度 ··· 49

　4.1　电子认证的功能和法律 ·· 50
　　4.1.1　电子认证的应用领域 ······································· 51
　　4.1.2　电子认证 ··· 51
　　4.1.3　电子认证相关法律法规 ···································· 53
　　4.1.4　电子认证服务管理的基本制度 ··························· 55
　　4.1.5　电子认证机构的义务和权利 ······························ 56
　4.2　电子认证法律关系及行为规范 ··································· 57
　　4.2.1　电子认证法律关系 ·· 57
　　4.2.2　《电子认证服务管理办法》解读 ························ 58
　　4.2.3　《电子认证服务密码管理办法》解读 ·················· 59
　职业素养养成 ··· 62
　本章小结 ··· 62
　本章习题 ··· 63

第 5 章　电子合同法律制度 ……………………………………………………… 65

5.1　电子合同的订立与履行 …………………………………………………… 66
  5.1.1　电子合同的含义与特征 ……………………………………………… 67
  5.1.2　电子合同的订立 ……………………………………………………… 67
  5.1.3　电子合同的成立与生效 ……………………………………………… 70
  5.1.4　电子商务合同的履行 ………………………………………………… 72
5.2　格式条款与格式合同 ……………………………………………………… 73
  5.2.1　格式条款的定义和特点 ……………………………………………… 74
  5.2.2　格式合同的定义与特征 ……………………………………………… 75
  5.2.3　电子格式合同 ………………………………………………………… 76
  5.2.4　格式合同的法律特征 ………………………………………………… 77
  5.2.5　电子格式合同行使过程中存在的问题 ……………………………… 78
  5.2.6　电子商务中的格式条款 ……………………………………………… 79
职业素养养成 …………………………………………………………………… 81
本章小结 ………………………………………………………………………… 81
本章习题 ………………………………………………………………………… 82

第 6 章　电子支付法律制度 ……………………………………………………… 84

6.1　电子支付及其法律问题 …………………………………………………… 85
  6.1.1　电子支付概述 ………………………………………………………… 86
  6.1.2　电子支付工具 ………………………………………………………… 91
  6.1.3　电子支付当事人的法律关系 ………………………………………… 93
  6.1.4　电子支付的法律关系 ………………………………………………… 94
6.2　电子支付的风险防范 ……………………………………………………… 95
  6.2.1　电子支付的风险 ……………………………………………………… 96
  6.2.2　电子支付法律法规 …………………………………………………… 97
  6.2.3　电子支付交易安全的防范措施 ……………………………………… 98
职业素养养成 …………………………………………………………………… 101
本章小结 ………………………………………………………………………… 102
本章习题 ………………………………………………………………………… 102

第 7 章　电子商务广告法律制度 ………………………………………………… 104

7.1　广告法律制度 ……………………………………………………………… 105
  7.1.1　《广告法》立法宗旨和适用范围 …………………………………… 106
  7.1.2　广告法律关系 ………………………………………………………… 106
  7.1.3　电子商务广告治理 …………………………………………………… 108

  7.1.4 电子商务广告的法律规制 ······ 109
 7.2 网络广告与不正当竞争 ······ 110
  7.2.1 网络广告的概念与特点 ······ 111
  7.2.2 网络广告存在的问题 ······ 111
  7.2.3 对网络广告中极限用语的处罚 ······ 112
  7.2.4 网络广告的法律监管 ······ 113
  7.2.5 广告准则的作用 ······ 115
  7.2.6 广告准则的具体内容 ······ 115
 职业素养养成 ······ 117
 本章小结 ······ 118
 本章习题 ······ 118

第8章 电子商务与知识产权法律制度 ······ 120

 8.1 知识产权法律制度 ······ 121
  8.1.1 知识产权概述 ······ 122
  8.1.2 知识产权与电子商务的关系 ······ 123
  8.1.3 著作权保护 ······ 124
  8.1.4 注册商标专用权的保护 ······ 125
  8.1.5 侵犯知识产权的法律责任 ······ 126
 8.2 电子商务中的知识产权保护 ······ 128
  8.2.1 专利侵权行为 ······ 128
  8.2.2 商标侵权行为 ······ 129
  8.2.3 著作权侵权行为 ······ 130
  8.2.4 知识产权诉讼 ······ 131
  8.2.5 《电子商务法》与知识产权保护 ······ 132
  8.2.6 侵犯知识产权的处罚方式 ······ 133
 职业素养养成 ······ 135
 本章小结 ······ 135
 本章习题 ······ 135

第9章 电子商务消费者权益保护法律制度 ······ 137

 9.1 消费者权益保护法律制度 ······ 138
  9.1.1 消费者的基本权利 ······ 139
  9.1.2 电子商务中的消费者权益保护问题 ······ 141
  9.1.3 消费者权益保护的相关法律法规 ······ 143
  9.1.4 消费者权益保护的具体内容 ······ 146
  9.1.5 消费者权益受到侵害的维权方法 ······ 148

	9.1.6	名誉侵犯行为的判断	148
	9.1.7	信息网络服务提供者的侵权责任	149
9.2	电子商务中的消费者权益保护		150
	9.2.1	消费者权益保护的历史与现状	150
	9.2.2	消费者权益保护的内容	151

职业素养养成 …………………………………………………………………………… 154
本章小结 ………………………………………………………………………………… 155
本章习题 ………………………………………………………………………………… 155

第 10 章　电子商务网络隐私权保护法律制度　　157

10.1　电子商务网络隐私权法律制度 …………………………………………………… 158
　　10.1.1　隐私权与个人信息保护 ……………………………………………………… 159
　　10.1.2　保护消费者隐私权的相关法律法规 ………………………………………… 161
10.2　电子商务中的网络隐私权保护 …………………………………………………… 165
　　10.2.1　电商平台用户的个人信息 …………………………………………………… 166
　　10.2.2　电商平台用户隐私的判断方法 ……………………………………………… 166
　　10.2.3　电商平台泄露用户隐私的危害 ……………………………………………… 167
　　10.2.4　个人信息资料保护的规则和对策 …………………………………………… 167
　　10.2.5　《个人信息保护法》内容介绍 ………………………………………………… 168
　　10.2.6　涉及个人信息保护的其他法律 ……………………………………………… 169

职业素养养成 …………………………………………………………………………… 172
本章小结 ………………………………………………………………………………… 172
本章习题 ………………………………………………………………………………… 172

第 11 章　电子商务税收法律制度　　174

11.1　现行税法概述 ……………………………………………………………………… 175
　　11.1.1　税收和税法 …………………………………………………………………… 176
　　11.1.2　电子商务对现行税收制度的影响 …………………………………………… 178
　　11.1.3　电子商务税务登记和报税流程 ……………………………………………… 178
　　11.1.4　电子商务税收政策 …………………………………………………………… 180
11.2　我国电子商务税收法律制度 ……………………………………………………… 182
　　11.2.1　现行税收法律关系的构成 …………………………………………………… 183
　　11.2.2　纳税主体的权利和义务 ……………………………………………………… 184
　　11.2.3　电子商务税收征管 …………………………………………………………… 184
　　11.2.4　税收法律关系的内容 ………………………………………………………… 185
　　11.2.5　偷税漏税的法律责任 ………………………………………………………… 185

职业素养养成 …………………………………………………………………………… 188

本章小结 ·· 189
　　本章习题 ·· 189

第 12 章　跨境电子商务法律法规 ·· 191

12.1　跨境电子商务法律法规政策 ·· 192
　　12.1.1　跨境电子商务概述 ··· 193
　　12.1.2　跨境电子商务行业面临的常见风险 ························· 194
　　12.1.3　我国出台的跨境电商相关法律政策 ························· 198
12.2　跨境电子商务知识产权保护 ·· 201
　　12.2.1　跨境电子商务侵犯知识产权的行为 ························· 201
　　12.2.2　跨境电子商务知识产权侵权的防范 ························· 202
　　12.2.3　海外跨境电商平台的维权方式 ································ 203
12.3　跨境电子商务税收政策 ·· 203
　　12.3.1　跨境电子商务零售进口税收政策 ···························· 204
　　12.3.2　跨境电子商务零售出口税收政策 ···························· 206
　　职业素养养成 ·· 209
　　本章小结 ·· 210
　　本章习题 ·· 210

第 13 章　电子商务纠纷的解决 ·· 212

13.1　电子商务纠纷的概率和种类 ·· 213
　　13.1.1　电子商务纠纷的发展趋势 ······································ 214
　　13.1.2　电子商务纠纷的类型 ··· 214
　　13.1.3　电子商务纠纷的解决机制 ······································ 215
　　13.1.4　网络在线纠纷的解决方式 ······································ 217
　　13.1.5　域名、无线网址、短信网址纠纷的处理 ·················· 219
13.2　电子商务纠纷的法律解决 ··· 220
　　13.2.1　电子商务纠纷处理流程 ··· 221
　　13.2.2　互联网法院 ·· 222
　　职业素养养成 ·· 226
　　本章小结 ·· 226
　　本章习题 ·· 227

附录 1：电子商务领域涉及的部分法律 ··· 228
附录 2：电子商务领域涉及的部分法规 ··· 229
附录 3：电子商务领域涉及的常用法律网站 ································· 231
参考文献 ·· 232

第1章　电子商务法律关系与立法概况

电子商务又称电商，作为一种新的经济形式，需要构建完善的法律体系以促进其发展。电子商务立法体系是维护社会经济秩序和促进社会主义市场经济健康发展的必要保障。法律为企业的经营活动保驾护航，企业要从根本上避免法律风险，不仅需要企业自身的规范运行，还要为降低商业决策等方面的风险甄别出法律问题，最大限度避免各种风险出现。

本章主要内容包括：电子商务法律关系及其构成；国际组织电子商务立法概况；世界主要国家电子商务立法概况；我国电子商务立法概况。

知识点思维导图

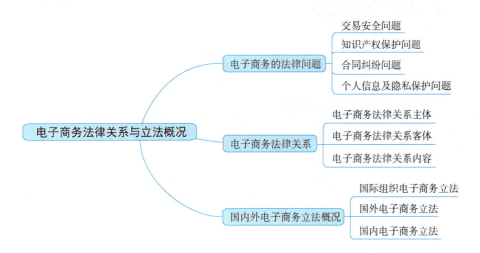

本章学习目标

知识目标

1. 了解电子商务对传统法律法规的挑战。
2. 了解国际组织电子商务立法概况。
3. 了解世界主要国家电子商务立法概况。
4. 了解我国电子商务立法概况。

技能目标

1. 会分析比较国内外电子商务法律法规。
2. 能明确电子商务法律法规对促进电子商务发展的重要作用。

思政目标

1. 树立学法、遵法、守法的法治意识。
2. 具备诚实守信、合法经营的职业操守。

1.1 电子商务法律制度

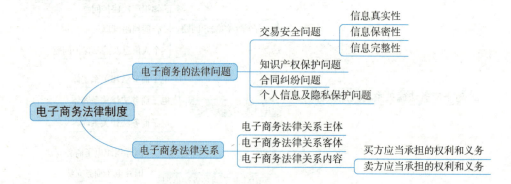

【工作任务】

电子商务法律需求日益增加,电子商务立法驶入快车道。小王是某电子商务公司新上任的法务代表,作为公司专职法务人员,小王急需学习电子商务法律法规的知识。

请你上网获知电子商务法律制度、电子商务法律体系的构成、电子商务法律关系等内容，帮助小王理解电子商务法律关系。

【工作过程】

 1.1.1　电子商务的法律问题

电子商务经营活动中面临以下主要法律问题。

1. 电子商务合同纠纷问题

由于电子商务合同的签订、履行都在虚拟的空间环境中进行，因此当合同纠纷发生时，会出现电子合同的合同纠纷管辖权不明确、证据获取难度加大、责任划分困难等问题，这些问题给电子商务从业者带来了困境。

2. 电子商务交易安全问题

电子商务交易安全问题来源于技术层面、人为因素和法律缺陷。对于电子支付的安全问题，由于网络特殊的跨国性交易特征，除需要从业者的自律规范之外，更需要通过各国有关银行或金融的相关法规加以规范。

3. 电子商务知识产权保护问题

在电子商务发展过程中，侵犯知识产权的问题愈加突出，这不仅损害了消费者的利益，更侵犯了知识产权权利人的合法权益，严重扰乱了电子商务市场秩序。

4. 个人信息及隐私保护问题

加强网络环境下消费者隐私权保护是促进电子商务发展的必然要求。在电子商务环境中，消费者隐私权既体现为人格权，又体现为信息财产权，其受侵害的主要形式是个人信息被任意收集、再次开发利用和非法转让。

 1.1.2　电子商务对传统法规的挑战

电子商务与传统商务在原则上是没有区别的，电子商务也是关于当事人之间就某一物品或服务在各自权利和义务上的约定。因此，电子商务法律关系中的权利和义务与传统商务是一致的。电子商务对传统法律的挑战，主要体现在以下三个方面。

1. 电子商务行为规范的问题

电子商务主体准入不规范，导致电子服务商的设立不规范。传统的商事主体需经工商行政管理机关登记注册、领取营业执照，方可在核准登记的经营范围内从事经营活动。而从事电子商务经营活动的主体资格缺乏规范，由于网络市场的跨行业、跨部门、跨地区性，人们无法确认电子商务行为的合规性。

2. 电子数据取证的问题

电子数据只能处于一种虚拟的环境中，它们很容易遭受篡改。为了确保电子商务经营活动所用电子数据的真实合法性，一方面在电子数据的收集、提取过程中，要保证取证主体的合法性和取证程序的合规性，取证工具要经过认证；同时，应注意电子数据的规格、类别、文件格式是否规范清晰。

3. 电子证据认证的问题

随着电子签名技术的发展，电子数据也同样具有与书证一样的证明力。例如，电子签名法就规定了可靠的电子签名与手写签名或者盖章具有同等的法律效力，随着电子签名技术的逐渐成熟，我国民事诉讼中赋予可靠的电子数据以更高的证明力，这在一定程度上可以解决电子数据"认定难"的问题。

> 【动手探究】
>
> 请你举几个经济生活中电子商务对传统法规提出挑战的实例，并在学习小组内分享。

1.1.3 电子商务法律关系的概念

电子商务法律关系包括三个要素：电子商务法律关系主体、电子商务法律关系客体、电子商务法律关系内容。

1. 电子商务法律关系的含义

（1）法律关系和法律关系主体

法律关系是法律规范在调整人们行为过程中形成的权利义务关系。法律关系由法律关系主体、法律关系内容、法律关系客体组成，如图 1-1 所示。

法律关系主体是法律关系的参加者，即在法律关系中，一定权利的享有者和一定义务的承担者。法律关系主体包括自然人、法人组织、非法人组织、国家，如图 1-2 所示。

图 1-1　法律关系的组成　　　　　图 1-2　法律关系主体的组成

（2）电子商务法律关系

电子商务法律关系是指由电子商务法律规范所确认的电子商务活动中当事人之间的具有权利义务内容的经济关系。

电子商务法律法规是电子商务法律、规则、条例、章程的总和。

法律是指由全国人民代表大会和全国人民代表大会常务委员会制定并颁布的规范性法律文件，即狭义的法律，其效力仅次于宪法。法规包括行政法规和地方性法规。规章、规定包括规定、办法、细则等。

法律，法规，规章、规定的区分，如表 1-1 所示。

表 1-1 法律，法规，规章、规定的区别

比较项目	法律	法规		规章、规定
		行政法规	地方性法规	
制定机关	全国人民代表大会和全国人民代表大会常务委员会制定	国务院。《中华人民共和国立法法》第六十五条规定：国务院根据宪法和法律，制定行政法规	地方人民代表大会及其常委会	国务院各部、委员会，中国人民银行，审计署和具有行政管理职能的直属机构，以及省、自治区、直辖市人民政府和地级市的人民政府
法律效力	法律的效力高于行政法规、地方性法规和规章、规定	行政法规的效力高于地方性法规、规章、规定	地方性法规的效力高于本级和下级地方政府规章、规定	部门规章与地方政府规章之间具有同等效力，在各自的权限范围内施行
管辖范围	国内	国内	本行政辖区内有效	国内、本行政辖区内有效

【实践操练】

根据《中华人民共和国电子商务法》（以下简称《电子商务法》）第二十六条，电子商务经营者从事跨境电子商务，应当遵守进出口监督管理的法律、行政法规和国家有关规定。

请上网查找涉及的跨境电商"进出口监督管理的法律、行政法规"有哪些？涉及的"国家有关规定"又有哪些？

2. 电子商务法律关系主体

电子商务法律关系主体是指电子商务的各方参与者，即享有权利、承担义务的当事人，具体包括电子商务交易者、商品或服务的提供者和消费者（卖方和买方当事人）。

传统商务就是用户可以利用电话、传真、信函和传统媒体来实现商务交易和管理过程。用户能够通过传统手段进行市场营销和广告宣传、获得营销信息、接收订货信息、做出购买决策、支付款项、提供客户服务支持等。

（1）电子商务主体的特点

电子商务主体在网络环境下具有以下特征，如表 1-2 所示。

表 1-2 电子商务主体的特点

特性	具体描述
虚拟性	与传统商事活动中的主体相比，电子商务的主体因网络的应用而具有了一定的虚拟性
主体属性不确定性	网络具有开放性，导致电子商务主体属性难以判断

续表

特性	具体描述
多样性	电子商务主体分为直接主体和间接主体。直接主体是电子商务交易的双方当事人。间接主体是电子商务交易的服务商，主要包括网络服务提供商、电子认证服务商、在线金融服务商
跨地域性	网络具有无界限特性，导致电子商务主体具有跨地域性

（2）电子商务主体和传统商事主体的共同点

一是目标相同。两者的基本目标均为提高效率、节约成本、赢得顾客、获取利润。

二是行为相同。不论是电子商务还是传统商务模式，其商务活动都是以满足顾客的实际需求为中心而开展的。电子商务行为仍然是商事行为，所以传统商务的一般规则，包括准入和退出的规则同样适用于电子商务。

（3）电子商务主体与传统商事主体的区别

传统商务的交易成本高，交易效率低，交易过程不透明，支付方式采用支票和现金，支付过程烦琐。电子商务作为现代商务形态，与传统商务行为的区别，更多体现在技术手段层面。

3. 电子商务法律关系客体

电子商务法律关系客体是指参加电子商务活动的主体所享有的权利和所承担的义务所共同指向的对象，主要是指电子商务活动的有形商品和无形商品、网上商务行为、智力产品和无形财产。电子商务法律关系的客体包括四大类：有形商品、数字化商品或信息商品、知识产权和信息产权、在线服务。

4. 电子交易关系中参与各主体的法律地位

完整的电子商务要求做到物流、信息流和资金流都在网上进行。由于电子商务是在一个虚拟空间上进行交易的，在电子商务的交易过程中，买卖双方、买卖双方与银行、买卖双方与网络交易平台、买卖双方与认证机构、买卖双方与物流运输机构之间都发生业务联系，从而产生相应的法律关系。

（1）买卖当事人

买卖当事人之间的法律地位平等，双方所发生的经济权利和经济义务是相互制约、互为条件的，卖方的义务就是买方的权利。在电子商务条件下，卖方应当承担的义务是按照合同的规定提交标的物及单据，并对标的物的质量承担担保义务。在电子商务条件下，买方同样应当承担三项义务：按照网络交易规定方式支付价款的义务；按照合同规定的时间、地点和方式接收标的物的义务；对标的物进行验收的义务。

（2）电子商务交易平台

网络交易中心在网络商品中介交易中扮演着组织、中介和促成的角色，按照法律的规定、买卖双方委托业务的范围和双方的具体要求开展业务活动，为各类网上交易提供交易平台、信息交流和在线支付等服务。

（3）电子商务认证机构

电子商务认证机构履行第三方职能，一般以中立的、可靠的第三方中介人出现，为交易双方或多方提供服务，因而，在认证法律关系中至少有买卖双方，以及认证机构参与，认证法律关系涉及多方当事人。在有些复杂的交易或服务关系中，交易当事人可能会更多。譬如，在以信用卡在线电子支付进行的交易中，认证机构不仅要向买卖双方相互间提供身份认证，还要对发卡银行、收付机构提供认证服务。

电子商务认证的核心职能就是向客户颁发数字证书。发放数字证书的机构是认证中心（Certificate Authority，简称 CA）。

电子商务认证机构是指在电子商务活动中为有关各方提供数字身份证书服务的独立法人单位。电子商务认证是一种信用服务关系，认证机构与证书持有人之间的权利义务基于电子商务合同而产生，对证书持有人所承担的责任，则因其特殊的职业义务而存在。

（4）网上银行

网上银行为从事电子商务的各方提供网上支付服务。对于通过电子商务手段完成交易的双方来说，网上银行是必需的。网上银行是建立在传统的电子银行基础之上的，是电子银行的一个发展阶段。

与传统的使用现金、支票等支付手段不同，电子商务采用信用卡、电子支票和数字现金等电子货币进行网上支付，通过网上银行的信用卡等各种方式来完成交易，并在国际贸易中通过与金融网络的连接来支付和收费。

（5）物流运输机构

物流是物品在从供应地向接收地的实体流动过程中，根据实际需要，将运输、储存、装卸搬运、包装、流通加工、配送、信息处理等功能有机结合起来实现用户要求的过程。物流企业除了需要承担运输合同违约赔偿的法律责任外，还需要承担绿色物流的社会责任。

绿色物流是指在物流过程中抑制物流对环境造成危害的同时，实现对物流环境的净化，使物流资源得到最充分合理的利用。现阶段，由于环境问题的日益突出，在处理社会物流与企业物流时必须考虑环境问题。物流运输活动，对环境可能会产生一系列的影响，需要最大可能地回收再利用包装材料，减少对环境的污染。目前《中华人民共和国环境保护法》还需要完善对绿色物流的法律规定。

 1.1.4 电子商务法律关系的内容

电子商务法律关系的内容是指电子商务活动的参与者或当事人所享有的权利和所承担的义务或责任。

在电子商务条件下，买卖双方所享有的权利和应当承担的义务，如表 1-3 所示。

表1-3 买卖双方所享有的权利和应当承担的义务

	权 利	义 务
卖方	1. 买家如实支付价款的权利 2. 独立运营的权利 3. 域名资源及相关资源所有权 4. 违约求偿权 5. 电子商务安全保护权	1. 合法经营 2. 身份明示义务 3. 信息内容记录 4. 交易中的合同义务 5. 遵守知识产权和隐私权等其他民事权益的义务
买方	1. 卖家如实发货的权利 2. 保证货物质量的权利	1. 按照网络交易规定方式支付价款的义务 2. 按照合同规定的时间、地点和方式接收标的物的义务 3. 对标的物进行验收的义务

> 【实践操练】
> 请上网搜索《中华人民共和国消费者权益保护法》（以下简称《消费者权益保护法》）的具体内容，找出该法规定的消费者拥有的基本权利。

1. 电子商务交易者

电子商务交易者即某一商品或服务直接进行交易的双方，也就是电子商务经营活动中的买方和卖方，其在网上交易时必须真实存在，并且必须具备从事相应在线交易的资质，是现实社会中的自然人、法人或其他组织。

2. 电子商务立法

（1）电子商务立法的内容

分析电子商务主体与传统商事主体的区别，其目的是设计适合电子商务的立法。电子商务立法，包括市场准入、税收、电子商务合同、安全保密、电子支付、知识产权、消费者隐私权保护等方面内容，如图1-3所示。

（2）电子商务立法的原则

①中立自由原则。电子商务使用的技术正在不断进步和更新，因此，电子商务立法对涉及的相关技术范畴应保持开放、中立的姿态，以适应电子商务不断发展的客观需要，而不能将其局限于某一特定形态，防止因电子商务立法对特定范畴的偏爱而损害法律的连续性和稳定性。

②协调统一原则。协调统一原则是指电子商务立法既要与现行立法相互协调，又要与国际立法相互协调，同时还应协调好电子商务过程中出现的各种新的利益关系，如版权保护与合理使用等，尤其要协调好商家与消费者之间的利益平衡关系。

图1-3 电子商务立法

③鼓励引导原则。法律介入应当循序渐进,加以鼓励与引导。电子商务作为一种新生事物,立法机构不可能马上就把电子商务的所有问题都纳入法律轨道,应当给电子商务以宽松自由的外部环境,如果管得过严,就会抑制电子商务的活力,阻碍其发展。

1.2 国内外电子商务立法概况

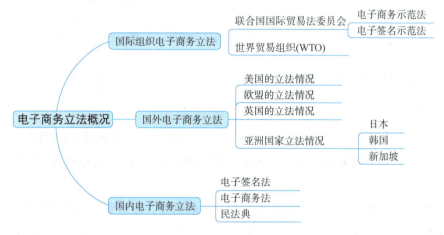

【工作任务】

美国是电子商务的发源地,拥有全球最大的电子商务平台——亚马逊。中国的电子商务虽起步晚于美国,但在十几年的时间里得到了快速的发展,取得了傲人的成绩。2019年,中国电商销售额增长30%以上,达到2万亿美元,占全球在线零售总额的一半以上。

上述资料是小王搜集到的关于中美电子商务发展情况,小王还要了解国内外电子商务法律体系的概况。请你从发展历史、发展现状、发展趋势三方面对国内外电子商务法律体系进行对比与分析。

【工作过程】

1.2.1 国际组织的电子商务立法

1. 国际电子商务的管理立法工作

世界贸易组织(World Trade Organization,简称WTO),是当代最重要的国际经济组织之一,在调解成员争端方面具有很高的权威性,拥有164个成员,成员贸易总额达到全球的98%,有"经济联合国"之称。国际电子商务的管理立法工作由WTO主要负责,在1996年的WTO第一届部长级会议上,电子商务被纳入多边贸易体制。WTO关于电子商的立法工作既涉及 WTO 现有规则体系的可适用审查，也涉及有关电子商务所产生的新问题的规则制定。

2. 国际电子商务立法

电子商务立法是商事立法的重点。国际电子商务立法主要是指有关的国际电子商务条约、国际电子商务惯例，以及重要国际组织的决议、指南和示范法，内容主要涉及规范国际电子商务交易性内容的商事法律规范和对国际电子商务进行管理的管理法律规范，其中规范国际电子商务交易性内容的商事法律规范是核心组成部分。

电子商务立法的核心，主要围绕电子签名、电子合同、电子记录的法律效力展开，电子商务法律体系如图 1-4 所示。

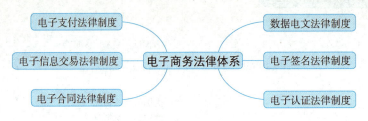

图 1-4 电子商务法律体系

早期的国际电子商务立法主要围绕电子数据交换规则的制定展开，早期受网络技术发展的限制，国际电子商务立法局限于 EDI（Electronic Data Interchange）标准和规则的制定，其影响有限。

近年来，WTO 除了制定有关电子商务的交易规则外，还对贸易领域的电子商务立法，重点解决服务贸易的问题，包括司法管辖权、协议签署、关税、个人隐私、安全保证、公共道德等。

3. 国际电子商务立法的特征

总体来看，国际电子商务立法有以下三个共同特征。

（1）普遍与迅速

从 1995 年俄罗斯制定《联邦信息法》及美国犹他州出台《数字签名法》至今，已有几十个国家、组织和地区制定了电子商务相关法律。尤其是联合国国际贸易法委员会，起到了先锋表率的作用，引导世界各国电子商务立法。

（2）兼容与统一

各国在进行电子商务立法时，兼容性是首先考虑的指标之一。联合国国际贸易法委员会在《电子签名统一规则指南》中就指出："电子商务内在的国际性要求建立统一的法律体系，而目前各国分别立法的现状可能会产生阻碍其发展的危险。"

（3）中立与开放

法律的制定及时有力地推动了电子商务、信息化和相关产业的发展。

世界上第一部电子商务法律

联合国国际贸易法委员会在 1996 年 6 月通过了《联合国国际贸易法委员会电子商务示范法》（以下简称《电子商务示范法》），这是世界上第一部关于电子商务的法律。

《电子商务示范法》对电子商务的一些基本法律问题进行了规定，填补了电子商务领域的法律空白。虽然它既不是国际条约，也不是国际惯例，仅仅是电子商务的示范法律文本，但却有助于各国完善、健全有关传递和存贮信息的现行法规和惯例，并给全球化的电子商务创造出统一、良好的法律环境。

4. 国际电子商务立法进程

国际电子商务立法进程分为立法初期（20 世纪 80 年代—1990 年）、立法推进期（1990—1996 年）、立法高速发展期（1996 年至今）三个阶段。每个阶段的标志性法律，如图 1-5 所示。

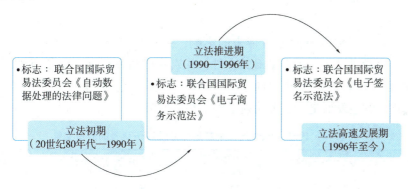

图 1-5 国际电子商务立法的三个阶段

 1.2.2 国际组织电子商务立法概况

1. 联合国国际贸易法委员会

电子商务本身具有完全不同于传统贸易方式的特性，发展势头强劲，因此对电子商务进行立法成为许多发达国家和发展中国家以及一些国际组织（如联合国国际贸易法委员会、国际商会）的当务之急。

（1）《电子商务示范法》

在国际组织的立法活动成果中，最为重要的是由联合国国际贸易法委员会负责起草并于 1996 年 12 月通过的《电子商务示范法》。

电子商务具有全球性特征，电子商务的立法一开始就是通过制定国际法而推广到各个国家的。《电子商务示范法》强调各国电子商务的统一规则，为各国电子商务立法提供了范本，对各国的电子商务立法活动产生了重大的推动作用。该法规定了电子商务的形式、数据电文的法律承认、书面形式要求、签字、原件、数据电文的可接受性和证据力、数据电文的留存、电子合同的订立和有效性、当事人对数据电文的承认、数据电文的归属、确认收讫、发出与收到时间、当事人协议优先适用等重要问题。

(2)《电子签名示范法》

联合国国际贸易法委员会起草了《电子签名示范法》，并于2000年7月5日经联合国大会讨论通过。该法已成为国际上有关电子签名最重要的立法文件之一。

> 【实践操练】
>
> 使用百度搜索引擎查找国际组织电子商务立法的情况，制作完成《国际组织电子商务立法概况》电子演示文档，并进行汇报交流。
>
> 可查找的国际组织有：联合国贸易法律委员会、世界贸易组织、经济合作与发展组织、世界知识产权组织、国际商会等。

1.2.3　世界各国立法概况

1. 欧洲电子商务立法

（1）欧盟

欧盟已充分意识到电子商务所带来的影响，为改善电子商务的环境，从1997年到2000年出台了四项涉及电子商务的政策文件，从宏观的角度规定了电子商务的行动原则，如表1-4所示。其中，《欧盟电子商务行动方案》《电子欧洲行动计划》和《电子商务指令》三个文件为欧盟发展电子商务构建了一个基本框架。

表1-4　1997—2000年欧盟制定的涉及电子商务的政策文件

订立时间	电子商务法案	主要内容及意义
1997年4月	《欧盟电子商务行动方案》	规定了信息基础设施、管理框架和电子商务等方面的行动原则
1999年12月13日	《关于建立电子签名共同法律框架的指令》	确立了电子交易安全的最低要求，承认电子签名的法律效力，但具体法律约束力仍取决于各成员国的国内法
2000年3月	《电子欧洲行动计划》（E-Europe Action Plan）	欧盟委员会提出的一项建设"电子欧洲"的电子商务行动计划，主张消除各种障碍，发展因特网，加速欧洲网络建设，使欧洲能够充分利用因特网和数字技术的优势，加快发展"新经济"
2000年5月	《电子商务指令》	《电子商务指令》是欧盟发展电子商务的核心内容，它确立了欧洲单一市场准则同样适用于电子商务，其目的是防止出现因各国制度不同而导致欧洲电子商务发展受限的局面

（2）俄罗斯

1996年俄罗斯审议通过了《国际信息交流法》；2001年通过了《电子数字签名法》，规定了电子签名的确认、效力、保存期限和管理办法等。

（3）英国

1984年英国颁布《数据保护法》，1996年3月颁布《电子通信法案》，1998年10月颁布《电子商务–英国税收政策指南》，2000年5月英国政府公布《电子通信法案》，2002年8月英国的《电子商务法》正式生效。《电子商务法》明确规定所有在线销售商品都需缴纳增值税，根据所售商品种类和销售地不同，实行不同税率标准。

（4）德国

2001年3月，德国议会通过一项法律，批准"电子签名"合法，旨在推进网上交易。

2. 北美洲地区、澳大利亚电子商务立法

（1）美国

1991年9月1日，美国参议院通过《高性能计算机法规网络案》，其宗旨是建设信息高速公路，为美国的电子商务发展奠定了关键基础。

1995年美国犹他州颁布《数字签名法》，这是世界上最早的关于电子签名的立法。该法以"技术特定化"为基础，即规定采用某种电子技术的数字签名才能具有法律效力。

1997年7月，美国发布了《全球电子商务纲要》，其中的重要内容就是要制定相关的《电子商务法》，这是全球第一份代表官方立场的关于电子商务的文件。

1998年5月14日，美国参议院商业委员会通过《互联网免税法案》，法案中规定，在未来6年内，对在互联网上从事各种电子商务的企业和各种互联网接入提供商、互联网服务提供商和互联网信息提供商，禁止联邦政府和各州政府征税，并且取消现行的不合理税收。

1999年8月4日，美国统一州法全国委员会颁布《美国统一电子交易法案》，其目的是为美国各州建立一个统一的电子商务交易规范体系，从操作规程上保证电子商务顺利开展。

2000年6月30日，美国《全球及国内商业法的电子签名法案》通过，并于同年10月生效。该法案规定，电子签名和电子合同"具备无法否认的法律效力、有效性和可执行性"。

2000年9月29日，美国统一州法全国委员会颁布了《统一计算机信息交易法》。

（2）澳大利亚

1999年1月澳联邦政府发布了《信息经济战略框架》，确定了澳大利亚发展信息经济的基本战略，提出了十个需采取行动的重点领域，有两个重点领域是针对电子商务发展的。

3. 亚洲电子商务立法

（1）马来西亚

马来西亚是亚洲最早进行电子商务立法的国家。20世纪90年代中期提出建设"信息走廊"的计划，1997年颁布了《数字签名法》。

（2）新加坡

在亚太国家中，新加坡的电子商务发展速度是比较快的，1999年新加坡95%的贸易已通过EDI实现，是世界上第一个在国际贸易中实现EDI全面管理的国家——废除了所有书面贸易文件。新加坡非常重视政府在电子商务中的作用，20世纪90年代初，新加坡政府就着手制定一整套详细的法律和技术框架。1998年，新加坡颁布了《1998电子交易法令》，该法是一部内容比较全面和完善的专门立法，它采纳了绝大部分联合国国际贸易法委员会《电子商务示范法》的绝大部分条文，但它更为复杂和完备。

（3）日本

日本早就把电子商务作为国家经济发展的战略，日本各省也制定了相关的电子商务法

律。1996年日本成立了电子商务促进委员会，此后在诸如电子授权认证、电子付款等领域，该组织制定了一些规则和协议。日本于2000年5月31日通过了《电子签名及认证业务的法律》，以建立企业间电子商务的社会支援体制。

（4）韩国

韩国于1999年颁布《电子商务框架法》和《电子签名法》，2002年颁布《电子商务用户保护法》，2003年颁布《电子商务用户保护指南》，2004年颁布《电子化学习产业促进法》。韩国政府非常重视对电子商务消费者和电子商务企业的保护，保障电子商务用户的合法权益，从而推进电子商务的广泛应用。

4. 非洲地区电子商务立法

近年来非洲电子商务发展势头十分强劲。中国是电子商务大国，中国提出"数字丝绸之路"的概念后，中非双方在电子商务领域的合作快速推进，非洲各国政府纷纷出台鼓励政策。

（1）南非

南非在电子商务领域出台了一系列法律法规和政策，2002年颁布《电子通信和交易法》，2017年颁布《网络犯罪和网络安全法案》。

（2）肯尼亚

肯尼亚手机支付甚为发达，2020年该国互联网普及率达到87%。越来越多的肯尼亚青年开始在网上创业，电子商务增长的潜力很大并且势头稳定。2019年肯尼亚批准了国内首部针对个人数据保护的法案《肯尼亚数据保护法案2019》，有力打击了数据泄露等网络违法犯罪问题，维护国家网络安全。

5. 拉丁美洲电子商务立法

拉丁美洲的电子商务发展迅速，跨境电子商务给巴西、墨西哥等国家带来了发展机遇。2020年巴西修订完成新《民法典》，增加了"电子合约"等电子商务相关的内容。

【实践操练】

使用知网平台和百度搜索引擎，查找相关资料，重点搜集巴西和墨西哥的电子商务发展情况，制作完成《拉丁美洲电子商务发展及立法概况》电子演示文档，并进行汇报交流。

1.2.4 我国电子商务法律法规立法概况

当前我国电子商务立法的总体原则是：依据国际惯例，与国际接轨；结合我国实际情况，分阶段发展，不断完善。

1. 我国电子商务立法建设中存在的问题

法律规范是电子商务成功运作的关键，我国政府十分重视电子商务法律制度建设，经过多年的建设，创建了良好的法律法规环境。面对快速发展的电子商务，我国电子商务法律法规立法还存在如下问题。

（1）电子商务立法滞后

我国电子商务发展始于20世纪90年代，经过近30年的发展，我国电子商务产业超越美国成为全球第一大网络零售市场，但仍然有很多问题亟待解决。尤其是电子商务立法滞后，制约着我国电子商务的发展。针对日益增多的电商消费纠纷，迫切需要制定并完善电子商务相应的法律法规制度。

（2）电商立法体系不完善

我国电子商务的立法处在起步阶段，相关法律法规不够健全。我国电子商务涉及的部门众多，与电子商务发展相关的政府部门主要有国家发改委、税务总局、工商总局、商务部、工信部等，各部门规章和地方法规的数量较多。但是由于缺乏更高的法律或立法规划的引导，电子商务法律体系还不够完善。例如，跨境电子商务快速发展，但是目前还没有专门针对跨境电子商务的法律。

2. 我国已经颁布的电子商务相关法律法规

我国电子商务发展三十多年进程中颁布和实施的电子商务相关法律法规，详见本书的附录2。

法律，是国之重器，而法典，则是重中之重。2021年1月1日，《中华人民共和国民法典》（以下简称《民法典》）正式实施。《民法典》在国家法律体系中的地位仅次于《中华人民共和国宪法》。《民法典》是市场经济的基本法，共1 260条，由总则编和六个分编组成，如图1-6所示。

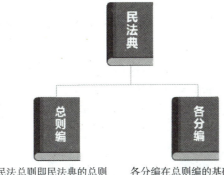

民法总则即民法典的总则编，规定民事活动必须遵循的基本原则和一般性规则，统领各分编

各分编在总则编的基础上对各项民事制度作具体可操作的规定。分为合同编、物权编、人格权编、侵权责任编、婚姻家庭编和继承编

图1-6 《民法典》的组成

《民法典》颁布的重大意义

《民法典》作为我国第一部基础性、体系化的法典，体现民事法律制度的基本精神；作为其他民事单行法的上位法，引领所有民事法律的立法方向。《民法典》的诞生，对推进国家治理体系和治理能力现代化起到重要作用。

《民法典》由总则编、物权编、合同编、人格权编、婚姻家庭编、继承编、侵权责任编加上附则组成，共84章1 260条，总字数10万余字。

自2021年1月1日起《民法典》施行后，《中华人民共和国婚姻法》《中华人民共和国继承法》《中华人民共和国民法通则》《中华人民共和国收养法》《中华人民共和国担保法》《中华人民共和国合同法》《中华人民共和国物权法》《中华人民共和国侵权责任法》《中华人民共和国民法总则》，九部法律同时废止。

职业素养养成

履行电商主体责任，规范诚信守法经营

中国古代商务法律制度探究

在古代，中国是法制文明大国，中华法文化内容丰富且底蕴深厚，对周边诸国法典的诞生发挥了重要参考借鉴作用。以《唐律疏议》为代表，周边一些国家法典的篇章结构、内容原则等，都曾以此为蓝本。中国古代法律典籍体现了中国传统法律文化的精神，具有独特的价值判断和文化结构，是解读中华传统文化的宝贵资源；其中的"德主刑辅""礼法并施""伦理亲情"等思想和价值观，都具有中华传统法律文化的本质特征和独特底蕴。

《论语》中，孔子曰："民无信不立。"诚信，自古以来就是我们中华民族的传统美德。孟子说过："诚者，天之道也，思诚者，人之道也，至诚而不动者，未之有也；不诚，未有能动者也。"诚信是治国之计，诚信是国家经济发展的基石，诚信是国家的发展潜力，诚信是民族的道德标准。

以诚立商，以信兴业——诚信经营是电商成功的基本。诚信在现代市场中意味着信誉，是企业的生命，没有诚信的企业是不能长期生存的。每个人都应从自身做起，做到事事诚信和时时诚信，凝聚全社会的诚信气力，实现中华民族伟大复兴。

本章小结

国际组织电子商务立法概况；各国电子商务立法的时间、特点比较；我国电子商务立法的时间、特点。

本章习题

习题答案

一、填空题

1. 世界范围内第一部全面确立电子商务运行的法律文件是_____。

2. 1996年12月，联合国国际贸易法委员会制定通过了_____，为各国电子商务立法提供了一个范本。

3. _____作为我国第一部基础性、体系化的法典，体现民事法律制度的基本精神；作为其他民事单行法的上位法，引领所有民事法律的立法方向。

二、单项选择题

1. 电子商务立法覆盖的范围应当是"商务"和（　　）这两个子集所形成的交集。

A. 企业物流　　　　　　　　　B. 电子商务所包含的通信手段

C. 电子商务所包含的认证中心　D. 计算机网络

2. 迄今为止世界上第一个关于电子商务的法律是（　　）。
   A. 《电子贸易示范法》　　　　　　B. 《电子签字示范法》
   C. 《电子商务示范法》　　　　　　D. 《电子商业示范法》
3. 世界范围内第一部全面确立电子商务运行的法律文件是（　　）。
   A. 联合国《电子商务示范法》　　　B. 美国《数字签名法》
   C. 美国《统一计算机信息交易法》　D. 马来西亚《电子签名法》
4. 我国最早关于电子商务的立法是（　　）。
   A. 《中华人民共和国电信条例》
   B. 《计算机软件保护条例》
   C. 《中华人民共和国合同法》
   D. 《中华人民共和国电子签名法》

三、多项选择题

1. 世界电子商务的发展历程，基本可以分为（　　）。
   A. 酝酿起步阶段　　　　　　　　　B. 迅速膨胀阶段
   C. 泡沫破灭阶段　　　　　　　　　D. 稳步发展阶段
2. 下列选项中，（　　）属于世界知识产权组织有关电子商务的立法。
   A. 《世界知识产权组织著作权条约》
   B. 《基础电信协议》
   C. 《世界知识产权组织表演和录音制品条约》
   D. 《互联网名称和地址管理及其知识产权问题》

四、简答题

1. 简述我国《民法典》颁布的重大意义。
2. 分析我国电子商务立法现状。

第 2 章 《电子商务法》概述

《电子商务法》是我国电子商务领域首部综合性、基础性法律。这部法律对电子商务经营者、电子商务合同的订立与履行、电子商务争议解决、电子商务促进、法律责任等进行了详细规定,在规范电子商务行为和维护市场秩序等方面起到了积极作用,对引导电商行业持续健康发展和创新发展具有重要意义。

本章内容包括《电子商务法》概述和《电子商务法》内容解读两部分。

知识点思维导图

本章学习目标

知识目标

1. 了解《电子商务法》的立法背景和历程。
2. 了解《电子商务法》的性质和地位。
3. 了解《电子商务法》的调整对象、体系和基本原则。
4. 掌握《电子商务法》的框架体系和具体内容。
5. 掌握《电子商务法》与传统商务法的区别与联系。

技能目标
1. 会使用《电子商务法》的法条,解决相关法律问题。
2. 会依据《电子商务法》规范电子商务经营活动。
3. 能依据《电子商务法》处理电子商务争议解决。

思政目标
1. 电子商务活动中遵守《电子商务法》法律规范,恪守职业道德。
2. 在分组讨论和小组案例分析时,能够体现团队意识。

2.1 《电子商务法》基础

知识点思维导图

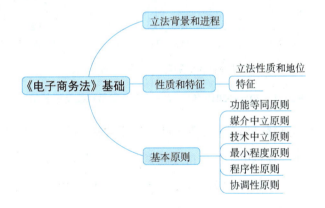

【工作任务】

为了宣传《电子商务法》,小王需要做一期关于《电子商务法》解读的法律知识宣讲培训,以帮助公司员工更好地理解《电子商务法》的内容。小王需要先期了解我国《电子商务法》的特点和亮点,我国《电子商务法》在实施过程中存在的问题及解决机制。请你通过上网查询相关资料,帮助小王整理有关《电子商务法》的学习要点。

【工作过程】

随着电子商务的发展,网上银行、网上合同、电子签名的应用越来越广泛。《中华人民共和国电子签名法》(以下简称《电子签名法》)和《电子商务法》的出台,为实现电子签名合法化、电子交易规范化和电子商务法制化,奠定了坚实的基础。

2.1.1 《电子商务法》立法背景和进程

1. 立法背景

当前电子商务产业成为最有国际竞争力的产业。2020年统计数据显示，2019年我国网购用户规模达6.49亿人，网络零售交易规模达到10.63万亿元，同比增长18.1%，占2019年社会消费零售总额的25.8%。2011—2019年我国电子商务交易规模及增长情况，如图2-1所示。

图2-1 2011—2019年我国电子商务交易规模及增长情况

我国电子商务发展迅猛，但是电子商务法律法规的制定明显滞后，电子商务法律法规亟待补充、修改和完善。促进电子商务持续健康发展，迫切需要加强电子商务立法。

《电子商务法》起草之前，我国通过了《关于维护互联网安全的决定》（2000年12月）、《电子签名法》（2004年8月）、《关于加强网络信息保护的决定》（2012年12月）三部相关法律法规，这三部法律法规给《电子商务法》的推出做了铺垫，分别从互联网安全、电子签名的应用以及网民个人信息的保护三方面提供了借鉴。

2. 立法进程

2013年12月7日，全国人大常委会召开《电子商务法》起草组第一次全体会议，正式启动《电子商务法》的立法进程。2014年11月，立法大纲确定；2015年1月至2016年6月开展并完成草案起草；2016年3月，法律草案形成；2016年12月至2018年8月《电子商务法（草案）》经历四次审议；2018年8月31日正式颁布《电子商务法》，2019年1月1日起正式施行。《电子商务法》的立法进程，如图2-2所示。

图 2-2 《电子商务法》的立法进程

2.1.2 《电子商务法》的性质和地位

1. 立法意义

通过制定《电子商务法》，对传统商务法律做出调整，以消除电子商务法律障碍，其具体意义如下。

（1）科学合理界定《电子商务法》调整对象

《电子商务法》调整对象和范围的确定，直接关系促进发展、规范秩序、保障权益的立法目标的顺利实现，关系《电子商务法》总体框架设计，综合考虑中国电子商务发展实践、中国的现实国情，并与国际接轨、与国内其他法律法规相衔接。

（2）规范电子商务经营主体权利、责任和义务

《电子商务法》对电子商务经营主体进行了明确规定，区分了一般的电子商务经营者和电子商务平台经营者（第三方平台）。据统计，通过平台经营者达成的交易占目前网络零售市场规模的九成。平台经营者对市场的主导作用，构成了我国电子商务发展的重要特点。

（3）完善电子商务交易与服务

《电子商务法》根据电子商务发展的特点，在现有法律规定的基础上规定了电子商务当事人行为能力推定规则、电子合同的订立、自动交易信息系统，以及电子错误等内容。

（4）强化电子商务交易保障

首先，《电子商务法》强调了对电子商务数据信息的开发、利用和保护；其次，为维护市场秩序与公平竞争，《电子商务法》规定电子商务经营主体知识产权保护、平台责任、信用评价规则等，禁止不正当竞争行为；最后，为加强消费者权益保护，《电子商务法》规定了设立消费者权益保证金，电子商务平台有协助消费者维权的义务，妥善解决电子商务争议。

（5）加强监督管理，实现社会共治

《电子商务法》的颁布实施，从安全问题、质量问题、垄断问题、价格问题、侵犯个

人隐私问题等方面对电商诚信的建设提出了具体要求,建立健全行业规范和网络规范,推动行业诚信建设,公平参与市场竞争。

2. 性质和立法地位

我国法律体系中,《电子商务法》是电子商务的一部专门法,作为商务法律的代表之一,其中相关的法律条例与民法、经济法等相对应电子商务类别法律条款具有同等地位。该法保障电子商务各方主体的合法权益、规范电子商务行为,是我国电子商务领域的首部综合性法律。《电子商务法》是规范指导电子商务活动的基本法,主要对电子商务经营者、电子商务合同的订立与履行、电子商务争议解决、电子商务促进和法律责任五个部分做出规定。从立法的体系性来看,《电子商务法》法律责任的设置涉及网络安全法、消费者权益保护法、反不正当竞争法、广告法、食品安全法、药品管理法、产品质量法等法律。

《电子商务法》第一条规定:"为了保障电子商务各方主体的合法权益,规范电子商务行为,维护市场秩序,促进电子商务持续健康发展,制定本法。"

从上述立法目的上看,《电子商务法》既有规范市场秩序的公法内容,又有规范电子商务主体交易行为、界定电子合同效力等私法内容,其立法定位介于公法与私法之间。

3.《电子商务法》与传统商务法的关系

《电子商务法》与传统商务法的比较,如表 2–1 所示。

表 2–1 《电子商务法》与传统商务法的比较

比较	《电子商务法》	传统商务法
立法原则	除一般的立法原则外,还遵循国际性、技术中立性、功能等同原则	一般的立法原则
调整对象	电子商务交易活动中发生的各种社会关系	传统商务活动中发生的各种社会关系
性质	公法与私法兼容	包括公法、私法
组成	可以单独立法	包括民法、刑法、经济法等组合体系
法律关系	较复杂,一次交易活动同时涉及多个参与方之间的法律关系	相对简单,一次交易活动一般只涉及买卖双方

2.1.3 《电子商务法》的基本原则

《电子商务法》的基本原则是《电子商务法》的基本理念、基本价值和立法宗旨的反映,贯穿于整个电子商务法律制度中,贯穿电子商务立法、执法、司法和守法活动全过程。

1. 功能等同原则

功能等同原则不是仅限于媒介上的区别而采纳的原则,该原则贯穿电子商务立法的整个过程,包括合同的形式、签名的方式和技术以及文件的完整性和认证性等。该原则强调通过"功能等同"方法解决传统法律中的"书面形式""签名""原件"等概念适用于电子商务时所产生的法律障碍。

2. 媒介中立原则

媒介中立原则也被称为"媒介中性原则",是指法律对于交易是采用纸质媒介还是采用电子媒介(或其他媒介)都应一视同仁,不因交易采用的媒介不同而区别对待或赋予不同的法律效力。

3. 技术中立原则

技术中立原则也被称为"技术中性原则",是指法律对电子商务的技术手段一视同仁,不限定使用或不禁止使用何种技术,也不对特定技术在法律效力上进行区别对待。如我国《电子签名法》规定:"可靠的电子签名与手写签名或者盖章具有同等的法律效力。"这就是在立法上肯定电子签名的效力,但在立法中对电子签名及认证技术不做任何具体的规定或要求。

4. 最小程度原则

最小程度原则是指电子商务立法并非全面建立有关电子商务的系统性法律,而是尽量在最小的程度上为电子商务扫除现存的障碍订立新的法律。电子商务的技术还在不断发展,最小程度原则可以对新的技术保持足够灵活性;同时,最小程度原则可在国际范围内很快得到共识,成为共同规则,从而解决跨国交易产生的潜在障碍和不确定性。

5. 程序性原则

《电子商务法》在一定程度上是为了清除法律障碍或者明确关系,是将实体法适用到电子商务中的法律,这便是程序性原则的体现,即《电子商务法》更倾向于程序性而非实体性。

6. 协调性原则

协调性原则是指电子商务立法既要与现行立法相互协调,又要与国际立法相互协调,同时还应协调好电子商务过程中出现的各种利益关系,如版权保护与合理使用、商标权与域名权之间的冲突等,尤其是要协调好电子商家与消费者之间的利益平衡关系。

2.1.4 我国《电子商务法》的特征

1. 严格范围

因为电子商务具有跨时空、跨领域的特点,所以《电子商务法》把调整范围严格限定在中华人民共和国境内,限定在通过互联网等信息网络销售商品或者提供服务,因此对金融类产品和服务,对利用信息网络提供新闻、信息、音视频节目、出版以及文化产品等方面的内容服务都不在这个法律的调整范围内。

2. 促进发展

因为电子商务属于新兴产业,所以《电子商务法》就把支持和促进电子商务持续健康发展摆在首位,旨在拓展电子商务的空间,推进电子商务与实体经济深度融合,让电子商务在发展中规范,在规范中发展。所以法律对于促进发展、鼓励创新进行了一系列制度性的规定。

3. 包容审慎

目前我国电子商务正处于蓬勃发展的时期,渗透广、变化快,新情况、新问题层出不穷,在立法中既要解决电子商务领域的突出问题,也要为未来发展留出足够的空间。《电子商务法》不仅重视开放性，而且也更加重视前瞻性，以鼓励创新和竞争为主，同时兼顾规范和管理的需要，这就为电子商务未来的发展奠定了体制框架。

4. 平等对待

电子商务技术中立、业态中立、模式中立。在立法过程中，各个方面逐渐对在线上线下无差别、无歧视原则下规范电子商务的市场秩序，达到了一定的共识。所以法律明确规定，国家平等地对待线上线下的商务活动，促进线上线下融合发展。

5. 均衡保障

这些年的实践证明，在电子商务有关三方主体中，最弱势的是消费者，其次是电商经营者，最强势的是平台经营者，所以《电子商务法》在均衡地保障电子商务三方主体的合法权益时，适当加重了电子商务经营者，特别是第三方平台的责任义务，适当加强对电子商务消费者的保护力度。现在这种制度设计是基于我们国家的实践，突出了中国特色，体现了中国智慧。

6. 协同监管

根据电子商务发展的特点，《电子商务法》完善和创新了符合电子商务发展特点的协同监管体制和具体制度。法律规定国家建立符合电子商务特点的协同管理体系，各级政府要按照职责分工。我们没有确定哪个部门是电子商务的主管部门，根据已有分工，各自负责电子商务发展促进、监督、管理的工作。在这样的情况下，监管的要义就在于依法、合理、有效、适度，既非任意地强化监管，又非无原则地放松监管，而是宽严适度、合理有效。

7. 社会共治

电子商务立法运用互联网的思维，充分发挥市场在配置资源方面的决定性作用，鼓励支持电子商务各方共同参与电子商务市场治理，充分发挥电子商务交易平台经营者、电子商务经营者所形成的一些内生机制，来推动形成企业自治、行业自律、社会监督、政府监管的社会共治模式。

8. 法律衔接

《电子商务法》是电子商务领域的一部基础性的法律，但因为制定得比较晚，其中的一些制度在其他法律中都有规定，所以《电子商务法》不能包罗万象。电子商务立法中就针对电子领域特有的矛盾来解决其特殊性的问题，在整体上能够处理好《电子商务法》与已有的一些法律之间的关系，重点规定其他法律没有涉及的问题，弥补现有法律制度的不足。比如，在市场准入上与现行的商事法律制度相衔接，在数据文本上与《合同法》和《电子签名法》相衔接；在纠纷解决上，与现有的《消费者权益保障法》相衔接；在电商税收上与现行《税收征管法》和《税法》相衔接；在跨境电子商务上，与联合国国际贸易法委员会制定的《电子商务示范法》《电子合同公约》等国际规范相衔接。

2.2 《电子商务法》内容解读

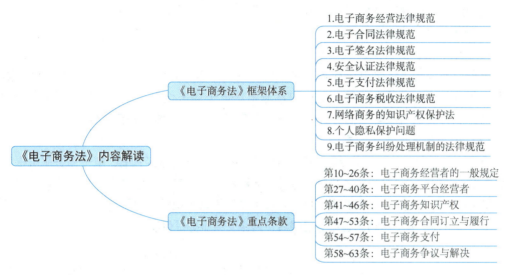

【工作任务】

《电子商务法》是保护平台经营者、电商经营者和消费者三者合法权益的基本法,其内容涉及电子商务经营活动的方方面面。某电商公司法务专员小王需要先查找相关网络资源,系统梳理《电子商务法》的全部条款内容,然后要在公司进行依法经营的内部培训,实现平台经营者、电商经营者依法经营。请你帮助小王完成这一任务。

2.2.1 《电子商务法》体例框架

从《电子商务法》的体例架构看,该法共七章,八十九个条文,分别从电子商务的经营监管原则、电子商务经营者、电子商务合同的订立与履行、电子商务争议解决、电子商务促进以及相关法律责任等方面对电子商务领域的活动进行规范,其框架结构如图2-3所示。

图2-3 《电子商务法》的内容框架

2.2.2 《电子商务法》重点条款解读

1. 电子商务市场

电子商务市场是互联网技术所构造的实现商品或服务交易的场所。电子商务市场是一个虚拟市场,但与实体市场类似,它由交易客体和交易主体构成。电子商务的市场主体包括买家、卖家、交易平台、物流。

《电子商务法》第九条至第三十六条,规定了市场主体定义与划分、电子商务经营者的登记问题、依法履行纳税义务与办理纳税登记问题。

2. 电子商务经营主体

(1) 电子商务经营主体的概念

电子商务经营主体是电子商务交易中重要的参与者,其对交易的参与是电子商务得以顺利运行的基础。电子商务经营主体包括非平台电子商务经营者、电子商务平台经营者、电子商务服务提供者。电子商务经营主体的判定标准有别于传统法律主体的标准。

(2) 电子商务经营者的类型

电子商务经营者分为非平台电子商务经营者、平台电子商务经营者、电子商务服务提供者三种类型。其中非平台电子商务经营者细分为自建网站经营者和其他网络(如微信)经营者两类,平台电子商务经营者细分为平台经营者和平台内经营者两类,电子商务服务提供者细分为网络接入服务提供者、网络内容服务提供者、网络交易服务提供者三类,如图2-4所示。

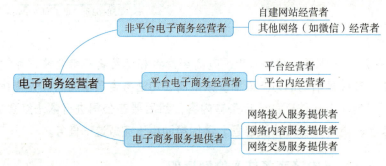

图2-4 电子商务经营者的类型

《电子商务法》第九条第二款规定:"电子商务平台经营者,是指在电子商务中为交易双方或者多方提供网络经营场所、交易撮合、信息发布等服务,供交易双方或者多方独立开展交易活动的法人或者非法人组织。"

平台内经营者是指通过电子商务平台销售商品或者提供服务的电子商务经营者。平台内经营者可以是自然人、法人、非法人组织。

自建网站经营者即自己建立网络系统和网络经营场所,通过该网络信息系统以自己的名义销售商品和提供服务的经营者。

其他网络经营者主要是指通过微信、抖音等社交、网络直播平台销售商品或提供服务的经营者。《电子商务法》把微商等经营者纳入调整范围,覆盖主体范围更加全面。

【思考】电子商务经营者和电子商务平台内经营者的区别是什么?

(3) 电子商务主体的义务和职责

电子商务经营主体中,非平台电子商务经营者与电子商务平台经营者都实施电子商务经营行为,只是具体方式有所差别,故它们承担的义务有很多共同之处,如主体信息提供义务、交易信息妥善保存义务、遵守格式条款规则义务、个人信息保护义务等。

电子商务平台经营者是《电子商务法》规范的主要对象,简称"电商平台"。它为平台内经营者和消费者开展电子商务活动提供虚拟网络市场。

《电子商务法》第二章的相关条款,专门规定了电商平台经营者的法律责任和义务。电子商务平台经营者的义务,如表2-2所示。

表2-2 电子商务平台经营者的义务

序号	电子商务平台经营者的义务	《电子商务法》条文
1	要求平台经营者保护用户信息、确保交易安全,及时向主管部门传送相关交易数据	第二十三、二十四、二十五条
2	电子商务平台经营者对平台内经营者身份核验的义务	第二十七条、第二十八条
3	电子商务平台经营者对平台内经营者特定违法行为的处置和报告义务	第二十九条
4	电子商务平台经营者的网络安全保障义务	第三十条
5	保存平台交易信息不少于三年的义务	第三十一条
6	电子商务平台经营者服务协议和交易规则公示义务	第三十三条
7	电子商务平台经营者修改平台服务协议和交易规则,应当在其首页显著公开征求意见。修改内容应当至少在实施前七日予以公示的义务	第三十四条
8	电子商务平台经营者对平台内经营者违反法律、法规的行为实施警示、暂停或者终止服务等措施的,应当及时公示的义务	第三十六条

电子商务平台经营者的职责,如表2-3所示。

表2-3 电子商务平台经营者的职责

序号	电子商务平台经营者的职责	《电子商务法》条文
1	电子商务平台经营者对其标记为自营的业务依法承担商品销售者或服务提供者的民事责任	第三十七条
2	电子商务平台经营者对消费者承担的是过错责任,其仅在知道或者应当知道平台内经营者实施侵害消费者权益行为,而未采取必要措施的情况下,承担连带责任	第三十八条

续表

序号	电子商务平台经营者的职责	《电子商务法》条文
3	建立消费者评价机制，不得删除评价	第三十九条
4	竞价排名的搜索结果须标示"广告"	第四十条
5	不得进行集中交易、标准化合约交易	第四十六条

《电子商务法》第十七条规定："电子商务经营者应当全面、真实、准确、及时地披露商品或者服务信息，保障消费者的知情权和选择权。电子商务经营者不得以虚构交易、编造用户评价等方式进行虚假或者引人误解的商业宣传，欺骗、误导消费者。"

在合同签订问题上，以往有部分平台在消费者提交支付之后，单方面认定合同不成立而销毁合同，严重损害了消费者的利益。

《电子商务法》第四十九条规定："电子商务经营者不得以格式条款等方式约定消费者支付价款后合同不成立；格式条款等含有该内容的，其内容无效。"

（4）电子商务平台经营者的审查义务

电子商务平台经营者是电商平台的主导者，不但自己要守法，也要在其管理的范围内，对参与到电商平台的其他方采取有效的审查、监管措施（包括但不限于：审查资质、删除、屏蔽、断开链接、终止交易等），使其遵守法律、行政法规和国家有关规定，进而保护电商平台交易安全。

3. 电子合同的法律效力

电子合同是进行电子商务活动的重要载体及表现形式。《电子商务法》明确肯定了电子合同的法律效力。对于合同的订立方式，应符合《民法典·合同法编》等相关法律法规中关于要约、承诺的规定，并且要求电子商务经营者应当清晰、全面、明确地告知用户订立合同的步骤、注意事项。

《电子商务法》第四十八条规定，电子商务当事人使用自动信息系统订立或者履行合同的行为对使用该系统的当事人具有法律效力，并且推定在电子商务中当事人具有相应的民事行为能力。

以案说法

案例1：湖州南浔未公示证照信息案

【基本案情】

2019年1月2日，湖州市南浔区市场监管局执法人员在日常网络巡查中发现卢某在其微信朋友圈内从事饼干、蛋糕等糕点食品销售，但未公示其营业执照、食品经营许可证等信息。由此，执法人员立即前往当事人所描述的某地址进行现场检查。经查，当事人在上述地址开设了一家从事糕点类食品制售的店铺，并且能提供合法有效的个体工商户营业执照以及食品经营许可证。不过，自2018年7月起，当事人为了提高知名度，方便开拓市场，吸引消费者，通过微信朋友圈的方式发布了数十条关于店内所制售的饼干、蛋糕、饮料等食品信息，但未在其销售食品的微信朋友圈内公示营业执照、食品经营许可证信息。

湖州市南浔区市场监管局依据新出台的《电子商务法》，对个体户卢某在微信平台上从事网络销售时未公示营业执照和行政许可信息的行为开出了 2 000 元的行政处罚罚单。这也是《电子商务法》正式实施以来，湖州市查处的首例违法案件。

【法官说法】

上述行为涉嫌违反《电子商务法》第十五条第一款的相关规定："电子商务经营者应当在其首页显著位置，持续公示营业执照信息、与其经营业务有关的行政许可信息、属于依照本法第十条规定的不需要办理市场主体登记情形等信息，或者上述信息的链接标识。前款规定的信息发生变更的，电子商务经营者应当及时更新公示信息。"

案例 2：义乌检察机关启动对《电子商务法》实施后首例行政公益诉讼案

【基本案情】

2019 年 1 月 2 日上午，就在《电子商务法》正式实施之际，义乌市人民检察院接到有人利用微信朋友圈、微信群等网络平台违法销售药品的相关线索，该院民事行政检察部检察官根据线索迅速展开调查，发现调查对象正是利用网络服务销售商品，属于《电子商务法》界定的电子商务经营者。根据调查得知，此人利用其微信朋友圈广告、加入微信群介绍等方式传播并高价销售自制药品，声称该药品系采用中草药秘方，主治银屑病、神经性皮炎、牛皮癣等十余种疑难杂症，3 天见效、8 天痊愈，还承诺无效退款。

根据法律规定，义乌检察机关将其立案为侵害药品安全的行政公益诉讼案件，并向行政主管部门发送检察建议，督促对其违法行为进行查处。

浙江省义乌市检察机关对《电子商务法》实施后首例公益诉讼案启动程序，意味着今后违法利用朋友圈、微信群等网络工具侵害社会公共利益的行为将受到法律制裁。

【法官说法】

上述行为涉嫌违反《电子商务法》第九条的相关规定，电子商务经营者是指通过互联网等信息网络从事销售商品或提供服务的经营活动的自然人、法人和非法人组织，包括电子商务平台经营者、平台内经营者以及通过自建网站、其他网络服务销售商品或者提供服务的电子商务经营者。

作为电子商务经营者，不得在未经许可的情况下自制药品、通过网络违法发布药品信息及销售药品，其行为利用了网络的便捷、快速、覆盖面广等特性，违反了《电子商务法》和《药品管理法》等法律法规的规定，已直接威胁到社会公众的用药安全，侵害了社会公共利益。

职业素养养成

规范电商既要监管，也要平台守则自律

大数据杀熟、朋友圈微商纳入《电子商务法》监管

古代商人广为流传的《士商十要》，把"知法守法"作为十要之首，告诫商贾"凡出门，先告路引为凭，关津不敢阻滞；投钞不可隐漏，诸人难以挟制（出行要首先出示通行证，关卡渡口就不会有人阻拦；不偷瞒

税赋，别人就无法刁难)。"

"知法守法"可以说是从商者最起码的要求，也是商人守则自律的优秀商德。中国十大商帮之一的徽商，自古便十分重视对"法"的学习和应用，各宗族非常强调"安分守法"的训诲，存留至今的各姓族谱，首卷必然列明"族规""家训"，并在商事往来中形成了"凡事立字为据"等习惯，善于依靠"法"来维护权益、协调关系。

2021年5月1日起实施的《网络交易监督管理办法》，对网络经营主体登记、新业态监管、平台经营者主体责任、消费者权益保护、个人信息保护等重点问题作出了明确规定。从电商平台自身来说，要守则自律。电商平台要加强自身的合规性管理，不触犯法律法规，确保守法经营，做到自身守则自律；平台要对入驻的商家严格审查，加强质量把控，确保售卖的商品货真价实，不开展虚假宣传。在推进电商行业创新发展的同时，更需要从立法、执法、行业共治和企业自律等多个维度共同发力，促进行业规范、有序、可持续、高质量发展。

本章小结

《电子商务法》立法背景、进程和概况；《电子商务法》特征和意义；《电子商务法》的主要内容框架及解读。

本章习题

一、填空题

1. 电子商务法律关系是指由电子商务法律规范所确认的，电子商务活动当事人之间的一种以_____和_____为内容的经济关系。

2. 《电子商务法》共有_____章_____条，涉及登记注册、知识产权侵权、税务、广告规范、电子合同等诸多问题。

3. 《电子商务法》中"电子商务经营者"的内涵和外延不断扩张，除了第二条第三款明确排除的主体外，已基本涵盖了通过互联网进行营销活动的所有经营主体，即电子商务经营者包括电子商务平台经营者、_____电子商务经营者、通过自建网站和其他网络服务销售商品或者提供服务的电子商务经营者。

习题答案

二、单项选择题

1. 《电子商务法》的调整对象是（　　）。
   A. 商家与消费者之间的服务关系
   B. 电子商务交易活动中发生的各种社会关系
   C. 实体社会中的各种商事活动的法律规范
   D. 企业与员工之间的劳务关系

2. 电子商务立法要排除多种技术的影响，这符合《电子商务法》的（　　）。
   A. 全球协调一致原则　　　　　　　　B. 技术中立原则
   C. 促进电子商务发展原则　　　　　　D. 安全原则

3. 下列选项中，(   )不是《电子商务法》的主要任务。

A. 为电子商务发展创造良好的法律环境

B. 保障电子商务交易安全

C. 通过立法，为电子商务的主体提供交易规则

D. 推动高科技的发展

三、多项选择题

1. 我国《电子商务法》的颁布，对电子商务行业的积极意义包括(   )。

A. 填补了电子商务行业的法律空白

B. 明确了电商平台的义务

C. 规范了电子商业的行为

D. 促进电商产业结构升级

2. 我国《电子商务法》的特征包括(   )。

A. 商法性　　　　B. 技术性　　　　C. 开放和兼容性　　D. 超前性

四、简答题

1. 简述我国《电子商务法》框架体系的基本内容。

2. 简述我国《电子商务法》的特点与调整范围。

第 3 章　电子签名法律制度

在电子商务中,合同或者文件是以电子的形式表现和传递的,传统的手写签字和盖章无法进行,必须靠电子签名技术手段替代。《电子签名法》的实施,使网上数据电文获得法律效力保障,很大程度上消除了网络信用危机,加强了电子商务安全性,使得电子签名与传统手写签名有同等的法律效力。

本章内容分为以下两部分:电子签名,包括电子签名概念、电子签名的法律效力等;数据电文,包括数据电文的含义功能、数据电文的法律效力、数据电文的功能等同原则。

知识点思维导图

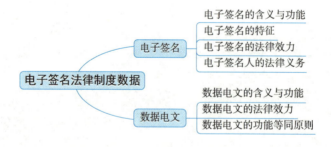

本章学习目标

知识目标
1. 了解电子签名、数据电文的概念和功能。
2. 了解《电子签名法》的性质和地位。
3. 掌握电子签名和数据电文的法律效力。

4. 掌握《电子签名法》的框架和主要内容。
5. 掌握电子签名人的法律责任和义务。

技能目标

1. 会区分可靠的和无效的电子签名。
2. 会规范、完整地使用电子签名。
3. 能根据数据电文行使其法律效力。

思政目标

1. 使用电子签名做到诚实守信。
2. 不伪造数据电文，做到诚信使用数据电文。
3. 电子商务经营过程中恪守职业道德，遵纪守法。

3.1 电子签名的法律效力

知识点思维导图

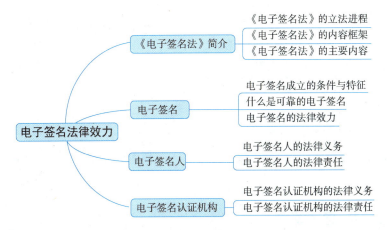

【工作任务】

小王所在公司因为业务需要，最近要在网上与其他公司签订电子合同，要求电子商务专员小王先申领电子证书。

(1) 到哪里去申领电子证书？
(2) 什么是《电子签名法》规定的可靠的电子签名？
(3) 电子签名和数字签名的区别与联系有哪些？

(4) 申请电子签名的具体流程是什么?

上述问题小王迫切需要详细了解,请你查找相关资料并整理,向小王解答清楚。

【工作过程】

3.1.1 《电子签名法》

1. 立法进程

《电子签名法》是我国首部电子商务法律,是为了规范电子签名行为和确立电子签名的法律效力而制定的。《电子签名法》的立法进程如图 3-1 所示。

2. 《电子签名法》的内容框架

我国《电子签名法》包括第一章总则、第二章数据电文、第三章电子签名与认证、第四章法律责任、第五章附则。

《电子签名法》重点解决了四方面问题:一是确立了电子签名的法律效力;二是规范了电子签名的行为;三是明确了认证机构的法律地位及认证程序,并给认证机构设置了市场准入条件和行政许可的程序;四是规定了电子签名的安全保障措施。

《电子签名法》主要包含四个方面内容:一是确定电子签名的法律效力,明确了在众多的电子签名方法和手段中,满足什么条件的电子签名具有与手写签名或盖章同等的效力;二是对数据电文,也就是电子形式的文件作了规定;三是设立电子认证服务的准入制度;四是规定电子签名的安全保障制度。

《电子签名法》的内容框架,如图 3-2 所示。

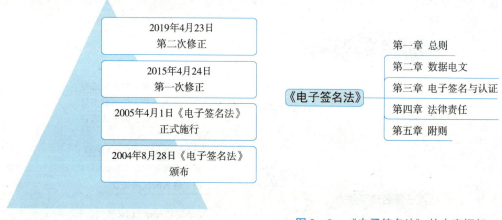

图 3-1 《电子签名法》立法进程　　　　图 3-2 《电子签名法》的内容框架

3.1.2 电子签名

1. 电子签名和数字签名

(1) 电子签名

广义上的电子签名,不仅包括通常意义上所讲的"非对称性密钥加密(Asymmetric Cryptography)",而且包括计算机口令、生物笔迹辨别法以及新近出现的眼虹膜透视辨别法等。这种定义满足了电子合同中对技术中立原则的要求,在法律上为其他签名技术留下了发展的空间。党的二十大报告提出，加快发展数字经济，促进数字经济和实体经济深度融合，打造具有国际竞争力的数字产业集群。电子签名作为重要的数字基础设施，助力数字化升级。在发展数字化经济、数字中国建设等大背景下，电子签名应用场景愈加广泛。

狭义的电子签名就是指数字签名，是与数据电文（电子文件、电子信息）相联系的用于识别签名人的身份和表明签名人认可该数据电文内容的数据。

《电子签名法》第二条借鉴了传统签名的功能，从功能、效果的角度对电子签名进行了定义："本法所称电子签名，是指数据电文中以电子形式所含、所附用于识别签名人身份并表明签名人认可其中内容的数据。"

（2）数字签名

数字签名应用于银行、电子政务及电子协议等互联网领域，数字签名是电子签名的一种形式，安全的电子签名就是数字签名。数字签名，就是只有信息发送者才能产生且别人无法伪造的一段数字串，它可以证明发送者发送信息的真实性。

（3）电子签名与数字签名的关系

电子签名是一种泛化的概念，数字签名是电子签名的一种具体实现方式，数字签名提供了比电子签名基本要求更高的功能。数字签名是从技术的角度提出的，需要使用密码技术，主要目的是确认数据来源和数据的完整性。

电子签名包括了电子手印、电子签章、水印签名、数字签名等。电子签名与数字签名的关系，如图3-3所示。

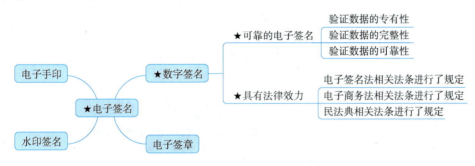

图3-3 电子签名与数字签名的关系

电子签名与传统签名的区别，如表3-1所示。

表3-1 电子签名与传统签名的区别

签名	签署方式	表现形式	样式	遗忘度	鉴别方法
电子签名	在线签署 远距签署	数据	多个签名样式	大	计算机鉴别
传统签名	纸上签署 亲临现场	文字	统一签名样式	小	目视

（4）数字签名的功能

数字签名的功能，如表3-2所示。

表 3-2 数字签名的功能

功能	具体描述
身份认证	接收方通过发送方的电子签名，确认发送方的身份，无法伪造
完整性	通信的内容无法被篡改
不可抵赖性	发送方一旦将电子签名的信息发出，就无法再否认

2. 电子签名成立的条件及特征

《电子签名法》第十三条规定了可靠的电子签名应当满足的条件：一是电子签名制作数据用于电子签名时，属于电子签名人专有；二是签署时电子签名制作数据仅由电子签名人控制；三是签署后对电子签名的任何改动能够被发现；四是签署后对数据电文内容和形式的任何改动能够被发现。

通过对《电子签名法》第十三条法条的解读可知，可靠的电子签名具有三个特征：专有性、可控性、改动可发现性。可靠的电子签名具体的特征要求，如图 3-4 所示。

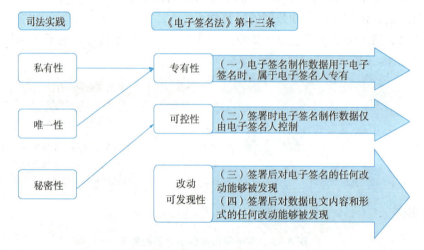

图 3-4 电子签名的特征

《电子签名法》第十四条规定："可靠的电子签名与手写签名或者盖章具有同等的法律效力。"

《电子签名法》第三十四条第四项规定："电子签名制作数据，是指在电子签名过程中使用的，将电子签名与电子签名人可靠地联系起来的字符、编码等数据。"

《电子签名法》实际上规定了电子签名的形式（电子形式、包含于数据电文中），并从功能、效果的角度对电子签名提出了要求。

3. 电子签名的法律效力

电子签名、数据电文虽然因以电子形式出现而与手写签名、书面文件不同，但只要符合法律规定的条件，电子签名、数据电文与手写签名、书面文件具有同等的法律效力。依据《电子签名法》的规定，只要电子签名是可靠的，就具有与手写签名或者盖章同等的法律效力。有关国际组织、国家关于电子签名的法律规定，如表 3-3 所示。

表 3-3 国际组织、国家关于电子签名的规定

国际组织、国家相关法律	有关电子签名的规定
联合国《电子商务示范法》	不得仅仅以某项信息采用数据电文形式为理由而否定其法律效力、有效性或可执行性
韩国《电子商务基本法》	除非法律另有特别规定,电子签名不得因为信息采用电子形式而否认其相对于其他的纸面信息形式具有的法律效力
美国《国际国内商务电子签名法》	一项交易中的合同,不得仅因为其在缔结过程中使用了电子签名或电子记录而否定其法律效力或可执行性

电子签名不适用的情况

当然有些文书,就算有了电子签名也是无效的。《电子签名法》第三条规定,民事活动中的合同或者其他文件、单证等文书,当事人可以约定使用或者不使用电子签名、数据电文。

即使签署了电子签名也无效的文书,具体有以下几种情形。

(1)涉及婚姻、收养、继承等人身关系的;

(2)涉及停止供水、供热、供气等公用事业服务的;

(3)法律、行政法规规定的不适用电子文书的其他情形。

因为这几类事项与当事人利益最密切相关,采用手写签名更能体现当事人的真实意思。

3.1.3 电子签名的颁发

1. 数字证书的颁发

在电子商务交易中,双方使用电子签名时,为了确保电子交易的安全可靠,往往需要由第三方对电子签名人的身份进行认证,向交易对方提供信誉保证,这个第三方机构就是电子认证服务机构(Certificate Authority,简称CA)。

电子认证服务机构颁发包含公钥和所有者身份的数字证书。匹配的私钥不是公开的,而是由生成密钥对的最终用户保密。证书还是 CA 的确认或验证,证书中包含的公钥属于证书中标注的个人、组织、服务器或其他实体。CA 在此类方案中的义务是验证申请人的凭证,以便用户和信赖方可以信任 CA 证书中的信息。

2. 数字证书的类型

目前的数字证书类型主要包括个人数字证书、单位数字证书、单位员工数字证书、服务器证书、VPN 证书、WAP 证书、代码签名证书和表单签名证书。

随着互联网的普及、各种电子商务活动和电子政务活动的飞速发展,数字证书开始广泛地应用到各个领域之中,目前主要包括发送安全电子邮件、访问安全站点、网上招标投标、网上签约、网上订购、安全网上公文传送、网上缴费、网上缴税、网上炒股、网上购物和网上报关等。

3.1.4 电子签名人的法律责任

1. 电子签名人的义务

（1）提供真实、完整、准确信息的义务

《电子签名法》第二十条第一款规定："电子签名人向电子认证服务提供者申请电子签名认证证书，应当提供真实、完整和准确的信息"。

电子签名人就其身份、地址、营业范围、证书信赖等级的真实陈述，是电子签名认证证书可信赖性产生的前提，否则将构成对电子签名认证证书体系信赖性的损害。所以，向电子认证服务提供者尽真实陈述的义务，也是电子签名人的一项义务。

（2）妥善保管电子签名制作数据的义务

《电子签名法》第十五条规定："电子签名人应当妥善保管电子签名制作数据"。

（3）电子签名制作数据失密时的告知义务

《电子签名法》第十五条规定："电子签名人知悉电子签名制作数据已经失密或者可能已经失密时，应当及时告知有关各方，并终止使用该电子签名制作数据"。

在以下两种情形，电子签名人需要履行及时告知义务。

第一种情形：电子签名人知悉电子签名制作数据已经失密，例如，电子签名人发现未经其允许，他人在互联网上以电子签名人的名义从事商业活动。

第二种情形：电子签名人知悉电子签名制作数据可能已经失密，例如，电子签名人发现自己存放电子签名制作数据的磁盘丢失，而丢失的磁盘中的安全指令有可能被破译，电子签名制作数据有可能被他人用于从事非法活动或者牟取非法利益。

出现上述两种情形之一的，电子签名人除了在履行及时告知义务的同时，还应当终止使用该电子签名制作数据，以避免或者减少电子签名人和电子签名依赖方的损失。

2. 电子签名人的责任

（1）赔偿责任

《电子签名法》第二十七条规定："电子签名人知悉电子签名制作数据已经失密或者可能已经失密未及时告知有关各方、并终止使用电子签名制作数据，未向电子认证服务提供者提供真实、完整和准确的信息，或者有其他过错，给电子签名依赖方、电子认证服务提供者造成损失的，承担赔偿责任。"

对于电子签名人违反义务时的民事责任，承担赔偿责任。

（2）民事、刑事责任

《电子签名法》第二十条规定："电子签名人向电子认证服务提供者申请电子签名认证证书，应当提供真实、完整和准确的信息。电子认证服务提供者收到电子签名认证证书申请后，应当对申请人的身份进行查验，并对有关材料进行审查。"

《电子签名法》第三十二条规定："伪造、冒用、盗用他人的电子签名，构成犯罪的，依法追究刑事责任；给他人造成损失的，依法承担民事责任。"

3.1.5 电子签名认证机构的法律义务和责任

电子认证服务机构,也就是证书认证机构,是颁发证书的实体,需要履行查验义务。

《电子签名法》第二十八条规定:"电子签名人或者电子签名依赖方因依据电子认证服务提供者提供的电子签名认证服务从事民事活动遭受损失,电子认证服务提供者不能证明自己无过错的,承担赔偿责任。"

电子签名认证机构所应承担的法律责任,基本上是电子签名认证机构对电子签名人、电子签名依赖方的责任。该法条要求认证机构"证明自己无过错"时,方可免除赔偿责任。

3.1.6 电子签名的认证服务

为了避免由于电子签名人主体瑕疵而导致合同无效,电子签名可以申请第三方认证。依法设定的电子认证服务机构应遵守认证业务规则,妥善保存与认证相关信息,保证提供的认证服务在审查数据电文作为证据时的真实性。

《电子签名法》第十六条规定:"电子签名需要第三方认证的,由依法设立的电子认证服务提供者提供认证服务。"本条是关于电子签名认证的规定。作为第三方的数字签名认证机构通过给从事交易活动的各方主体颁发数字证书、提供证书验证服务等手段来保证交易过程中各方主体电子签名的真实性和可靠性。

3.2 数据电文的法律问题

知识点思维导图

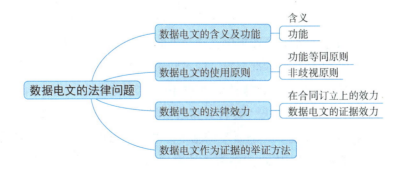

【工作任务】

我国于 2004 年 8 月 28 日通过的《电子签名法》,初步建立起电子签名制度、数据电文制度、认证服务制度,为电子商务交易构建了最基本的规则框架。数据电文主要用于电子合同的订立,同时在电子票据的签发、背书和电子支付等场合也有应用。在司法实践中，对数据电文证据如何开展举证、质证和认证较难把握。

小王对电子商务经营活动中数据电文的应用非常感兴趣，希望能进一步了解相关知识。请你上网搜索相关资料，从数据电文的含义、使用原则、法律效力等方面给予小王详细解答。

【工作过程】

3.2.1　数据电文的含义

《电子签名法》第二条规定："本法所称数据电文，是指以电子、光学、磁或者类似手段生成、发送、接收或者储存的信息。"

数据电文是为了规范电子签名行为，确立电子签名的法律效力，维护各方合法权益。最终促进电子商务和电子政务的发展，增强交易的安全性。

"数据电文"一词最早在1986年联合国欧洲经济委员会和国际标准化组织共同制定的《行政、商业和运输、电子数据交换规则》中出现。1996年《电子商务示范法》采用了这一概念，该法规定，"数据电文是指经由电子手段、光学手段或者类似手段生成、储存或者传递的信息，这些手段包括但不限于电子数据交换、电子邮件、电报、电传或者传真。"

各国电子签名法或电子商务法也对数据电文作了类似的规定。如美国《国际与国内商务电子签名法》规定："电子记录是指由电子手段创制、生成、发送、传输、接收或者储存的合同或其他记录"；韩国《电子商务基本法》规定："电子信息是指以使用包括计算机在内的电子数据处理设备的电子或类似手段生成、发送、接收或者储存的信息。"

现实生活中的电报、电传、传真、电子邮件、电话录音、录像、手机短信、即时通信息等形成的符合一定法律形式的信息，均可以认为是《电子签名法》中描述的数据电文。

3.2.2　数据电文的法律效力

1. 数据电文的使用原则

（1）功能等同原则

所谓功能等同原则，是指只要数据电文符合书面形式的功能，即符合法律规定的书面形式要求。当数据电文达到这些标准要求，即可同相应书面文件一样，享受同等程度的法律认可。应当指出的是，功能等同原则的适用并不限于解决数据电文的书面形式问题，它还被《电子商务示范法》用来解决"签名"和数据电文的"原件"问题。《电子商务示范法》规定，界定电子商务环境中"书面"的基本标准是"可以调取，以备日后查用"。

《电子签名法》第四条规定："能够有形地表现所载内容，并可以随时调取查用的数据电文，视为符合法律、法规要求的书面形式。"

【释义】本条是关于数据电文符合法定书面形式要求的规定。本条解决两个相关联的问题：一是数据电文是否符合法律、法规要求的书面形式；二是什么样的数据电文才符合法律、法规要求的书面形式。

该原则的运用要经过分析,因为纸质文件在不同的环境下发挥的功能不同。一般说来,书面文件最简单的要求是内容信息的可读性,在此基础上还可增加其他要求,如签字和原件要求。书面形式具有证据效力的法律要件,如表 3-4 所示。

表 3-4　书面形式具有证据效力的法律要件

形式	原件要求	签名要求
书面形式	只有原件的书证内容才是真实可靠的,仅凭复印件不能够认定待证事实。原件的两个条件:(1)载体为原始的,(2)信息或内容是原始的	签字表明签字人认可该文件或愿意将文件的法律后果归属于自身。签字的目的:将某文件归属于某人;防止签字人抵赖或者反悔

数据电文的功能等同原则,也为电子签名的有效性奠定了基础。

【动手探究】
　　在《电子签名法》第四条中规定了"有形地表现所载内容"的形式,如何理解该内容?

(2) 非歧视原则

为确保数据电文法律的稳定性和预见性,确立了非歧视原则。当事人不能以单方声明的形式,排除对数据电文效力的承认。

我国《电子签名法》第三条规定:"当事人约定使用电子签名、数据电文的文书,不得仅因为其采用电子签名、数据电文的形式而否定其法律效力。"这一确认数据电文法律效力的原则属于非歧视原则。

2. 数据电文作为证据的举证方法

数据电文是电子商务合同纠纷案件中最重要的证据,审查数据电文作为证据的真实性,一般可以从操作人员、操作程序、信息系统三者的可靠性方面入手。

《电子签名法》第八条规定:"审查数据电文作为证据的真实性,应当考虑以下因素:(一)生成、储存或者传递数据电文方法的可靠性;(二)保持内容完整性方法的可靠性;(三)用以鉴别发件人方法的可靠性;(四)其他相关因素。"

手机短信、电子邮件、网页证据这三类数据电文作为证据的举证方法,如表 3-5 所示。

表 3-5　数据电文的举证方法

数据电文	举证方法	作为证据的注意点
手机短信	手机短信可申请鉴定或向电信运营商进行调查	因手机短信存在删改的特性,一般情况下不宜单独作为认定案件事实的依据,应结合其他证据予以补强

续表

数据电文	举证方法	作为证据的注意点
电子邮件	举证一方应提供邮件的来源，包括发件人、收件人及邮件提供人，上述人员与案件当事人的关系，邮件的生成、接收时间及邮件内容。必要时，请网络服务商提供协助，从电子邮件的传输、存储环节中直接保全证据。或进行鉴定，从电子邮件生成、存储、传输环境的可靠性，是否篡改等请有关方面提出专家意见	电子邮件可以作为证据，但要注意以下几点： 1. 证明对方发送邮件的地址确为对方所有和使用； 2. 所收电子邮件系对方所发，且无造假情形； 3. 电子邮件内容为原始内容，未经篡改
网页证据	由于网页信息更新快，时效性强，诉讼中应注意对网页证据的保全，可通过公证、摄像、下载等形式固定网页。或请有关单位专家进行鉴定，从网页证据的生成、存储、传递和输出环境的可靠性提出专家意见	经过公证的网页证据具有较强的证明力

【动手探究】

当事人订立合同可以采用口头形式和书面形式等，书面形式有哪些？

3. 数据电文的法律效力

（1）在合同订立上的效力

就合同的订立而言，除非当事各方另有协议，一项要约以及对要约的承诺，均可通过数据电文的手段表示。

（2）数据电文的证据效力

数据电文有可接受性和证据价值，对如何评估一项数据电文的证据力可提供有用的指南。《电子签名法》从第四条到第十一条对符合条件的数据电文的法律效力进行了详细规定，如表3–6所示。

表3–6 《电子签名法》的法律效力

法律效力	《电子签名法》的相关条款
视为符合书面形式	第四条 能够有形地表现所载内容，并可以随时调取查用的数据电文，视为符合法律、法规要求的书面形式
视为原件	第五条 符合下列条件的数据电文，视为满足法律、法规规定的原件形式要求：（一）能够有效地表现所载内容并可供随时调取查用；（二）能够可靠地保证自最终形成时起，内容保持完整、未被更改。但是，在数据电文上增加背书以及数据交换、储存和显示过程中发生的形式变化不影响数据电文的完整性

续表

法律效力	《电子签名法》的相关条款
视为文件保存要求（文件保存要求通常是为审计或者税收目的提出的）	第六条　符合下列条件的数据电文，视为满足法律，法规规定的文件保存要求：（一）能够有效地表现所载内容并可供随时调取查用；（二）数据电文的格式与其生成、发送或者接收时的格式相同，或者格式不相同但是能够准确表现原来生成、发送或者接收的内容；（三）能够识别数据电文的发件人、收件人以及发送、接收的时间
视为证据使用	第七条　数据电文不得仅因为其是以电子、光学、磁或者类似手段生成、发送、接收或者储存的而被拒绝作为证据使用
视为发件人送达	第九条　数据电文有下列情形之一的，视为发件人发送：（一）经发件人授权发送的；（二）发件人的信息系统自动发送的；（三）收件人按照发件人认可的方法对数据电文进行验证后结果相符的。当事人对前款规定的事项另有约定的，从其约定
视为数据电文已经收到	第十条　法律、行政法规规定或者当事人约定数据电文需要确认收讫的，应当确认收讫。发件人收到收件人的收讫确认时，数据电文视为已经收到
视为数据电文的发送时间和接收时间	第十一条　数据电文进入发件人控制之外的某个信息系统的时间，视为该数据电文的发送时间。收件人指定特定系统接收数据电文的，数据电文进入该特定系统的时间，视为该数据电文的接收时间；未指定特定系统的，数据电文进入收件人的任何系统的首次时间，视为该数据电文的接收时间

4. 数据电文的相关规则

数据电文资料是电子商务活动及电子政务活动中最主要的证据形式，同时也是电子档案材料的基本内容之一。为了进一步明确数据电文的法律效力，我国法律对生成、存储或者传递数据电文方法的可靠性进行了规定。

（1）数据电文的归属规则

数据电文的归属规则是电子商务环境下将电讯的发出与其发出者相联系的基本规则，它是确立交易当事人之间因数据电文而产生的法律后果的前提性规范。我国《电子签名法》第九条对数据电文的归属问题做出了规定，具体内容见表3-6相关内容。

（2）数据电文的收讫时间和地点规则

由于电子商务交易系统故障的风险，数据电文到达具有不确定性和偶然性，因此电子商务交易当事人往往会对确认收讫的时间和地点进行事先约定。从我国《电子签名法》第十条规定可知，只有在两种情况下需要做确认收讫的通知，一种是在法律法规有相关规定的情况下，另一种是双方当事人约定适用确认收讫的，应当确认收讫。

（3）数据电文的保存规则

一项数据电文形成之后，需要提取出来进行保存，保存后的数据电文，才能有效地再现或被利用。由于数据电文不同于传统档案保管的介质形式，数据电文的保存必须符合哪些条件才能具备"原件"的效力？我国《电子签名法》第五条对此做出了规定。

以案说法

案例1：手机短信可作为证据使用

王某与陈某原系夫妻关系，二人于2007年4月25日协议离婚，在离婚协议中约定房屋归陈某所有，小孩由王某抚养，陈某补偿给王某房款及一次性支付小孩抚养费共计18万元，王某应协助陈某办理房屋过户手续。协议离婚当日，陈某给付了王某5万元，尚欠13万元未付。当陈某要求王某协助房屋过户时，王某提出要陈某将小孩的抚养费再增加7万元方才配合办理房屋过户，即陈某还应支付其20万元。该意见由王某通过手机短信的形式发送到陈某的手机里。陈某为了能顺利办理房屋过户手续，同意了王某的要求，给王某出具了一张20万元的欠条，但未注明欠款性质。王某遂持该欠条向法院起诉，称陈某系向其借款。

【法官说法】

一、手机短信作为证据的法律依据

《电子签名法》第二条第二款规定："本法所称数据电文，是指以电子、光学、磁或者类似手段生成、发送、接收或者储存的信息。"第七条规定："数据电文不得仅因为其是以电子、光学、磁或者类似手段生成、发送、接收或者储存的而被拒绝作为证据使用。"第五条规定："符合下列条件的数据电文，视为满足法律、法规规定的原件形式要求：（一）能够有效地表现所载内容并可供随时调取查用；（二）能够可靠地保证自最终形成时起，内容保持完整、未被更改。但是，在数据电文上增加背书以及数据交换、储存和显示过程中发生的形式变化不影响数据电文的完整性。"

手机短信是以手机为信息传播终端与载体的文本或图片，其本质是一种数据信息流，属于数据电文的范畴，可作为证据使用。

二、手机短信证据的保全

由于手机的存储容量过小以及使用者的不当操作，短信息可能会自然泯灭或人为毁灭，且事后难以重现。因此在收集时、诉讼前或诉讼中必须以一定的形式加以固定，并妥善保管，以便法院在分析、认定案件事实时使用。

根据《最高人民法院关于民事诉讼证据的若干规定》第二十四条的规定，根据当事人的申请和具体情况，人民法院可以采取查封、扣押、录音、录像、复制、鉴定、勘验等方法进行证据保全，并制作笔录。但在保全时，均应标明短信来源手机和接收手机的号码及发送和接收时间，必要时，应提供详细的短信清单佐证。在庭审质证时，应出示原手机供对方当事人质证。除此之外，通过公证也可以起到很好的证据保全效果。

三、手机短信证据的审查

根据《电子签名法》第八条的规定，审查数据电文作为证据的真实性，应当考虑的因素是：生成、储存或者传递数据电文方法的可靠性；保持内容完整性方法的可靠性；用以鉴别发件人方法的可靠性；其他相关因素。

证据是否可以采信关键看它是否具备客观性、关联性和可采性，主要审查以下几个方面：来源是否客观存在；短信息的形成时间、发送人、网络服务商，是否存在伪造或修改的可能；短信与当事人主张之间的联系，短信反映的事实或行为与案件有无客观联系。

【案例分析】

在司法实践中，民间借贷纠纷和各种合同纠纷中经常会出现使用数据电文作为证据的情况，纠纷的焦点主要集中在短消息和电子邮件形式的数据电文是否符合《民事诉讼法》和《电子签名法》等法律法规对书面形式的要求。《电子签名法》第四条明确规定，能够有形地表现所载内容，并可以随时调取查用的数据电文，视为符合法律、法规要求的书面形式。

数据电文证据的作用在民商纠纷中日益凸显，梳理涉及数据电文作为证据的相关案件可以发现，法院对数据电文作为电子证据的采纳和采信，持更加一致的积极态度。

【以案说法】

对于电子商务合同中的格式条款更应当强调其合理原则，即更应强调商家对合同信息的披露和消费者对合同条款的审查。缺乏充分审查的合同，对消费者是不公平的，应当是无效的或可撤销的合同。

案例2：短信借款不还的纠纷

【案情介绍】

2004年1月，原告杨某（男）结识了被告韩某（女），同年8月27日，韩某用手机发短信给杨某，向他借钱应急，短信中说："我需要5 000元，刚回北京做了眼睛手术，不能出门，你汇到我的卡里。"杨某见短信后立即将钱汇给了韩某。一周后杨某再次收到韩某的短信，又借给其6 000元并汇到了韩某的账户。因都是短信来往，两次汇款杨先生都没有索要借据。之后韩某非但没有还钱，反而继续向杨某借钱。杨某起了疑心，要求韩还钱。但几经催要，韩某只是发短信说："我一定还，但需要等一段时间。"可韩某还是久欠未还，杨某遂将韩某告上了法庭，并提交了银行汇款单两张。但韩某却称这是杨先生归还以前欠她的欠款。

法院审理认为，手机短信载明的款项数额、往来间与杨某在银行的业务凭证相符，同时短信还载明了被告承诺偿还借款的意思，证据间相互印证，故可以认定被告向原告借款的事实。据此，法院判令被告韩某偿还原告人民币1.1万元。

请根据本章所学，解答以下问题。

（1）本案中的手机短信是数据电文吗？其证据力如何？

（2）手机短信作为证据时的证据力受哪些因素的影响？

（3）本案争议的焦点是什么？手机短信作为证据的判断主要依据哪部法律？

【法官说法】

依据《电子签名法》的规定，"电子签名是指数据电文中以电子形式所含、所附用于识别签名人身份表明签名人认可其中内容的数据。"手机短信符合电子签名、数据电文的形式，同时短信能够有效地表现所载内容，并可供随时调取查用，能够识别数据电文的发件人、收件人以及发送、接收的时间。

在确定能够确认信息来源、发送时间以及传输系统基本可靠、文件内容基本完整，同时又没有相反的证据足以否定这些证据的证明力的情况下，法院认可了这些手机短信的证据力，其证据力受手机短信的客观性以及其与其他证据的相关性来决定。

本案的焦点是手机短信是否为韩某所发，并且手机短信能否成为有效的证据存在。本案依据的法律为《中华人民共和国电子签名法》。

职业素养养成

数字签名筑牢安全之基　护航高质量发展

王小云用智慧和汗水为电子签名安全性保驾护航

在漫长的人类历史中，人们一直在寻求一种可以长久保存且不易篡改的凭证，并重点关注其唯一性，例如，尚方宝剑、调兵虎符等。这些曾在古代被用作凭证的物件，随着社会的发展，逐步被合同、契约等取代，而签名、盖章等则作为具有唯一性的信任背书，成为这些凭证产生效力的关键，并且具有法律效力。在互联网中加入"签名"机制，形成数字签名，或称为电子签名，就类似于现实世界中的盖章、签字，利用数字签名技术，我们就可以相对可靠地进行信息的传输，既可以识别出篡改和伪装，还可以防止否认。

2019年12月，瑞星安全研究院截获到一批最新的恶意病毒样本，经过分析发现，这批样本内均带有有效的数字签名，这就代表这批最新病毒可以堂而皇之地躲过杀毒软件查杀，从而达到感染电脑进行破坏的目的。瑞星安全专家进一步分析发现，该批样本感染成功之后，会植入"大灰狼"远程控制木马，电脑内重要机密信息及数据会被窃取，并且电脑将被病毒作者控制。

没有数据安全之"根基"，就无从保护数据应用之"树木"，更无法撑起数字经济发展之"森林"，做好通信业和互联网行业网络数据安全保护工作尤为迫切和重要。审核机构数字签名，严控颁证电子签名，全面提升网络数据安全保护能力，不仅关乎人民群众的切身利益，更关乎国家安全和社会稳定大局。

新形势下做好行业网络数据安全保护工作责任重大，全面提升网络数据安全保护能力，不仅是应对网络安全新挑战的客观要求，更是助力数字经济快速发展的现实需要。

本章小结

电子签名的概念和功能、电子签名成立的条件、电子签名的法律效力；数据电文的基本含义、数据电文的书面形式、数据电文的功能等同原则、数据电文的法律效力。

本章习题

习题答案

一、填空题

1. 2005年4月1日正式实施的《电子签名法》，规定了电子签名和_____的法律效力。

2. 电子签名人的义务有_____、真实陈述义务和及时告知义务。
3. 实践中数据电文证据主要有手机_____、传真件、电子邮件及网页证据等。
4. 认定数据电文具有书面形式的标准是_____。

二、单项选择题

1. 发放数字证书的机构是（　　）。

A. 银行　　　　　　　　　　B. 政府监管部门
C. 认证中心　　　　　　　　D. 信息产业主管部门

2. 数字签名，指只有（　　）才能生成的，别人无法伪造的一段加密数字串。

A. 信息接收者　　　　　　　B. 信息发送者
C. 信息传输者　　　　　　　D. 信息认证者

3. 我国《电子签名法》第三条规定："当事人约定使用电子签名、数据电文的文书，不得仅因为其采用电子签名、数据电文的形式而否定其法律效力。"这一确认数据电文法律效力的原则是（　　）。

A. 公平原则　　　　　　　　B. 歧视性原则
C. 功能等同原则　　　　　　D. 非歧视性原则

4. 我国《电子签名法》第二十四条规定："电子认证服务提供者应当妥善保存与认证相关的信息，信息保存期限至少为电子签名认证证书失效后（　　）。"

A. 三年　　　　　　　　　　B. 四年
C. 五年　　　　　　　　　　D. 六年

三、多项选择题

1. 下列选项中，有关电子签名的描述正确的是（　　）。

A. 电子签名人，是指持有电子签名制作数据并以本人身份或者以其所代表的人的名义实施电子签名的人
B. 电子签名认证证书，是指可证实电子签名人与电子签名制作数据有联系的数据电文或者其他电子记录
C. 电子签名制作数据，是指在电子签名过程中使用的，将电子签名与电子签名人可靠地联系起来的字符、编码等数据
D. 电子签名验证数据，是指用于验证电子签名的数据，包括代码、口令、算法或者公钥等

2. 数据电文有下列（　　）情形之一的，视为发件人发送。

A. 经发件人授权发送的
B. 发件人的信息系统自动发送的
C. 收件人按照发件人认可的方法对数据电文进行验证后结果相符的
D. 发件人使用特快专递的

3. 我国《电子签名法》规定，电子签名不适用的文书有（　　）。

A. 涉及婚姻、收养、继承等人身关系的
B. 涉及土地、房屋等不动产权益转让的
C. 涉及停止供水、供热、供气、供电等公用事业服务的
D. 涉及金融、保险合同的

4. 我国《电子签名法》主要规定的内容有（　　）。
   A. 电子签名的效力　　　　　　　B. 电子商务经营者的法律责任
   C. 电子合同　　　　　　　　　　D. 电子认证服务市场准入制度
   E. 电子签名安全保障制度

5. 除非发件人和收件人另有协议，数据电文应以（　　）视为数据电文的发送地点。
   A. 收件人所设的营业地
   B. 收件人没有营业地的，以收件人的经常居住地
   C. 发件人所设的营业地
   D. 发件人没有营业地的，以其经常居住地

6. 一项数据电文，在符合下列（　　）条件时，应当视为满足法律、行政法规规定的原件形式要求。
   A. 自最终形成之时起，其完整性即有可靠保证
   B. 能够有形地表现所载内容
   C. 可以在数据电文上增加背书记载
   D. 可以在正常的交换、储存和显示过程中发生改变

7. 当事人订立合同可以采用口头形式和书面形式等，书面形式包括（　　）。
   A. 合同书　　　　B. 意向书　　　　C. 电报　　　　D. 电传
   E. 电子邮件

8. 根据我国《电子签名法》，满足下列（　　）条件的，视为可靠的电子签名。
   A. 属于电子签名人专有
   B. 电子签名制作数据仅由电子签名人控制
   C. 对电子签名的任何改动能够被发现
   D. 对数据电文内容和形式的任何改动能够被发现

四、问答题

1. 根据我国《电子签名法》规定，可靠的电子签名需要满足哪些条件？
2. 简述我国《电子签名法》对数据电文的证据效力的规定。

第4章 电子认证法律制度

电子认证是指特定机构对电子签名及其签署者的真实性所作的认证。电子认证的目的就是通过第三方CA对公共密钥进行辨别和认证,以防止或减少因密钥的丢失、损毁或解密等造成的电子文件环境交易的不确定因素及不安全性风险。当电子商务交易的当事人之间发生纠纷时,电子认证能提供有效的认证解决方法。

本章内容包括电子认证概述,电子认证机构的法律义务和责任,以及电子认证的相关法律法规。

知识点思维导图

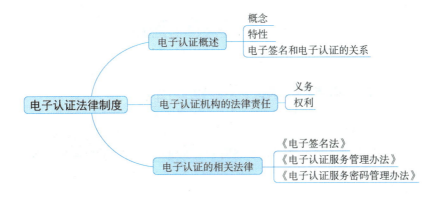

 **本章学习目标**

知识目标

1. 了解电子认证的概念、分类和作用。
2. 熟悉电子认证机构的设立条件及认证机构的职责。
3. 掌握电子认证机构的特点和管理。

技能目标

1. 会申请和安装电子认证证书。
2. 会运用电子认证技术确保电子商务经营活动的安全。

思政目标

1. 培养职业道德和遵纪守法意识。
2. 培养安全经营和防范欺诈的意识。

4.1 电子认证的功能和法律

 知识点思维导图

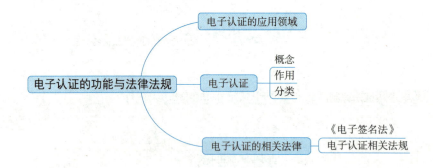

【工作任务】

在电子商务经营过程中,电子数据由于具有虚拟性和数字性特征,很容易遭受篡改攻击,且不易被发觉。那如何确保电子商务经营活动所用的电子数据是真实的呢?

小王了解到解决上述问题的方法是进行电子认证,但是他不熟悉电子认证服务使用密码许可证的相关条款,不清楚如何使用电子认证功能实现电子商务安全。请你上网了解电子认证相关的法律制度,解答小王的疑惑。

【工作过程】

 ### 4.1.1　电子认证的应用领域

电子认证服务贯穿于互联网行业发展整个过程，尤其是在涉及资金往来、网络交易以及信息安全等方面具有不可替代的作用。电子认证应用于电子商务、电子政务、银行业务等方面，其认证流程如图 4-1 所示。

图 4-1　电子认证流程

 ### 4.1.2　电子认证

1. 电子认证的概念

电子商务买卖双方进行交易的前提条件是确认对方的身份，以考察对方的信用度。电子签名从技术手段上保障电子商务的安全，而电子认证则从组织制度上保障电子商务的安全。

电子认证是指由认证机构以加密技术为基础，以电子签名、数字证书等为手段，向电子商务中的交易各方提供身份确认、文件的真实性与完整性确认等服务的活动。党的二十大指出：建立大安全大应急框架，完善公共安全体系，推动公共安全治理模式向事前预防转型。加强对电子商务平台、数据、系统等关键基础设施安全保护，提高系统访问、技术应用、运维服务、数据流动等方面防范能力。电子商务系统的安全体系结构，保证了电子交易的安全。电子认证可以确保网上传递信息的保密性、完整性和不可否认性，确保网络应用的安全。

2. 电子认证的作用

电子签名虽然将电子文件与其签署人紧密联系在一起，解决了电子文件的辨别问题，但是并没有在商事主体之间建立起交易所需的信任度。电子签名侧重于解决身份辨别与文件归属问题。电子认证机构作为第三方权威机构，承担着对公开密钥进行管理、认证的职责，所以电子认证解决的是密钥及其持有人的可信度问题。电子认证的作用有以下三点：一是确认交易双方的身份和交易内容；二是防止电子签名人对已经认证的信息予以否认；三是防止电子认证交易当事方以外的人实施欺诈行为。

3. 电子认证的分类

根据电子认证机构的功能及其认证的对象，分为站点认证、数据电文认证、用户身份认证。

（1）站点认证

站点认证是电子商务平台为站点提供的安全验证方式，通过查看网站安装的电子商务认证授权机构（简称 CA，也称为电子商务认证中心）发放的数字证书，来确认网站的安全性。

一个网站的数字证书是与域名绑定的，倘若证书的域名和所访问的网站域名不一致的话，则会弹出提示框信息：该网站出具的安全证书是为其他网站地址颁发的。若点击继续浏览，查看证书，则会弹出提示框信息：安全证书上的名称无效或者与站点名称不匹配，如图 4-2 所示。

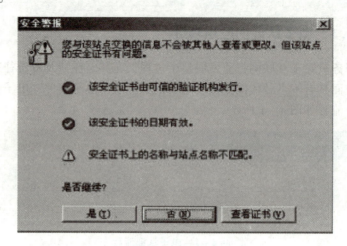

图 4-2　浏览网站弹出提示框信息

(2) 数据电文认证

数据电文作为有效的电子文件,认证内容包括:该电文是由确认的发信人发出的;该电文是按确定的次序进行接收的;该电文已经传输给确定的收信人。

数据电文认证和用户身份认证往往一起进行验证。

(3) 用户身份认证

用户身份认证是通过一定的手段,完成对用户身份信息的确认。例如,用户 A 向用户 B 发送经过签名的数据电文,其身份认证和数据电文认证的整个流程,如图 4-3 所示。

站点认证、数据电文认证、用户身份认证的区别,如表 4-1 所示。

表 4-1　电子认证的分类

分类	认证对象	认证方法
站点认证	对网站身份及相关信息进行确认	第三方权威机构使用数字签名对互联网网站进行相关信息认证
数据电文认证	(1) 对数据电文发件人进行认证 (2) 对数据电文本身进行认证	使用数字签名和密钥认证
用户身份认证	对用户身份信息进行确认	除了密钥认证之外,还有基于生物学特征的身份验证,即基于每个人身体上独一无二的特征,如指纹、虹膜等进行的验证

根据电子认证机构提供的不同等级的服务,电子认证又分为身份认证、授权认证、执行认证、时间认证。根据认证的主体不同,电子认证分为双方认证和第三方认证等。

从目前的实践来看,电子证据已经广泛应用于电子商务经营活动中,电子证据包括电子邮件 (E-mail)、电子公告 (BBS)、电子聊天 (E-chat)、电子数据交换 (EDI) 与电子签名 (E-signature) 等。

电子数据的合法性,即提取和固定必须合法。一方面,在电子数据的收集、提取过程

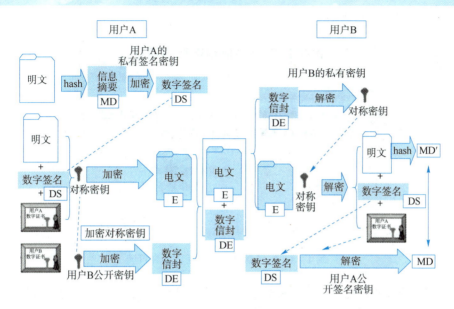

图 4-3 数据电文发送过程中的身份认证和数据电文认证流程

注1:信息摘要,又称数字摘要,就是采用单向 Hash 函数将任意长度的消息"摘要"成一串固定长度(128位)的密文。这一串密文又称为数字指纹,它有固定的长度,而且不同的明文摘要成密文,其结果总是不同的,而同样的明文其摘要必定一致。

注2:数字信封是将对称密钥通过非对称加密(即公钥和私钥)的结果分发对称密钥的方法。

注3:数字签名就是附加在数据单元上的一些数据,或是对数据单元所作的密码变换。这种数据或变换允许数据单元的接收者用以确认数据单元的来源和数据单元的完整性并保护数据,防止被人(例如接收者)进行伪造,它是对电子形式的消息进行签名的一种方法。

中,要遵循取证的程序性规定,充分考虑取证主体、程序是否合法,取证工具是否经过认证,避免因操作不当影响证据的证明效力。同时,注意电子数据的规格、类别、文件格式是否规范注明。另一方面,要注意所取得的电子数据是否系通过非法手段获得。

4. 电子认证服务机构

电子认证服务机构负责审核用户的身份,在确保用户身份真实的情况下,向用户发放电子签名认证证书,是发放和管理该证书的专业部门,为电子政务、电子商务等应用提供网上身份认证、电子签名等证书认证安全服务。

电子认证服务机构设立许可,具体由工业和信息化部负责实施。全国每个省至少有一家电子认证机构,经济发达地区省份的地级市也有电子认证机构。

电子认证服务使用密码许可证,如图 4-4 所示。

4.1.3 电子认证相关法律法规

《电子签名法》及与其相配套的两个管理办法,确立了电子认证服务管理的基本法律制度。

1.《电子签名法》

《电子签名法》是我国对电子认证服务业实施管理的基本法律依据。2005年4月1日《电子签名法》正式施行。《电子签名法》为电子商务提供了法律保障,今后我国将进一

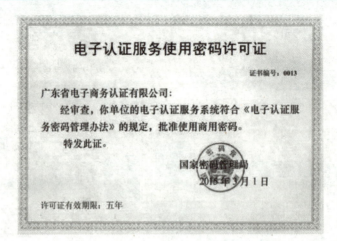

图 4-4 电子认证服务使用密码许可证

步制定并完善相关的配套管理办法和标准规范，逐步形成电子认证服务业法规体系。

2. 电子认证相关法规

《电子签名法》颁布后，工业和信息化部、国家密码管理局根据该法授权，分别制定了《电子认证服务管理办法》和《电子认证服务密码管理办法》，对电子认证服务机构的设立、运营等进行了具体规定。《电子签名法》配套的相关法规，如表 4-2 所示。

表 4-2 《电子签名法》配套的相关法规

政策法规颁布单位	政策法规名称
工业和信息化部	《电子认证服务管理办法》
	《电子认证服务机构服务质量规范》
	《电子认证服务机构运营管理规范》
国家密码管理局	《电子认证服务密码管理办法》
	《电子政务电子认证服务管理办法》
	《商用密码管理条例》

什么是电子证书信赖人？

在订立电子商务合同的电子认证过程中存在三方主体，即认证服务机构、证书申请人和证书信赖人。电子证书信赖人是指信赖认证机构颁发的认证证书，并与证书所确认的证书申请人进行交易的当事人。

当证书信赖人不是认证机构的用户时，他与认证机构之间就不存在服务合同关系，此时他是典型的电子证书信赖人。

4.1.4 电子认证服务管理的基本制度

1. 电子认证服务市场准入制度

提供电子认证服务应当符合法定条件并依法取得工业和信息化部颁发的电子认证服务许可证，取得电子认证服务许可证后应通过互联网公布下列信息：机构名称和法定代表人；机构住所和联系办法；电子认证服务许可证编号，发证机关和发证日期；电子认证服务许可证有效期的起止时间。

取得电子认证服务许可证之前，应当依法取得国家密码管理局颁发的电子认证服务使用密码许可证。根据《电子认证服务密码管理办法》的规定，取得电子认证服务使用密码许可证应满足如下四个条件：具有符合《证书认证系统密码及其相关安全技术规范》的电子认证服务系统；电子认证服务系统由具有商用密码产品生产资质的单位承建；电子认证服务系统采用的商用密码产品是国家密码管理局认定的产品；电子认证服务系统通过国家密码管理局安全性审查。

2. 电子认证业务规则备案制度

电子认证服务机构应当按照工业和信息化部公布的《电子认证业务规则规范》的要求，制定本机构的电子认证业务规则，并在提供电子认证服务前予以公布，向工业和信息化部备案。电子认证业务规则发生变更的，电子认证服务机构应当予以公布，并自公布之日起 30 日内向工业和信息化部备案。电子认证服务机构应当按照公布的电子认证业务规则提供电子认证服务。

3. 电子认证服务业务承接制度

电子认证服务机构拟暂停或者终止电子认证服务的，应当在暂停或者终止服务 90 日前，就业务承接及其他有关事项通知有关各方；在暂停或者终止服务 60 日前向主管部门报告，并与其他电子认证服务机构就业务承接进行协商，作出妥善安排。电子认证服务机构未能与其他电子认证服务机构达成业务承接协议的，应当申请主管部门作出安排。电子认证服务机构被吊销电子认证许可证书的，业务承接按照工业和信息化部的规定执行。

4. 电子签名安全保障制度

为了保证电子签名的安全可靠，《电子签名法》规定了电子认证服务机构和电子签名人在电子签名活动中的主要义务和责任比较。

电子认证服务机构、电子签名人的法律义务和责任比较，如表 4-3 所示。

表 4-3 电子认证服务机构、电子签名人的法律义务和责任比较

比较对象	义务	责任
电子认证服务机构	（1）保证电子签名认证证书内容在有效期内完整、准确； （2）保证电子签名依赖方能够证实或者了解电子签名认证证书所载内容及其他有关事项； （3）妥善保存与电子认证服务相关的信息，信息保存期限至少为电子签名认证证书失效后 5 年	（1）认证机构有责任使用可信赖的系统以行使其职责，并披露相关信息，以确保认证机构的权威性和公正性； （2）认证机构应依照认证业务操作规范颁发证书； （3）认证机构有责任在收到申请人或其代表人的申请后暂停或撤销证书；如电子认证服务机构违反保证主体身份识别、数据电文的机密完整有效的原则性义务给电子签名人、依赖人造成损害的，应承担损害赔偿责任

续表

比较对象	义务	责任
电子签名人	（1）提供真实、完整、准确信息的义务； （2）妥善保管电子签名制作数据的义务； （3）电子签名制作数据失密时的告知义务，电子签名人知悉电子签名制作数据已经失密或者可能已经失密时，应当及时告知有关各方，并终止使用该电子签名制作数据	电子签名人如不履行义务，应当承担相应的民事赔偿责任。电子签名人违反义务时的民事责任，《电子签名法》第二十七条规定："电子签名人知悉电子签名制作数据已经失密或者可能已经失密未及时告知有关各方，并终止使用电子签名制作数据，未向电子认证服务提供者提供真实、完整和准确的信息，或者有其他过错，给电子签名依赖方、电子认证服务提供者造成损失的，承担赔偿责任。"

《电子认证服务管理办法》还对电子认证服务机构规定了其他几项义务，包括受理证书申请前的告知义务，与证书申请人签订合同的义务，对当事人资料保密的义务等。

4.1.5 电子认证机构的义务和权利

电子认证机构（Certificate Authority，简称 CA），也称电子商务认证中心，是负责发放和管理数字证书的权威机构。电子认证技术的出现，使电子商务交易参与各方的身份和交易信息的真实性、安全性和可靠性有了技术上的保障。

电子认证机构主要进行电子商务活动中交易参与各方身份、资信的认定，维护交易活动的安全，是电子认证的认证实施主体。电子认证机构在电子认证过程中有其相应的责任，当然也会有相应的权利和义务。电子认证机构的权利和义务，如表 4-4 所示。

表 4-4 电子认证机构的权利和义务

机构	权利	义务
电子认证机构	（1）要求申请者提供真实资料的权利； （2）收取费用的权利：认证机构有权向签署者收取费用	（1）颁发证书的义务：认证机构应向符合条件的申请者颁发证书； （2）中止证书的义务：在证书的有效期内，收到签署者或其代理人的有关中止证书的申请后，认证机构应中止该证书，并在指定地点发布中止通知； （3）撤销证书的义务，认证机构须在指定地点发布撤销通知； （4）使用可信赖系统的义务：认证机构应该使用可信赖的系统来完成上述证书的颁发、中止和撤销等操作； （5）妥善保管自身私钥的义务； （6）信息发布的义务：认证机构应及时公布证书发布、中止及撤销信息； （7）制订及在特定情况下实施灾难恢复计划的义务

4.2 电子认证法律关系及行为规范

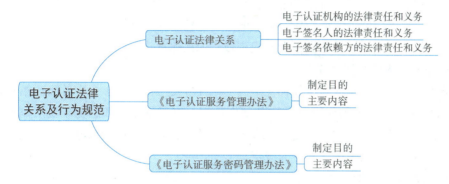

【工作任务】

某电商公司法务专员小王在实际工作过程中有了一些有关电子证据的模糊认识,请你通过对《电子商务法》的理论学习和实际案例分析,帮助小王明确电子认证法律关系的基本概念及相关内容。

【工作过程】

4.2.1 电子认证法律关系

电子认证法律关系涉及多方当事人。在电子商务交易或服务关系中,交易当事人涉及四方:认证机构、电子签名人、发卡银行、收付机构。比如,在以信用卡在线电子支付进行的交易中,认证机构不仅要向买卖双方相互间提供身份认证,还要为发卡银行、收付机构当事人之间提供认证服务。

1. 电子认证法律关系当事人

《电子签名法》未对电子签名进行强制认证制度,但由于数字签名所涉及的非对称加密的公钥发放和私钥所联系签名人唯一身份的确定,必然涉及数字签名认证的问题。在使用数字签名及其认证过程中,就至少有三方当事人参与,他们是电子签名人、电子签名依赖方和电子认证服务提供者。

2. 电子认证机构的权利与义务

(1) 电子认证机构的权利

电子认证机构有权利要求申请者提供真实资料。《电子认证服务管理办法》第三十条规定:"有下列情况之一的,电子认证服务机构应当对申请人提供的证明身份的有关材料进行查验,并对有关材料进行审查:(一)申请人申请电子签名认证证书;(二)证书持有人申请更新证书;(三)证书持有人申请撤销证书。"

· 57 ·

(2) 电子认证机构的义务

见本章表 4-4 相关内容。

3. 电子认证机构的法律责任

电子认证机构的法律责任主要有两个方面。

(1) 过错赔偿责任

①电子认证机构属于过错责任主体。

②电子认证服务提供者不能证明自己无过错的赔偿责任。

(2) 违法提供电子认证业务的法律责任

①未经许可提供电子认证服务应承担的法律责任。

②暂停或者终止电子认证服务未按规定报告的法律责任。

4. 电子签名人的法律责任

电子签名人的责任和义务，具体见表 4-3 的相关内容。《电子签名法》第十五条规定："电子签名人应当妥善保管电子签名制作数据。电子签名人知悉电子签名制作数据已经失密或者可能已经失密时，应当及时告知有关各方，并终止使用该电子签名制作数据。"本条即是关于电子签名人法律义务的规定。

5. 电子签名依赖方的法律责任

电子签名依赖方指的是基于对电子签名认证证书或者电子签名的信赖从事有关活动的人。电子签名依赖方，是较为被动的一方，其应以合理方式对电子签名进行验证。一般要求其作为一善意的谨慎商人尽到合理的注意义务即可。

4.2.2 《电子认证服务管理办法》解读

《电子认证服务管理办法》于 2009 年 2 月 18 日以中华人民共和国工业和信息化部令第 1 号公布，自 2009 年 3 月 31 日起施行。

1. 制定目的

《电子认证服务管理办法》是《电子签名法》的配套规章，以电子认证服务机构为主线，以解决电子认证服务行政许可的实施和电子认证服务机构的监督管理问题，从而保证《电子签名法》的顺利施行。

2. 主要内容

《电子认证服务管理办法》共八章四十三条，分总则，电子认证服务机构，电子认证服务，电子认证服务的暂停、终止，电子签名认证证书，监督管理，罚则，附则，主要对电子认证服务机构的设立、电子认证服务行为的规范、电子认证服务机构监督管理工作等作了具体规定。

(1) 电子认证服务机构的设立

有国家认可资质的第三方机构可以鉴别和保障数据电文的法律效力。在出现问题和发生纠纷时，可由认证机构来承担举证责任。《电子认证服务管理办法》第五条规定："电子认证服务机构应当具备下列条件：（一）具有独立的企业法人资格。（二）具有与提供电子认证服务相适应的人员。从事电子认证服务的专业技术人员、运营管理人员、安全管理人员和客户服务人员不少于三十名，并且应当符合相应岗位技能要求。（三）注册资本不低于人民币三千万元。(四) 具有固定的经营场所和满足电子认证服务要求的物理环境。(五) 具有符合国家有关安全标准的技术和设备。(六) 具有国家密码管理机构同意使用密码的证明文件。(七) 法律、行政法规规定的其他条件。"

(2) 电子认证服务许可证的管理

《电子认证服务管理办法》第十条至第十四条是关于电子认证服务许可证的管理。

《电子认证服务管理办法》第十一条规定:"电子认证服务机构不得倒卖、出租、出借或者以其他形式非法转让电子认证服务许可证。"

《电子认证服务管理办法》第十二条规定:"取得认证资格的电子认证服务机构,在提供电子认证服务之前,应当通过互联网公布下列信息:(一) 机构名称和法定代表人。(二) 机构住所和联系办法。(三) 电子认证服务许可证编号。(四) 发证机关和发证日期。(五) 电子认证服务许可证有效期的起止时间。"

(3) 认证服务机构的管理

《电子认证服务管理办法》第十七条至第十八条,规定了电子认证服务机构的服务范围和义务。

《电子认证服务管理办法》第十七条规定:"电子认证服务机构应当保证提供下列服务:(一) 制作、签发、管理电子签名认证证书。(二) 确认签发的电子签名认证证书的真实性。(三) 提供电子签名认证证书目录信息查询服务。(四) 提供电子签名认证证书状态信息查询服务。"

《电子认证服务管理办法》第十八条规定:"电子认证服务机构应当履行下列义务:(一) 保证电子签名认证证书内容在有效期内完整、准确。(二) 保证电子签名依赖方能够证实或者了解电子签名认证证书所载内容及其他有关事项。(三) 妥善保存与电子认证服务相关的信息。"

(4) 电子认证服务的管理

《电子认证服务管理办法》第十五条至第二十二条是关于电子认证服务的管理规定,具体内容请查阅相关条文。

4.2.3 《电子认证服务密码管理办法》解读

1. 制定目的

为贯彻实施《电子签名法》,正确履行《电子签名法》赋予的密码管理职责,方便电子认证服务提供者申请同意使用密码的证明文件,规范电子认证服务提供者使用密码行为,特制定《电子认证服务密码管理办法》,对相关事项作出明确规定。

2. 主要内容

《电子认证服务密码管理办法》共二十一条,主要规定了面向社会公众提供电子认证服务应使用商用密码,明确了电子认证服务提供者申请"国家密码管理机构同意使用密码的证明文件"的条件和程序,同时也对电子认证服务系统的运行和技术改造等进行了规定。

(1) 使用商用密码

《商用密码管理条例》第二条规定,商用密码是指对不涉及国家秘密内容的信息进行加密保护或者安全认证所使用的密码技术和密码产品。也就是说,对不涉及国家秘密内容的信息进行加密保护或者安全认证应当使用商用密码。电子认证服务提供者提供电子认证服务，其核心是采用密码技术。根据《电子签名法》，电子认证服务提供者面向社会公众提供服务，不涉及国家秘密信息，因此，《电子认证服务密码管理办法》规定提供电子认证服务使用商用密码。

（2）颁发密码许可证

《电子签名法》规定，提供电子认证服务，应事先取得"国家密码管理机构同意使用密码的证明文件"。

《电子认证服务密码管理办法》规定，"国家密码管理机构同意使用密码的证明文件"的具体形式为电子认证服务使用密码许可证。同意电子认证服务提供者使用密码的，国家密码管理局发给电子认证服务使用密码许可证。

（3）使用密码许可证的申请条件

申请电子认证服务使用密码许可证应具备六个条件：一是电子认证服务系统符合《基于SM2密码算法的证书认证系统密码及其相关安全技术规范》等标准规范要求；二是电子认证服务系统由具有商用密码产品生产资质的单位承建；三是电子认证服务系统采用的商用密码产品是国家密码管理局认可的产品；四是电子认证服务系统物理环境符合电磁屏蔽、消防安全有关要求；五是电子认证服务系统采用的信息安全产品是国家有关部门或机构认定的产品；六是电子认证服务系统通过国家密码管理局安全性审查和互联互通测试。

（4）使用密码许可证的申请程序

电子认证服务提供者应在其电子认证服务系统建设完成后，向所在地的省（市、区）密码管理机构提出使用密码的申请。

省（市、区）密码管理机构受理申请后将全部申请材料报国家密码管理局，由国家密码管理局做出是否许可的决定，并将结果及时告知申请人。

（5）申请使用密码许可证，需提交的材料

申请电子认证服务使用密码许可证应提交下列材料：①电子认证服务使用密码许可证申请表；②企业营业执照或者企业名称预先核准通知书的复印件；③电子认证服务系统安全性审查相关技术材料，包括建设工作总结报告、技术工作总结报告、安全性设计报告、安全管理策略和规范报告、用户手册和测试说明；④电子认证服务系统互联互通测试相关技术材料（包括互联互通CA证书申请数据文件、CA系统结构、签发的数字证书种类及格式、发布子系统结构及证书发布策略、CA系统所使用算法清单等）；⑤电子认证服务系统物理环境符合电磁屏蔽、消防安全有关要求的证明文件；⑥电子认证服务系统使用的信息安全产品符合有关法律规定的证明文件。

> 【思考】《电子认证服务密码管理办法》要求电子认证服务系统的建设和运行要符合哪些规范？

国家密码管理局根据国家密码管理政策法规和密码安全的技术要求组织制定的针对证书认证系统建设和运行的密码技术规范，经实践证明是科学可行的。遵循《基于SM2密码算法的证书认证系统密码及其相关安全技术规范》，有利于电子认证服务系统建设的科学化和规范化，有利于保障电子认证服务系统的安全运行，有利于实现电子认证服务系统的互相认证。《基于SM2密码算法的证书认证系统密码及其相关安全技术规范》也是对电子认证服务系统进行安全性审查的主要依据。

以案说法

案例：甲工具制造有限公司诉乙电子商务有限公司违约案

【基本案情】

2003年7月19日，甲工具制造有限公司（以下简称甲公司）与乙电子商务有限公司（以下简称乙公司）签订电子商务服务合同1份，约定：乙公司为甲公司安装其拥有自主版权的IteMS 20001.0版国际贸易电子商务系统软件1套，在安装后1年之内最少为甲公司提供5个有效国际商务渠道。乙公司对甲公司利用其软件与商情获得的成交业务，按不同情形收取费用，最高不超过50万元。如果在1年之内，乙公司未能完成提供有效国际商务渠道的义务，则无条件退还甲公司首期付款5万元并支付违约金。合同签订后，乙公司在甲公司处安装了软件平台，并代甲公司操作该系统。2004年10月，甲公司以乙公司违约，未能提供有效国际商务渠道为由起诉至法院，要求解除合同，返还已付款项并支付违约金。乙公司在举证期限内提供了海外客户对甲公司产品询盘的4份电子邮件（打印文件），以此证明乙公司为甲公司建立的交易平台已取得业务进展，至于最终没有能够成交，是由于甲公司提供给外商的样品不符合要求。

一审法院认为，电子邮件的资料为只读文件，除网络服务提供商外，一般外人很难更改，遂认定了电子邮件证据的效力。甲公司不服判决并上诉。

二审法院认为，乙公司提供的电子邮件只是打印件，对乙公司将该电子邮件从计算机上提取的过程是否客观和真实无法确认，而乙公司又拒绝当庭用储存该电子邮件的计算机通过互联网现场演示，故否认了4份电子邮件的证据效力，并要求乙公司解除合同并支付违约金。

本案的争议焦点在于乙公司在合同约定的1年内是否为甲公司提供了有效国际商务渠道，甲公司与乙公司签订服务合同，合同规定乙公司为甲公司安装电子商务软件并在一年内为甲公司提供有效的国际商务渠道。甲公司就乙公司未能提供有效的国际商务渠道向法院提起诉讼，乙公司在举证期限内提供了海外客户对甲公司产品询盘的4份电子邮件（打印文件），以此证明乙公司为甲公司提供的国际商务渠道。法院的判决的主要依据是这四份电子邮件能否作为真实有效的电子证据，实际上就是认证这4份电子邮件是否能作为有效的法律证据。

【法官说法】

二审法院判断乙公司败诉是正确的。

电子证据是指储存在计算机及网络中的以电子、数字、磁、光学、电磁等形式来证明案件真实情况的信息资料，它包括电子数据、电子记录和电子记录的系统。电子证据具有高科技性、无形性、双重性、多媒体、隐蔽性的特点。

在分析电子证据认证规则中，首先必须对证据取证程序进行审查，需要审查电子证据资料的来源，包括时间、地点、制造过程等；审查电子证据的收集是否合法；审查电子证据与事实的联系；审查电子证据的内容是否真实，有无伪造、篡改情形；结合其他证据进行判断。

但被告（乙公司）只将邮件打印出来作为证据提交，其可信度较低。如果乙公司在应诉时能够通过公证机关取证，并制作出公证文书，或者申请法院进行证据保全，或是到互联网中心进行电子证据的原件下载，这样会大大有利于法官对电子邮件真实性审查。其次，在对电子证据合法性认定方面，除了其他法律明确规定的非法证据排除规则外，还应当注意，对于通过非法软件以及非核证软件所获取的电子证据应不予采纳。最后，应当强调的是对电子证据的审查认证在技术上具有复杂性，法官根据所掌握的知识很难做出正确判断，因此必须借助计算机专家对电子证据是否被修改、收集手段否正确以及电子证据的合法性提出权威意见，从而为法官全面审查证据提供有力帮助和科学依据。

本案例中，由于被告（乙公司）没有提供电子邮件证据真实性的可靠证明，又拒绝互联网中心的现场演示，故电子邮件不能作为具有法律效力的电子证据。

职业素养养成

守护网络安全，从认识电子认证服务开始

大学生需警醒："电商刷单引流"是违法犯罪行为

2015年7月1日，新国家安全法施行，规定每年4月15日为全民国家安全教育日，并对我国政治安全、信息安全等11个领域的国家安全任务进行了明确。网络信息安全在国家安全中占据重要位置，全民国家安全教育日能统筹发展和安全，筑牢维护国家安全的密码防线。

依据《中华人民共和国密码法》，我国对密码实行分类管理，分为核心密码、普通密码和商用密码。其中商用密码是指对不涉及国家秘密内容的信息进行加密保护或者安全认证所使用的密码技术和密码产品。一般用于行政机构、企业内部及公民个人的敏感数据信息传输加密、存储加密，例如政府各部门间政务数据传递共享、银行内部信息化安全管理、普通百姓网上安全支付。能够有效规避安全风险，保护网络信息安全。

电子认证服务以国产密码为基础，主要帮助用户建立互联网的信任环境，确保网上身份真实可靠，以及数据信息在产生和交互过程中的完整、保密及法律效力。例如，网上签合同，首先确认各方签署者真实身份，其次确认合同完整未被篡改，最后确保签署行为符合法律。除了电子合同，电子认证服务通常还以数字证书、电子签名、电子印章、电子证明、电子证照、电子病历、证据保全等体现。在《电子签名法》的有力保障下，运用电子认证服务，能够有效提升网络信息系统的安全防护能力。

本章小结

电子认证的概念、分类和作用；电子证据的法律效力；电子认证机构的设立条件及认证机构的职责；电子认证机构的特点和管理；电子认证机构的法律责任；电子签名人和电子签名依赖方的法律责任和义务；电子认证机构和电子签名人、电子签名依赖方的法律关系。

本章习题

一、判断题

1. 电子认证证书在它的整个有效期限内有效，不因用户身份的变化而受到影响。（　　）
2. 用户申请电子认证证书，无须向认证机构进行登记，可直接在线申领。（　　）
3. 电子认证证书的中止，并非永久地撤销该证书，而是临时地使之在某段时间内不具有有效性。（　　）
4. 电子认证机构对申请证书的单位和个人所提供的相关材料负有审核义务。（　　）
5. 电子认证机构对电子证书信赖人没有任何义务。（　　）

二、填空题

1. 电子认证服务机构应当遵守国家的保密规定，建立完善的保密制度。电子认证服务机构对电子签名人和电子签名依赖方的资料，负有_____义务。
2. 电子认证法律关系中，涉及的三方当事人包括_____、_____、_____。
3. 我国《电子签名法》第二十四条规定，电子认证服务提供者应当妥善保存与认证相关的信息，信息保存期限至少为电子签名失效后_____年。

三、单项选择题

1. 下列选项中，关于电子认证机构的说法错误的是（　　）。
   A. 电子认证机构本身不代表任何一方的利益
   B. 电子认证机构是非营利性公用企业
   C. 电子认证机构对申请证书的单位和个人所提供的相关材料负有审核义务
   D. 电子认证机构对电子证书信赖人没有任何义务
2. 不属于电子认证机构的主要任务的是（　　）。
   A. 受理数字凭证的申请　　　　B. 签发数字证书
   C. 对数字证书进行管理　　　　D. 撤销数字证书
3. CA 认证机构，在我国《电子签名法》中被称作（　　）。
   A. 电子认证服务提供者　　　　B. 电子认证中介
   C. 第三方认证机构　　　　　　D. 电子签名人

四、多项选择题

1. 我国《电子认证服务管理办法》第二十九条规定，有（　　）情况之一的，电子认证服务机构可以撤销其签发的电子签名认证证书。
   A. 证书持有人申请撤销证书
   B. 证书持有人提供的信息不真实
   C. 证书持有人没有履行双方合同规定的义务
   D. 证书的安全性不能得到保证

2. 电子认证机构应该具备的明显特点有（　　）。
   A. 权威性　　　B. 可信任性　　　C. 公正性　　　D. 安全性
3. 电子认证服务机构违反《电子认证服务管理办法》规定，未能按照公布的电子认证业务规则提供电子认证服务，应承担（　　）责任。
   A. 限期改正　　B. 警告　　　C. 罚款　　　D. 有期徒刑 3 年
4. 电子认证机构的义务包括（　　）。
   A. 颁发证书的义务　　　　　　B. 使用可信赖系统的义务
   C. 妥善保管自身私钥的义务　　　D. 担保的义务

五、简答题

1. 电子认证机构所提供的主要服务内容有哪些？
2. 电子认证机构的法律责任主要有哪两个方面？

第 5 章　电子合同法律制度

《民法典·合同编》是对我国合同法律制度的创新与重大调整，其内容是《民法典》中最多的一编，共计 29 章 526 条，相比《合同法》的 23 章 428 条，在内容上进行了细化和扩充，占《民法典》总条文数（1 260 条）的 41.7%，这充分说明合同法律制度在民法体系中占据重要地位。

电子合同实质为合同的一种类型，法律对于合同概念的规定同样适用于电子合同。电子商务是通过一系列的电子合同文件促成和实现交易的，因此合同是电子商务的核心内容。

本章内容包括：电子合同法律制度相关内容；电子商务合同的订立、成立、生效与履行；格式合同的法律问题，具体包括格式条款合同的特点等。

知识点思维导图

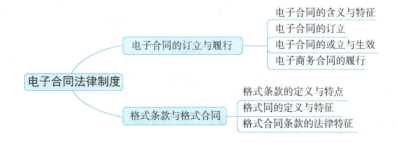

电子商务法津法规

知识目标

1. 了解电子合同法律制度。
2. 掌握合同的概念和特征。
3. 了解要约与要约邀请的区别。
4. 掌握合同订立、成立、生效与履行的相关内容。

技能目标

1. 能区分要约和要约邀请。
2. 能依据法律规范订立电子商务合同。

思政目标

1. 在合同的订立与履行中，要做到诚实守信。
2. 在电子商务合同履行过程中恪守职业道德，做到遵纪守法。

5.1 电子合同的订立与履行

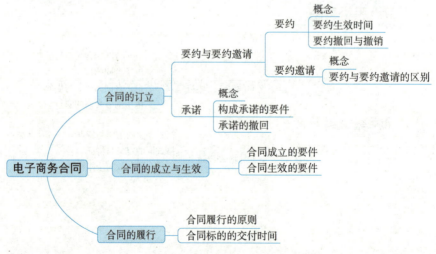

【工作任务】

某电子商务公司法务专员小王发现，在电子合同订立过程中，会遇到四个难点，一是要约与要约邀请的区别,二是要约与承诺之间的联系,三是合同成立与生效的区别,四是电子合同订立与履行的联系。

请你查找相关资料,帮助小王明确上述四个知识点。

【工作过程】

 ### 5.1.1 电子合同的含义与特征

1. 电子合同

电子合同是以电子方式订立的合同,主要是指在网络条件下当事人通过数据电文、电子邮件等形式签订的明确双方权利义务关系的一种电子协议,初 表示合同生效的传统签字盖章方式被数字签名(即电子签名)所代替。党的二十大报告明确提出:"全面推动中国式现代化,加快建设数字中国,加快发展数字经济,推进教育数字化转型"。近年来,由于电子合同在各个行业领域受到频繁关注与认可,各级国家机关、地方政府不断释放利好信号。政策的密集出台,显示了国家大力发展电子合同等数字化基础设施的决心。

《民法典·合同编》对有关合同的内容引入了数据电文形式,从而在法律上确认了电子合同的合法性。

2. 电子合同的特征

(1)书面形式属性

电子合同具有书面形式属性,电子合同具有和书面合同同等的法律效力。《民法典》第四百六十九条对此问题进行了专门解释:"当事人订立合同,可以采用书面形式、口头形式或者其他形式。书面形式是合同书、信件、电报、电传、传真等可以有形地表现所载内容的形式。以电子数据交换、电子邮件等方式能够有形地表现所载内容,并可以随时调取查用的数据电文,视为书面形式。"

(2)地点

电子合同成立的地点,为收件人的主营业地;没有主营业地的,其经常居住地为电子合同成立的地点。

(3)易消失性和易改动性

电子合同所依赖的电子数据具有易消失性和易改动性。电子数据以磁性介质保存,是无形物,改动、伪造不易留痕迹,这使其作为证据具有一定的局限性。

 ### 5.1.2 电子合同的订立

电子合同的订立,是缔约前的准备阶段。《民法典》第四百七十一条规定:"当事人订立合同,可以采取要约、承诺方式或者其他方式。"

1. 要约

要约是当事人一方向对方发出的希望与对方订立合同的意思表示。发出要约的一方称要约人,接收要约的一方称受要约人。要约通常都具有特定的形式和内容,一项要约要发生法律效力,则必须具有特定的有效条件,不具备这些条件,要约在法律上不能成立,也不能产生法律效力。

上述要约定义中的"意思表示",是指行为人欲设立、变更、终止民事权利和民事义务的内在意思表现于外在的行为,简单地说就是当事人真实的意愿。意思表示在民事法律行为的范畴，如图5-1所示。

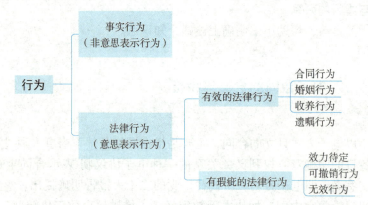

图5-1 意思表示是民事法律行为的要素

2. 要约的主要构成要件

（1）要约必须是特定人的意思表示

要约的提出旨在与他人订立合同，并唤起相对人的承诺，所以要约人必须是订立合同的一方当事人。例如，对订立买卖合同来说，他既可以是买受人也可以是出卖人，但必须是准备订立买卖合同的当事人或者是订约当事人的代理人。如果是代理人，需要有本人的授权。任何人在没有经过他人授权的情况下擅自代替他人发出要约，对他人不能发生拘束力。需要指出的是，准备订立合同的人并不是合同当事人，因为合同毕竟在要约阶段还没有订立。

要约人是否应当具备一定的民事行为能力，我国法律要求当事人在订立合同时要具有相应的民事行为能力，因此要约人欲以订立某种合同为目的而发出某项要约，应当具有订立该合同的行为能力，这样才能使其要约产生效力。

（2）要约必须具有订立合同的意图

要约人发出要约的目的在于订立合同，而这种订约的意图，一定要由要约人通过其发出的要约充分表达出来，才能在受要约人承诺的情况下产生合同。

（3）要约必须向要约人希望与之缔结合同的受要约人发出

要约人向谁要约，也就是希望与谁订立合同。要约只有向要约人希望与之缔结合同的受要约人发出，才能够唤起受要约人的承诺，要约必须向特定人发出。

（4）要约内容必须确定和完整

所谓要约的内容必须"确定"，是指要约的内容必须明确，而不能含糊不清，使受要约人不能理解要约人的真实含义，否则无法承诺。所谓"完整"，是指要约的内容必须具有足以使合同成立的主要条件。由于要约人发出要约的目的是订立合同，这样要约中必须包含未来合同的主要条款。如果不能包含合同的主要条款，承诺人即难以作出承诺，即使作了承诺，也会因这种合意不具备合同的主要条款而使合同不能成立。

（5）要约必须送达受要约人

要约只有在送达受要约人以后才能为受要约人所知悉，才能对受要约人产生实际的约束力。

3. 要约邀请

要约邀请是希望他人向自己发出要约的意思表示。寄送的价目表、拍卖公告、招标公告、招股说明书、商业广告等为要约邀请。但商品广告的内容符合要约规定的，则视为要约。因为要约邀请只是作出希望别人向自己发出要约的意思表示。因此，要约邀请可以向不特定的任何人发出，也不需要在要约邀请中详细表示，无论对于发出邀请人还是接受邀请人，都没有约束力。

要约与要约邀请的区别，如表 5-1 所示。

表 5-1 要约与要约邀请的区别

区别	方向	法律约束力	是否为订立合同的必经阶段
要约	希望与他人订立合同的意思表示	有	是
要约邀请	希望他人向自己发出要约的意思表示	无	不是

《民法典》第四百七十四条是关于要约生效时间的规定。

4. 要约的撤回和撤销

（1）要约的撤回

要约的撤回，指在要约发生法律效力之前，要约人使其不发生法律效力而取消要约的行为。要约可以撤回。撤回要约的通知应当在受要约人发出承诺通知之前（或同时）到达受要约人。

《民法典》第四百七十五条规定："要约可以撤回。要约的撤回适用本法第一百四十一条的规定。"

（2）要约的撤销

要约的撤销，指在要约发生法律效力之后，要约人使其丧失法律效力而取消要约的行为。要约可以撤销。撤销要约的通知应当在受要约人发出承诺通知之后到达受要约人。

根据《民法典》第四百七十六条、第四百七十七条规定，要约可以撤销。撤销要约的通知应当在受要约人发出承诺通知之前到达受要约人。

（3）要约撤回和撤销的区别

要约撤回和要约撤销的实质区别在于：前者是在要约尚未生效（或刚刚生效）时发生的，而后者则是在要约生效后，受要约人发出承诺通知前。要约撤回和撤销的区别，如图 5-2 所示。

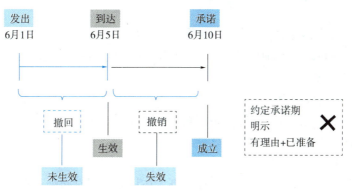

图 5-2 要约撤回和撤销的区别

注：要约不得撤销的三种情况：①要约人确定了承诺期限的；②明示不可撤销的；③有理由认为不可撤销的。

> 【动手探究】
>
> 要约和要约邀请是非常容易混淆的概念，请你从以下四个方面进行比较：发出目的性、发出方向、是否是订立合同的必经阶段、法律约束力。

5. 承诺和承诺的要件

承诺，即合同订立阶段。承诺又称为接盘或接受，是指受要约人做出的，对要约的内容表示同意并愿意与要约人缔结合同的意思表示。

构成承诺须具备以下四个要件。

①承诺必须由受要约人向要约人做出；

②承诺必须是对要约明确表示同意的意思表示；

③承诺的内容不能对要约的内容有实质性的变更；

④承诺应在要约有效期间内做出。要约没有规定承诺期限的，若要约以对话方式作出，应当即时作出承诺；要约以非对话方式作出的，承诺应当在合理期限内到达；双方当事人另有约定的，从其约定。

6. 承诺的特征

①承诺的内容必须与要约的内容完全一致；

②与要约不同，承诺发出时即生效，合同即视同成立。

《民法典》第四百七十一条规定："当事人订立合同，可以采取要约、承诺方式或者其他方式。"《民法典》增加规定了可以以其他方式缔约，使合同订立的方式更为丰富。

7. 承诺的撤回

承诺的撤回，是指受要约人在发出承诺通知以后，在承诺正式生效之前撤回承诺。

《民法典》第四百八十五条规定："承诺可以撤回。承诺的撤回适用本法第一百四十一条的规定。"而民法典第一百四十一条规定："行为人可以撤回意思表示。撤回意思表示的通知应当在意思表示到达相对人前或者与意思表示同时到达相对。"

5.1.3 电子合同的成立与生效

合同的成立是合同生效的逻辑前提，合同的成立是第一步，合同的生效是第二步。符合生效条件的合同，合同成立时同时生效。对于大多数合同而言，合同成立的同时即生效。

1. 电子合同的成立

合同的成立是指订约当事人就合同的主要条款达成合意。当事人采用信件、数据电文等形式订立合同要求签订确认书的，签订确认书时合同成立。

合同成立的要件有三个。

（1）订约主体

订约主体存在双方或多方当事人，且当事人在订立合同时必须具有相应的订立合同的行为能力。也就是说，合同必须具有双方当事人，只有一方当事人则根本不能成立合同。

（2）主要条款

当事人必须就合同的主要条款达成合意。这具体是指经过谈判、讨价还价后达成的相同的、没有分歧的看法。

（3）要约和承诺

合同的成立应具备要约和承诺阶段。要约和承诺是合同成立的基本规则，也是合同成立必须经过的两个阶段。如果合同没有经过承诺，而只是停留在要约阶段，则合同未成立。

《民法典》第四百七十九条规定："承诺是受要约人同意要约的意思表示。"只要向特定人发出要约，一旦受要约人发出承诺，即能够成立合同，如图5-3所示。

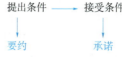

图5-3 受要约人发出承诺，合同成立

对电子合同的成立时间和地点，《民法典·合同编》进行了认定，具体如表5-2所示。

表5-2 电子合同成立的时间和地点

电子合同	民法典的相关条款
成立的时间	第四百九十一条 当事人采用信件、数据电文等形式订立合同要求签订确认书的，签订确认书时合同成立。当事人一方通过互联网等信息网络发布的商品或者服务信息符合要约条件的，对方选择该商品或者服务并提交订单成功时合同成立，但是当事人另有约定的除外
成立的地点	第四百九十二条 承诺生效的地点为合同成立的地点。采用数据电文形式订立合同的，收件人的主营业地为合同成立的地点；没有主营业地的，其住所地为合同成立的地点。当事人另有约定的，按照其约定

2. 电子合同的生效

合同生效的条件是判断合同是否具有法律效力的标准。对于合同生效的构成要件，《民法典》并没有做出明确的规定。

合同生效的要件（亦称实质要件）有以下四个。

①行为人具有相应的民事行为能力；

②意思表示真实；

③不违反法律或者社会公共利益；

④形式合法。

《民法典》规定，当事人订立合同，有书面形式、口头形式和其他形式。法律、行政法规规定采用书面形式的，应当采用书面形式。

3. 合同成立与合同生效的区别

合同成立与合同生效的区别，如表5-3所示。

表5-3 合同成立与合同生效的区别

项目	合同成立	合同生效
达成条件	合同成立的条件是当事人就某一事项达成合意	合同生效的条件是合同依法成立
法律效力	合同成立时，不一定具有法律效力	合同生效时，具有法律效力

《民法典》第四百六十五条规定:"依法成立的合同,受法律保护。依法成立的合同,仅对当事人具有法律约束力,但是法律另有规定的除外。"

《民法典》第五百零二条规定:"依法成立的合同,自成立时生效,但是法律另有规定或者当事人另有约定的除外。依照法律、行政法规的规定,合同应当办理批准等手续的,依照其规定。未办理批准等手续影响合同生效的,不影响合同中履行报批等义务条款以及相关条款的效力。应当办理申请批准等手续的当事人未履行义务的,对方可以请求其承担违反该义务的责任。"

【相关法律条文解读】

《民法典》第五百零二条规定,依法成立的合同,自成立时生效。我国立法与司法实践对合同成立与生效未作出严格的区分,从而将合同的成立与生效等同起来。

《电子商务法》第四十九条规定:"电子商务经营者发布的商品或者服务信息符合要约条件的,用户选择该商品或者服务并提交订单成功,合同成立。当事人另有约定的,从其约定。

"电子商务经营者不得以格式条款等方式约定消费者支付价款后合同不成立;格式条款等含有该内容的,其内容无效。"

【动手探究】

A、B两个企业在订立合同过程中,A向B邮寄了一份书面要约,B通过电子邮件作出承诺以后,A以合同形式不符合法律、合同不生效为由主张合同无效。

此案应该如何判决呢?结合本案,简述合同成立的条件。

 ## 5.1.4 电子商务合同的履行

合同的履行是指当事人双方按照合同规定的条件,履行自己所承担义务的行为。

1. 合同履行的原则

合同履行的原则有全面履行、亲自履行、实际履行、协作履行,具体如表5-4所示。

表5-4 合同履行的原则

履行原则	实施内容
全面履行	又称正确履行原则,指当事人按照法律规定或者合同约定的标的及其质量、数量,由适当的主体在适当的履行期限、履行地点,以适当的履行方式,全面完成合同义务的履行原则
亲自履行	指劳动合同双方当事人不得要求他人代为履行合同规定的义务和实现合同规定的权利
实际履行	指交易人员应按照合同所规定的给付标的来履行,非经另一方交易人员同意,交易人员不得任意变更给付标的

续表

履行原则	实施内容
协作履行	指当事人不仅履行自己的合同义务，而且应基于诚实信用原则协助对方当事人履行其合同义务。一方当事人履行合同义务，另一方当事人应尽量为其履行创造必要的方便条件，以使其实际履行得以实现

2. 合同标的的交付

电子商务合同标的的交付，是电子商务合同履行的重要内容，而交付时间的确定，涉及风险的承担、所有权的转移等问题，直接关系合同当事人权利、义务与责任的认定，对于电子合同的履行和争议解决具有重要意义。

《民法典》第五百一十二条对以上问题进行了明确的界定，该条规定的内容来源于《电子商务法》第五十一条的规定。相对于传统实体商品的交付，电子商务领域的交付存在一定的特殊性，上述法条对电子商务合同标的的交付时间和交付方式进行了规定。

《民法典》第五百一十二条规定："通过互联网等信息网络订立的电子合同的标的为交付商品并采用快递物流方式交付的，收货人的签收时间为交付时间。电子合同的标的为提供服务的，生成的电子凭证或者实物凭证中载明的时间为提供服务时间；前述凭证没有载明时间或者载明时间与实际提供服务时间不一致的，以实际提供服务的时间为准。电子合同的标的物为采用在线传输方式交付的，合同标的物进入对方当事人指定的特定系统且能够检索识别的时间为交付时间。电子合同当事人对交付商品或者提供服务的方式、时间另有约定的，按照其约定。"

5.2 格式条款与格式合同

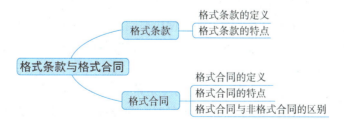

【工作任务】

某房地产开发公司在媒体刊登广告，标有"最终解释权归开发商所有"的字样，违反了相关法规，被某市开发区市场监督管理局处罚。

市场监督管理局针对此广告的处罚依据是什么？在商务经营活动中如何规制格式条款

合同？

【工作过程】

当今社会经济生活中，格式合同已经十分普遍，比如保险合同、旅客运输合同、供电合同、供水合同、供热合同和邮政电信服务合同等。

格式合同已经成为现代社会应用最广泛的合同形式之一，它在社会经济生活中扮演着越来越重要的角色，与每一个人的利益密切相关。

格式合同提高了订约效率，节省了时间，降低了成本。但是格式条款合同具有"事先拟订性"等特点，往往会对合同相对人的权益造成侵害，并损害社会的公平和正义。

因此，需要加强对格式条款合同的法律规制，保障交易公平，促进经济稳步发展。

5.2.1 格式条款的定义和特点

1. 格式条款的定义

格式条款又称标准条款，是指当事人为了重复使用而预先拟定、并在订立合同时未与对方协商的条款。如保险合同、拍卖成交确认书等，都是格式合同。

《民法典》第四百九十六条规定："格式条款是当事人为了重复使用而预先拟定，并在订立合同时未与对方协商的条款。采用格式条款订立合同的，提供格式条款的一方应当遵循公平原则确定当事人之间的权利和义务，并采取合理的方式提示对方注意免除或者减轻其责任等与对方有重大利害关系的条款，按照对方的要求，对该条款予以说明。提供格式条款的一方未履行提示或者说明义务，致使对方没有注意或者理解与其有重大利害关系的条款的，对方可以主张该条款不成为合同的内容。"

2. 格式条款的特点

（1）格式条款是由一方预先拟定的

格式条款是由一方于订立合同前拟定的，而不是在双方反复协商的基础上形成的。拟定格式条款的一方一般是固定提供某种商品或服务的单位，也有的是由政府的有关部门为固定提供某种服务或商品的单位制定，而由这些单位使用的，例如运输合同中的价格等条款。由于格式条款是一方事先拟定的，因此，无论是何方先提出订立合同的建议，提供格式条款的一方总是处于要约人的地位。

（2）格式条款是为重复使用而拟定的

格式条款是为重复使用而不是为一次性使用而制定的。由于固定提供某种商品或服务的当事人无论向何人提供该种商品或服务将遵行同样的条件，因此，该当事人将该条件标准化，而拟定出格式条款。格式条款的重复使用性一方面决定了提供格式条款的一方作为要约人总是特定的，而受要约人是不特定的一定范围，即需要该种商品或服务范围内的人；另一方面决定了使用格式条款有减少谈判时间和费用从而节省交易成本的优点。

（3）格式条款是当事人在订立合同时不必协商的，具有不变性、附合性

在订立合同过程中，提供格式条款一方并不与相对方就格式条款的内容进行协商，也就是说，格式条款的内容是不能改变的，相对方只能或是同意格式条款的内容与对方订立合同，或是拒绝接受格式条款的内容而不与提供方订立合同，而不可能与对方协商修改格式条款的内容。也正是在这一意义上，格式条款又称为标准条款、附合条款。订立合同时

当事人是否可以协商,这是格式条款与其他条款的一个根本性区别。在实务中,当事人利用事先拟定好的合同条款订立合同的情形较多,但事先拟定的合同条款未必均为格式条款。

3. 格式条款内容拟定者的义务

此规定是对格式条款的内容及拟定者的义务加以规定,并从三个方面突出其限制性规定。

(1)体现和确立公平原则

公平原则是法律的灵魂。它要求当事人之间应公平地确立相应的权利和义务,从而排斥制定格式合同一方凭借其优势对另一方当事人权利的盘剥。因此,若格式合同中的格式条款违反这一原则,法院可以根据当事人的申请确认该条款无效或予以变更。

(2)使用格式条款方有提醒对方注意的义务

提供格式条款的一方应当采取合理的方式提请对方注意免除或限制其责任的条款。同时,法律在制定合同方履行此项义务时也设置了几个限制性规定。

①在提请对方注意的方式上,应采取合理的方式。此处合理指的是采取的方式必须能够达到对方完全明白此内容,如咨询、针对性的解释等。

②该项义务的履行必须是在合同订立完成之前,因为只有订立之前提示其免除或限制其责任的规定,会给对方很大选择余地,从而更能体现法律的公平。

③提请注意必须达到足以使相对人注意到免除或限制其责任条款的存在,从而避免了制定者利用此条达到某种目的,使另一方合法权益得不到保护。

制定者的说明义务即按照对方的要求进行说明,从而使对方更能完全了解格式条款的真正意义。

5.2.2 格式合同的定义与特征

1. 格式合同的定义

格式合同也称格式条款合同、定式合同、标准合同、附从合同,指的是全部由格式条款组成的合同,是由单方采取书面形式事先制定的。

2. 格式合同的特点

格式合同因为是单方制定的,所以可能会出现有利于一方的情形,因此从合同建立目的出发,为了保护弱者利益,对格式合同的相关条款进行了限制。

图 5-4 格式合同

①提供格式合同一方有提示、说明的义务,应当提请另一方注意免除或者限制其职责的条款,并按照另一方的要求予以说明;

②免除提供格式合同一方当事人主要义务、排除另一方当事人主要权利的格式合同无效;

③对格式合同的理解发生争议的,应当作出不利于提供格式合同一方的解释。

3. 格式合同与非格式合同的区别

格式合同为单方面提供，非格式合同为双方协议签订。格式条款是指当事人为了重复使用而预先拟定、并在订立合同时未与对方协商的条款。非格式合同是双方进行协商、没有预先拟定的合同，是普通合同。

从定义可以看出两者最主要区别点：预先拟定、未与对方协商。

但如果合同签订双方针对合同内容发生歧义时，依据《民法典》第四百九十八条规定："对格式条款的理解发生争议的，应当按照通常理解予以解释。对格式条款有两种以上解释的，应当作出不利于提供格式条款一方的解释。格式条款和非格式条款不一致的，应当采用非格式条款。"

本条款基于公平原则，以保护收到格式条款一方的权利。

格式合同与非格式合同的区别，如表 5-5 所示。

表 5-5　格式合同与非格式合同的区别

比较项	格式合同	非格式合同
是否重复使用	为重复使用而拟定，具有重复性	一次性使用而制定的
是否预先设定	订立合同的一方预先拟定，具有不变性	非预先设定
是否双方参与	订立合同的一方，未与对方协商	由双方当事人共同协商拟定

4. 法律依据

《民法典》第四百九十七条规定："有下列情形之一的，该格式条款无效：（一）具有本法第一编第六章第三节和本法第五百零六条规定的无效情形；（二）提供格式条款一方不合理地免除或者减轻其责任、加重对方责任、限制对方主要权利；（三）提供格式条款一方排除对方主要权利。"

《民法典》第四百九十八条规定："对格式条款的理解发生争议的，应当按照通常理解予以解释。对格式条款有两种以上解释的，应当作出不利于提供格式条款一方的解释。格式条款和非格式条款不一致的，应当采用非格式条款。"

《民法典》在《合同法》的基础上，加重了提供格式条款一方的提示和说明义务，如果致使对方没有注意或者理解与其有重大利害关系的条款的，对方可以主张该条款不成为合同的内容。

【思考】当合同中的格式条款和非格式条款不一致时，该怎么处理？

5.2.3　电子格式合同

1. 电子格式合同的概念

电子格式合同是指由商品或服务的提供人通过计算机程序预先设定的合同条款，以规定其与相对人（包括商家及消费者）之间的法律关系，并适用于不特定相对人，购买商品或者服务的相对人不得改变格式合同内容，必须点击"同意"按键后才能订立的合同。

电子格式合同缺乏传统交易过程中双方协商交流的过程。

2. 电子格式合同的特点

电子格式合同具有标准性和普遍适用性，缩短了一般合同的订立须经过要约、承诺反复磋商的过程，节约了当事人的时间和精力，大幅降低交易成本，对规范和完善合同内容、预防和减少合同纠纷起到了重要作用。

点击合同

点击合同是一种特殊的格式合同，从点击合同的实际表现形式看，网络商品交易及服务商通常会事先拟定交易及服务方面的各类格式条款。

点击合同是指在电子商务中由销售商或其他经营者通过互联网发出要约，用户以其"点击"行为表示承诺从而达成意思表示一致的合同。在间接电子商务中，交易的标的是传统的有体物，虽然合同的履行须通过物流渠道，但合同的订立则是通过点击合同。在直接电子商务中，交易的标的是信息，全部交易过程均在虚拟空间完成，此种信息交易合同的订立当然也是采取点击合同的形式。在电商领域，除了用户协议、服务协议之外，商品页面的信息以及店堂告示信息也可能构成格式条款。例如，"收到商品 7 日内可以退换，但商品已经拆封的不可退换"等条文，网络销售商以此对交易及服务的相关事项予以说明和限制。此类格式条款一般表现为"购物须知""购买流程规定""售后服务规则""退换货须知"等单独的文件形式，只要这些条款的内容没有违背法律法规的规定，在接受一方经阅读并按下"同意"或者"确认"键的同时，这些条款就已经生效，成为规范双方间交易关系的有效合同的组成部分。客观地说，这些条款对于维护、规范网络交易的秩序起到了积极的作用。

 5.2.4 格式合同的法律特征

作为一种特殊类型的合同，格式合同一方面具有传统合同的基本属性，另一方面又具有一些新型的法律特征。格式合同的法律特征主要有以下几点。

1. 合同主体地位的不平等性

格式合同的提出者多为固定提供某种商品和服务的公用事业部门、企业和社会团体等，它们进行定式经营，并在较大范围内具有专营或垄断能力。相对人则多为广大分散的消费者，具有不特定性。格式合同的提出者经常利用其经济上或法律上较强的地位，将预先由其拟定的反映其单方意志的合同条款强加给相对人。

2. 合同内容的事先确定性和不可协商性

格式合同的内容具有规格化和制度化的特点，它为公众起草，在同等条件下适用于一切不特定的相对人，不因相对人的不同而不同。每份合同的差异仅仅是相对人姓名（名称）和标的数量的改变。与之缔结合同的相对人只能对此表示全部接受或者全部不接受，而没有就合同的个别条款进行协商的余地。

3. 合同适用范围的广泛性和持久性

因为格式合同形式固定，要约中包含了成立合同所需要的全部条款，所以一经提出就具有很大的稳定性和反复适用性。同时，因为格式合同摒弃了传统订约过程中复杂的协商过程，大大简化了订约程序，表现出一种缔约上的高效性。

5.2.5　电子格式合同行使过程中存在的问题

由于行业自律性较差，因此我国目前商家利用电子格式合同损害相对人权益已经成为一个非常突出的法律问题。经营者经常利用其优越的经济地位，制定有利于己、不利于消费者的条款，如免责条款、失权条款、法院管辖条款等，对合同上危险及负担进行不合理的分配。一般消费者对此种条款多未注意，不知其存在；或虽知其存在，但因条款内容复杂、字体细小，不易阅读；或虽加阅读，因文意艰涩，难以了解其意；纵能了解其意，知悉对己不利的条款的存在，亦无从变更，只能在接受与拒绝之间加以选择。然而，或由于某些企业具有独占性，或由于各企业使用类似的合同条款，消费者实际上并无选择的余地。

因此，如何在合同自由的体制下，规制不合理的合同条款，维护合同正义，是现代法律所应负担的任务。

1. 格式合同的订立

格式条款与普通条款相比，具有不可比拟的优势，比如它可以降低交易成本、提高交易效率，可以明确分配风险、增进交易安全，便于国家宏观调控等，但同时其自身也存在不可忽视的缺陷，比如限制了合同自由原则，导致合同的风险分配不合理，因当事人缔约地位不平等而损害弱势相对人的利益等。为充分发挥其优势，抑制其消极影响，《民法典》第四百七十一条规定："当事人订立合同，可以采取要约、承诺方式或者其他方式。"《民法典》规定了可以以其他方式缔约，使合同订立的方式更为丰富，符合现实需要。

2. 对格式条款效力的规制

《合同法》第四十条规定："格式条款具有本法第五十二条和五十三条情形的，或者提供格式条款一方免除其责任、加重对方责任、排除对方主要权利的，该条款无效。"

《合同法》的第五十二条和五十三条，对应《民法典·合同编》的第四百九十七条，关于合同无效的内容，其对应条款的对照表，如表5-6所示。

表5-6　《合同法》与《民法典·合同编》对应条款的对照表

对照条款	内　　容
《合同法》第五十二条	有下列情形之一的，合同无效：（一）一方以欺诈、胁迫的手段订立合同，损害国家利益；（二）恶意串通，损害国家、集体或者第三人利益；（三）以合法形式掩盖非法目的；（四）损害社会公共利益；（五）违反法律、行政法规的强制性规定
《合同法》第五十三条	合同中的下列免责条款无效：（一）造成对方人身伤害的；（二）因故意或者重大过失造成对方财产损失的

续表

对照条款	内　　容
《民法典·合同编》第四百九十七条	有下列情形之一的，该格式条款无效： （一）具有本法第一编第六章第三节和本法第五百零六条规定的无效情形； （二）提供格式条款一方不合理地免除或者减轻其责任、加重对方责任、限制对方主要权利； （三）提供格式条款一方排除对方主要权利

例如，有个别电商网店在商品页面介绍中有"如果不仔细检查直接签收导致的经济损失，由买家单方面承担"的内容，形成诉讼后，法院认定该约定属于格式条款，不合理地免除卖家责任，加重买家责任，不产生法律效力。

3. 格式合同中的免责条款

在现代合同发展中免责条款大量出现，免责条款一般有以下特征：

（1）免责条款具有约定性。免责条款是当事人双方协商同意的合同的组成部分。这是与法律规定的不可抗力致使不能履行或者履行不完全时免除责任是不同的。当事人可以依据意思自治的原则在合同中约定免责的内容或者范围，比如当事人可以约定"限制赔偿数额""免除某种事故发生的责任"等。

（2）免责条款的提出必须是以明示方式作出，任何以默示方式作出的免责都是无效的。

（3）合同中的免责条款具有免责性。免责条款的目的，就是排除或者限制当事人未来的民事责任。当然这种免责可以部分免责，也可以是全部免责。

5.2.6　电子商务中的格式条款

1. 网络格式条款

在网络购物不断普及发展的背景下，格式条款在电子商务中被广泛采用，许多电子商务网站拟定了极为详尽的格式条款。

尽管网上购物与传统购物在交易环境与方式上有明显区别，但二者在交易实质上是相同的，网上购物的交易模式并没有改变现行消费者保护的法律体制，针对普通商品交易而作出的《消费者权益保护法》关于格式条款基本原则的规定，都可适用于电子商务中的网上购物格式条款。

但是，网络环境不同于实体购物环境，由于网上购物的数字化、无纸化等特征，所以格式条款订立网上购物合同的情况更为复杂，从而产生一些新的法律问题，如：格式条款必须符合哪些要件才能有效地纳入合同？格式条款的法律效力如何认定？对这些条款又应如何规制？等等。

2. 网络格式条款的效力认定

网络格式条款可分为免责条款和非免责条款，免责条款是指在电子商务合同中用以排除或限制一方因违反合同、疏忽或违反其他义务的民事责任范围的条款。实践中发生纠纷多由免责条款引发，故此处侧重探讨免责格式条款的提示义务及其效力问题。

免责条款作为格式条款的一种，因涉当事人责任和风险的分配，法律对其要求更为严格。由于网络购物环境的特殊性，商家应以特别明示的方式合理地提请消费者注意，经营者应对网上格式免责条款履行严格的提请注意义务。

以案说法

案例1：杨某诉某供应链管理公司销售假货案

【基本案情】

2017年12月23日，杨某在某供应链管理公司运营的某电商国际平台官方直营店购买了荷兰进口BK锅10件。该产品销售页面宣传"官方直采""假一赔十""产地荷兰"。杨某收货后查验发现，产品外包装的标准显示该产品属于国产商品，该产品型号与某贸易公司在某电商平台销售的一款国产锅的型号完全一致，某贸易公司的网店页面明确标注其产地为中国。杨某认为某供应链管理公司销售假货，诉请按照其页面宣传的"假一赔十"进行赔偿。某供应链管理公司辩称该国际平台上的《国际服务承诺》约定商家未履行"海外直供"服务的，退还成交货款并支付一倍成交款作为赔偿。

审理过程中，双方和解，某供应链管理公司赔偿杨某5倍货款。

【法官说法】

在专门销售进口产品的电子商务平台，"假一赔十"承诺中的"假"应当结合平台特征及产品说明进行解释，判断产品真假不仅包括产品本身是否为正品，还可以包含产品来源是否为原装进口产品。消费者在国际平台上购物的首要目的是购买进口产品，当产品的来源造假，为非进口产品时，则应当认定为出售假冒商品，承担相应的赔偿责任。服务协议格式条款约定的惩罚性赔偿标准低于法定惩罚性赔偿标准的，条款无效。平台内经营者作出比平台标准或者比法定标准更有利于消费者的承诺，应当按照其承诺的更高数额赔偿。

案例2：张某诉某公司格式合同无效案

【基本案情】

上海某律师事务所律师张某于2010年7月16日在京东商城网站购买"美的"转页扇一台，金额人民币165元，某公司于7月19日送货并向某律师事务所出具发票和购物清单。同年7月26日，某律师事务所在安装电扇过程中发现电扇撑杆存在缺陷、无法安装，即向某公司提出换货，但某公司在答复中引用网站退换货政策的特殊说明第一条的内容，即"为了享受商品的正常质保，我们建议您将发票开具为商品明细，否则您将无法享受产品厂商或京东商城的正常质保"，以发票载明的货物名称为办公用品予以拒绝。据此，某律师事务所诉至法院，诉请要求判令某公司为其所购买的"美的"转页扇换货，并确认某公司规定的上述格式条款无效。

【法院审判】

某公司作为销售商，对出售的商品负有保修、退货和换货的义务。某公司以发票未填写货品明细的条款拒绝换货，而某律师事务所持有的发票记载的货品类别为办公用品，发票由某公司许可开具，且在商品清单栏写明了货品的具体编号和名称，电扇与办公用品在用途上亦可构成种属关系，故张某所持有的发票为有效发票。

某公司援引该项条款免除其质量保证的理由不能成立。张某换货的诉请，予以准许。张某主张某公司的未填写货品明细无法享受正常质保的格式条款为免除某公司合同义务，应属无效条款。但由于某公司与消费者通过网上交易，网上交易的销售、配送、售后服务等具有不同于通常的交易方式，某公司的该项条款系出于交易程序管理之需要，且填写货品明细亦属买方的合同附随义务，不正确填写，可能会给正常的售后服务带来障碍。由于某公司提供的提示条款为"无法享受正常质保"，相对于正常的售后服务程序而言，不能认定"无法享受正常质保"条款完全排除某公司法定义务。

【法官说法】

根据《民法典》第四百九十六条的规定，采用格式条款订立合同的，格式条款提供人应遵循公平原则确定当事人之间的权利和义务，并采取合理的方式提请对方注意免除或者减轻其责任等与对方有重大利害关系的条款，按照对方的要求，对该条款予以说明。

职业素养养成

树立正确的义利观，拒绝售假伪劣商品

举证责任倒置：孙某诉某商场买卖合同纠纷案

"义以生利"和"以义制利"的思想是儒家义利观的核心内容，由此所派生出来的"见利思义""取之有义""先义后利""重义轻利"等思想便构成了儒家"义利观"的基本内容。这些"义利观"同商业公平交易、等价有偿、互惠互利等原则相融合，逐步成为中国传统商业经营的指导思想并贯彻到商业活动的全过程。

在提倡诚信经营和重构社会信用体系的今天，儒家"义利观"思想对构建我国现代商业伦理价值体系具有很高的理论价值和现实意义。目前，我国已经是全球最大的网上零售市场，电子商务已经成为我国现代流通创新发展最有活力、最具潜力的领域。电商平台必须对消费者承担站好岗、放好哨、把好关的义务。

电商平台在规则制定、商家选定、事中监管、大数据分析等方面都应承担起打击假冒伪劣商品的责任。为营造健康有序的网络购物环境，必须以法律手段遏制"网络售假"，通过健全"网络售假"法律法规，依法打击"网络售假"行为，从而有效遏制"网络售假"。

本章小结

合同的概念和特征；要约与承诺的一般规则；要约与要约邀请的区别；电子合同概念与特征、订立途径；要约、承诺、合同的订立和生效；电子合同的撤销、解除、违约责任承担；格式合同的特点；格式合同与非格式合同的区别；格式合同订立的注意事项。

本章习题

习题答案

一、判断题

1. 提供格式条款一方免除其责任、加重对方责任、排除对方主要权利的，该条款无效。（ ）
2. 所谓要约邀请，是指希望他人向自己发出要约的意思表示。要约邀请不具有法律效力，因而也不承担法律责任。（ ）
3. 要约可以撤销，但撤销要约的通知应当在受要约的人发出承诺通知之后到达受要约人。（ ）
4. 商业广告的内容符合要约规定的既视为要约，又视为格式条款。（ ）
5. 格式合同的订立者有履行提示或说明的义务。（ ）

二、填空题

1. ＿＿＿＿＿＿合同也称格式条款合同、定式合同、标准合同、附从合同，指的是全部由格式条款组成的合同，是由单方采取书面形式事先制定的合同。
2. 合同成立的要件是：（1）订约主体存在双方或多方当事人，且当事人在订立合同时必须具有相应的订立合同的行为能力；（2）当事人必须就＿＿＿＿＿＿的主要条款达成合意；（3）合同的成立应具备要约和承诺阶段。
3. 要约撤回和要约撤销的实质区别在于：前者是在要约尚未生效（或刚刚生效）时发生的，而后者则是在＿＿＿＿＿＿生效后，受要约人发出承诺通知前。

三、选择题

1. 小张以"发电子邮件给小李"的形式签订了一份合同，其中并未约定合同成立的地点。根据我国相关法律，该合同履行地以（ ）。

   A. 小张的邮箱服务器所在地为合同成立地点
   B. 小李的主营业地为合同成立地点
   C. 小张所在地为合同成立地点
   D. 小李的邮箱服务器所在地为合同成立地点

2. 下列情形中，合同已经成立的是（ ）。

   A. 必须履行特定形式的，形式尚未履行
   B. 要求签订确认书的合同，尚未签订确认书
   C. 要求承诺必须通知，但一方以行为做出承诺
   D. 未按规定采用书面形式，但一方已经履行且对方接受

3. 2020年9月11日，甲公司以信件方式向乙公司发出出售100吨大米的要约，要求乙公司在收信后10日内予以答复。9月18日信件寄至乙公司。乙公司于9月25日寄出承诺信件，表示接受甲公司在信件中的要约内容，但务必请附上植物检疫证书。9月30日信件寄至甲公司。10月1日，甲公司打电话回复乙公司，同意乙公司附上植物检疫证书的请求。该承诺生效日期为（ ）。

   A. 9月18日　　　B. 9月25日　　　C. 9月30日　　　D. 10月1日

4. 根据《民法典》的规定，对格式条款的理解发生争议的，应当按照通常理解予以解释。对格式条款有两种以上解释的，应当做出（　　）的解释。

A. 有利于提供格式条款一方　　　　B. 不利于提供格式条款一方

C. 最符合经济效益原则　　　　　　D. 有利于双方当事人合法利益

四、简答题

1. 简述要约与要约邀请的区别。
2. 简述合同生效的要件。
3. 简述合同格式条款的认定规则。

五、案例分析题

广州A公司于2020年3月1日以信件的方式向上海B公司发出要约："愿意购买贵公司儿童玩具1万件，每件价格100元，你方负责运输，货到付款，30天内答复有效。"3月10信件到达B公司，B公司收发员李某签收，但由于正逢下班时间，李某于第二天将信交给公司办公室。恰逢B公司董事长外出，2020年4月6日才回来，看到A公司的要约，立即以电话的方式告知A公司："如果价格为120元/件，可以卖给贵公司1万件儿童玩具。"A公司不予理睬。4月20日上海C公司经理吴某在B公司董事长办公室看到了A公司的要约，当天回去就向A公司发了传真："我们愿意以每件100元的价格出售1万件儿童玩具。"A公司予第二天回电C公司："我们只需要5 000件。"C公司当天回电："明日发货。"根据案情回答下列题：

（1）2020年4月6日B公司电话告知A的内容是要约还是承诺？

（2）A公司对2020年4月6日B公司电话不予理睬是否构成违约？为什么？

（3）2020年4月20日C公司的传真是要约还是承诺？为什么？

（4）2020年4月21日A公司对C公司的回电是要约还是承诺？为什么？

（5）2020年4月21日C公司对A公司的回电是要约还是承诺？

第6章　电子支付法律制度

　　党的二十大报告提出，要推动货物贸易优化升级，创新服务贸易发展机制，发展数字贸易，加快建设贸易强国。中国作为数字经济强国，已经成为全球电子支付最发达的国家。电子支付是电子商务活动中最核心、最关键的环节，随着电子商务的高速发展，电子支付成为开展电子商务的国家、地区、企业、网络消费者共同关注的一个现实问题。当前，信息泄露、资金被盗、违法诈骗等风险点逐步显现，已影响到支付产业的规范发展和安全运行，迫切需要国家从立法层面推进电子支付法律工作。

　　本章内容包括电子支付及其法律关系，电子支付的风险防范。

知识点思维导图

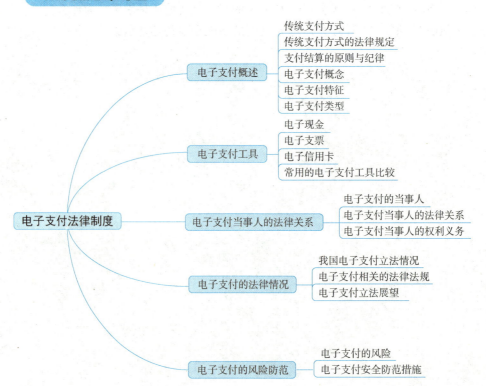

第6章 电子支付法律制度

本章学习目标

知识目标

1. 了解电子支付的基本概念、种类和特征。
2. 掌握电子支付的结算过程和工具。
3. 掌握电子支付相关法律权利与义务。

技能目标

1. 能够自我判断电子支付的风险。
2. 会运用安全软件保障电子支付安全。

思政目标

1. 确保使用电子支付工具的安全,不外泄个人或企业信息。
2. 正确运用电子支付的相关法律维护自身权益。

6.1 电子支付及其法律问题

 知识点思维导图

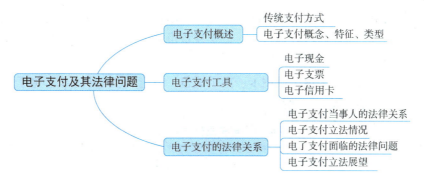

【工作任务】

在电子商务交易过程中,有的机构存在转卖个人信用卡账户信息的行为,为不法分子进行诈骗、盗取资金提供了可乘之机。面对电商领域的安全支付现状,小王提出了如下问题。

(1) 电子交易支付系统由哪几部分组成?
(2) 常见的电子支付工具有哪些?
(3) 电子支付系统对电子商务的发展有哪些作用?

请你通过搜集相关资料,来解答上述问题。

【工作过程】

当今社会，电子商务作为一种全新的商业运作模式应运而生，由此而衍生出的新型支付手段——电子支付，成为银行支付业务多元化发展的一种新方向。

6.1.1 电子支付概述

1. 传统支付方式

（1）现金

现金有两种形式，即纸币和硬币，由国家中央银行发行，其有效性和价值都是由中央银行保证的。在我国，中国人民银行是央行。

（2）票据

票据有广义和狭义之分。广义上的票据包括各种有价证券和凭证，如股票、企业债券、发票、提单等；狭义上的票据，即《中华人民共和国票据法》（以下简称《票据法》）中规定的票据，包括汇票、银行本票和支票，是指由出票人签发的、约定自己或者委托付款人在见票时或指定的日期向收款人或持票人无条件支付一定金额的有价证券。

（3）信用卡

信用卡是指由具有一定规模的银行或金融公司发行，可凭此向特定商家购买货物或享受服务，或向特定银行支取一定款项的信用凭证。银行发行了不同形式的信用卡，目前大体分为电子信用卡和实体卡两种，传统支付方式使用的信用卡是实体卡。

2. 电子支付方式

（1）电子支付的概念

电子支付（Electronic Payment）又称网上支付，是指以商用电子化工具和各类电子货币为媒介，以计算机技术和通信技术为手段，通过电子数据存储和传递的形式，在计算机网络系统上实现资金的流通和支付。

电子支付是指消费者、商家和金融机构之间使用安全电子手段把支付信息通过信息网络安全地传送到银行或相应的处理机构，以实现货币支付或资金流转的行为。

（2）电子支付方式

电子支付方式可以分为电子信用卡、电子钱包、借记卡、电子支票、电子现金、其他支付方式等，其区别如表6-1所示。

表6-1 电子支付方式的区别

电子支付方式	区　　别
电子信用卡	电子信用卡其实就是虚拟信用卡，是没有实体卡片的，由一组虚拟信用卡卡号、CVV2码、信用卡有效期等组成
电子钱包	电子钱包是基于电子钱包/电子存折应用实现的小额支付功能，采用对称密钥体系，主要应用于早期的脱机小额支付交易。随着技术的发展，基于对称密钥体系的电子钱包应用在安全性方面逐渐显示出一定的不足，因此中国人民银行在最新的标准规范中已将电子钱包应用废止

续表

电子支付方式	区　　别
借记卡	借记卡是指发卡银行给持卡人签发的不具备信用额度，只能是持卡人先存款后使用的银行卡。借记卡不能透支，这是与信用卡进行区分的一大明显特征
电子支票	电子支票是客户向收款人签发的，无条件的数字化支付指令。它可以通过因特网或无线接入设备来完成传统支票的所有功能，电子支票是纸质支票的电子替代物
电子现金	电子现金就是基于借记/贷记应用上实现的小额支付功能，采用非对称密钥体系与对称密钥体系相结合的安全机制，主要应用于脱机小额支付交易

据全球领先的独立支付业务运营商 WorldPay 数据预计，2021 年电子钱包支付将占全球电子商务支付的 46%，而 2016 年这一数字仅为 18%，如图 6-1 所示。

图 6-1　全球电子商务支付方式的变化

法定的电子钱包——央行发行数字人民币

数字人民币（Digital RMB），是由中国人民银行发行的数字形式的法定货币，由指定运营机构参与运营并向公众兑换，以广义账户体系为基础，支持银行账户松耦合功能，与纸钞硬币等价，具有价值特征和法偿性，支持可控匿名。

2020 年 8 月 14 日，商务部发布《关于印发全面深化服务贸易创新发展试点总体方案的通知》，其中提出京津冀、长三角、粤港澳大湾区及中西部等地区开展数字货币试点。数字货币的功能和属性跟纸钞完全一样，只不过它的形态是数字化的。简单来说，数字货币就是人民币电子版。

数字人民币支持双离线支付，像纸钞一样能满足飞机、邮轮、地下停车场等网络信号不佳场所的电子支付需求。"双离线"支付必须收付双方具备硬件钱包功能，因此在终端上有着更高的安全要求，目前除了智能卡之外，只能采用手机内置安全芯片方案或 SIM 卡安全芯片方案。

数字人民币本身还具有多种应用优势：第一，数字人民币不需要借助国际跨境清算体系就能进行支付清算，具有效率高成本低等优势，优于电汇手段等传统的跨境支付手段，尤其为那些金融业不发达或金融限制多的国家提供了一种更加方便参与贸易的渠道，有助于实现人民币国际化；第二，数字人民币可以大大降低货币发行、流通、使用等环节的成本，实现了无钞化交易，借助互联网新技术大大增强防伪功能，对货币流动实现了监控化；第三，数字货币的可追踪性能能够提升经济交易活动的便利度和透明度，使贪污受贿、洗钱、偷税漏税等违法犯罪行为减少；第四，可以采用双离线支付，安全性更高，使用范围更广。

（3）电子支付模式

电子支付手段离不开银行账户，电子支付的收付端全部是银行账户，资金从一个银行账户，通过电子支付转移到另一个银行账户。按照支付的流程不同，主要存在四种电子商务支付模式：支付网关模式、网上银行模式、第三方支付模式和移动支付模式。

①支付网关模式。支付网关模式是指客户或商户把支付指令传送到银行的支付网关，然后通过银行的后台设施完成支付的业务模式。在该模式下，商业银行单独建立支付网关。支付网关模式中，系统由用户系统、银行、网银中心、业务数据中心、银行柜台和认证中心等组成。

②网上银行模式。网上银行是指银行利用 Internet 技术，建立自己的网站，向客户提供开户、销户、查询、对账、转账、信贷、投资理财、网上支付等金融业务的虚拟银行。客户可以通过它完成网上支付。网上银行模式需要商家在银行中开设结算账户，客户在银行中开设支付卡。

③第三方支付模式。第三方支付就是支付网关由第三方机构建设，而不是由银行或银联合体建设。网上支付服务是由第三方机构提供，第三方支付机构有支付宝、财付通、快钱、宝付等。

近几年，第三方支付行业的快速发展，给支付和金融市场造成了混乱。而网联的成立，通过可信服务和风险侦测，可以防范和处理诈骗、洗钱、钓鱼以及违规等风险。

网联也被称为"网络版银联"，即线上支付统一清算平台，是在央行指导下，由中国支付清算协会组织成立，用以处理由非银行支付机构发起的、与银行交互的支付业务。网联只是一个清算平台，并不直接开展支付业务，以保持中立性。网联的成立，在一定程度上能够纠正第三方支付机构违规从事跨行清算业务，改变支付机构与银行多头连接开展业务的问题。也就是说，第三方支付机构的线上支付通道，不需要也不能再直接对接银行，而是通过网联平台直接与各家银行对接。

网联与银联的区别

银联是从纸币发展到银行卡阶段，为满足各家银行互联互通交易而产生的，比如最初中国工商银行部署的刷卡 POS 机只能刷中国工商银行的卡，而不能刷中国建设银行的卡，其他银行也一样，为了互联交通出现了银联。

网联，是互联网支付时代，为各家第三方支付公司比如微信、支付宝、翼支付、京东白条等进行互联互通交易产生的。为了预防金融风险，打破第三方支付机构直连银行，监控第三方支付机构资金流向,而推出了网联。

在第三方支付流程中,第三方支付平台、网联、银行的关系,如图6-2所示。

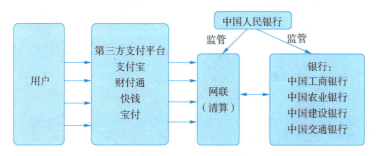

图6-2 第三方支付平台、网联、银行的关系

④移动支付模式。移动支付模式是基于手机银行而产生的一种新型支付模式,其特点是可随处支付,交易时间短。手机银行指通过GSM网络将客户手机连接至银行,利用手机界面直接完成各种金融理财和支付服务等的虚拟银行,目前有短信手机银行和STK卡手机银行。要使用手机支付,客户必须在银行开通手机银行服务,将银行账号与手机绑定,商家必须在银行开设结算账户。

3. 电子支付的特征

与传统的支付方式相比,电子支付具有以下特征。

(1) 电子支付具有虚拟性和数字性的特点

电子支付采用先进的数字技术手段完成信息传输,其各种支付方式都是通过数字化方式进行款项支付。而传统的支付方式则是通过现金的流转、票据的转让及银行的汇兑等物理实体来完成款项支付。

(2) 电子支付具有开放性的特点

电子支付的工作环境基于一个开放的系统平台(即互联网),而传统支付则是在较为封闭的系统中运作。

(3) 电子支付具有基础设施要求高的特点

电子支付使用互联网,而传统支付使用的则是传统的通信媒介;电子支付对软、硬件设施的要求很高,一般要求有联网的微机、相关的软件及其他一些配套设施,而传统支付则没有这么高的要求。

(4) 电子支付具有方便、快捷、高效的优势

用户只要拥有一台上网的PC机,便可足不出户,在很短的时间内完成整个支付过程。

4. 电子支付系统的构成

(1) 电子支付系统的概念

电子支付系统是采用数字化电子化形式进行电子货币数据交换和结算的网络银行系统。

(2) 电子支付系统的构成

电子支付系统主要由客户、商家、客户的开户行、商家开户行、支付网关、金融专用网(银行网络)、认证机构CA等组成。电子支付系统的组成,如图6-3所示。

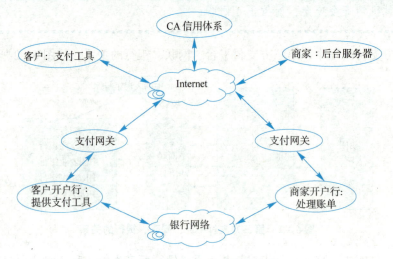

图 6-3 电子支付系统的组成

电子商务经营活动中的电子支付程序，如图 6-4 所示。

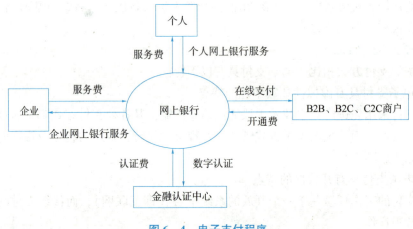

图 6-4 电子支付程序

5. 电子商务的支付方式

电子商务的支付主要采用传统支付方式和网上支付方式两种基本方式，如图 6-5 所示。

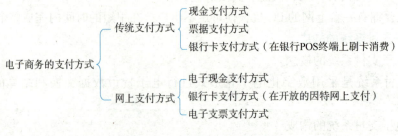

图 6-5 电子商务支付方式

【动手探究】

在跨境电子商务中，在线支付平台 PayPal 是倍受全球亿万用户追捧的国际贸易支付工具，具有即时支付、即时到账、资金周转快的优点。请你在 PayPal 账户中添加银联卡，并与发卡方联系为该卡启用在线付款服务。

6.1.2 电子支付工具

1. 电子现金

（1）电子现金的概念

电子现金是一种以数据形式流通的货币，它是把现金数值转换成一系列加密序列数，通过这些序列数来表示现实中各种金额的币值。

（2）电子现金的支付过程

电子现金系统要求买方在一家网上银行上拥有一个账户，将足够资金存入该账户以满足今后的支付。买方在电子现金发布银行购买电子现金。

在电子商务经营活动中，接收电子现金的卖方与电子现金发放银行之间进行清算，电子现金银行将买方购买商品的钱支付给卖方。在交易中，卖方用银行的公共密钥检验电子现金支付过程，然后就把电子现金存入它的机器，随后再通过电子现金银行将相应面值的金额转入账户。卖方获得付款后，向买方发送订单确认信息。电子现金支付过程，如图 6-6 所示。

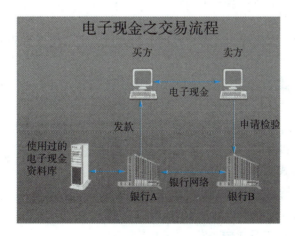

图 6-6 电子现金支付过程

电子现金具有普通现金的特点，可以存、取、转让，适用于小额交易。

2. 电子支票

（1）电子支票的概念

电子支票是网络银行常用的一种电子支付工具。将银行通常大量采用的支票，改编为带有数字签名的报文或者利用数字电文代替支票的全部信息，就是电子支票。

(2) 电子支票的支付过程

①消费者和商家达成购销协议并选择用电子支票支付。

②消费者通过网络向商家发出电子支票,同时向银行发出付款通知单。

③商家通过验证中心对消费者提供的电子支票进行验证,验证无误后将电子支票送交银行索付。

④银行在商家索付时通过验证中心对消费者提供的电子支票进行验证,验证无误后即向商家兑付或转账。

电子支票适用于大额支付,电子支票支付过程,如图 6-7 所示。

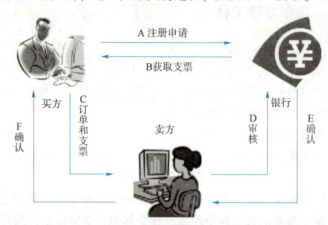

图 6-7 电子支票支付过程

3. 电子信用卡

电子信用卡的使用方式,有如下三种。

(1) 直接传输方式

直接传输方式的工作流程为:客户在网上购物后,把信用卡号码的信息加密后在线直接传送给商家。

(2) 专用账户方式

采用专用账户方式进行电子支付时,要求商家在银行的协助下核实每个客户是否为信用卡的持卡人,并且由商家为每个客户建立一个与信用卡对应的虚拟账户,每个虚拟账户都有专属独立的账号和密码。

(3) 专有协议方式

专有协议方式是指客户、商家和电子支付服务供应商之间采取的一种专用加密协议,通过这种协议把信用卡的账号转为密码的形式。

4. 常用的电子支付工具比较

电子信用卡支付、电子现金支付、电子支票支付的比较,如表 6-2 所示。

表 6-2 电子信用卡支付、电子现金支付、电子支票支付的比较

比较项	电子信用卡支付	电子现金支付	电子支票支付
事先/事后付款	事后付款	事先付款	事后付款
交易的使用对象	电子信用卡持有人	任何人	拥有银行账户者

续表

比较项	电子信用卡支付	电子现金支付	电子支票支付
交易风险归属	由发卡银行和持有人承担	由消费者承担	由电子支票监管漏洞产生的风险,由银行金融机构承担;由电子支票使用过程中诸如支付密码泄露产生的风险,依据责任归属,分别由消费者和商家承担
交易凭据转换	由商家向银行查询持卡人账号	自由转换	付款指令需要经过"背书"方能转让
交易额度	与电子信用卡额度相同	适合小额交易,额度固定	不大于支票账号的现有余额
与银行的关系	交易信息中电子信用卡号为持卡人在发卡银行的账号	电子现金从银行提取后,就与银行账号没有关系了	由银行账户进行付款

6.1.3 电子支付当事人的法律关系

1. 电子支付的当事人

电子支付的当事人分为三类。

①指令人或资金划拨人,是指可以发出资金支付命令的当事人;

②接受银行,这是接到指令的银行;

③收款人或受益人,是指最终收到资金的当事人。

2. 指令人的权利义务

指令人的权利:指令人有权要求接受银行按照指定的时间及时将指定的金额支付给指定的收款人。

指令人的义务:①受自身指令的约束,当指令人发出支付指令后,必须承担从自身账户中付款的义务;②接受核对签字和认证机构的认证,只有经过身份核查,才能确定指令人的身份,这是保护指令人的利益手段,指令人务必认真配合;③按照接受银行的程序,检查指令有无错误或歧义,并有义务发出修正指令。

3. 接受银行的权利义务

指令人与接受银行的权利和义务是相对的,指令人的权利意味着接受银行的义务,反之同样如此。

接受银行的权利:①要求指令人支付所指定资金并承担支付费用,银行本身并无支付的义务,对于指令要求支付的资金只能由指令人承担;②拒绝或要求指令人修正其发出的无法执行的或者不符合规定的程序和要求的指令。

接受银行的义务:按照指令人的指令及时完成资金的划拨。

4. 收款人的权利义务

收款人除有权要求付款人在约定的时间支付款项外,也有权要求它的代理银行妥善地接收付款人划拨过来的款项。当然，收款人同时也要积极配合其代理银行做好收款的工作。

6.1.4 电子支付的法律关系

1. 我国电子支付法律法规立法现状

我国关于电子支付的主要法律法规，如图6-8所示。

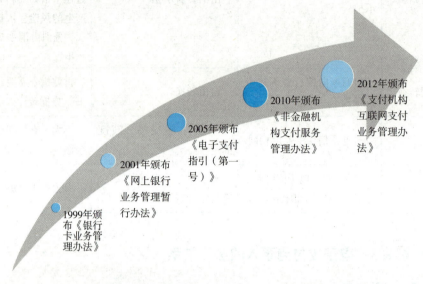

图6-8 我国电子支付法律法规立法现状

从1997年颁布《中国金融IC卡卡片规范》和《中国金融IC卡应用规范》开始，到2003年颁布《中华人民共和国中国人民银行法》（以下简称《中国人民银行法》），再到2012年颁布《支付机构互联网支付业务管理办法》，这些规章制度在电子支付发展之初起到了很好的促进和规范作用，但法律效力层级较低，目前最新电子支付产业相关法律法规，正加紧制定之中。

2. 电子支付相关的主要法律法规

（1）《电子支付指引（第一号）》

《电子支付指引（第一号）》的实施，为规范电子支付业务和防范支付风险起到了积极作用，保证了资金安全，维护了银行及其客户在电子支付活动中的合法权益，积极促进了电子支付业务健康发展。

（2）《中国人民银行法（修订草案）》

2020年10月23日，《中国人民银行法（修订草案征求意见稿）》发布。此次修订稿的亮点是增加了"实现数字人民币法定化"的相关内容。《中国人民银行法（修订草案征求意见稿）》规定人民币也包括数字形式，将为数字人民币法定化、规范化提供法律支撑。也就是说，数字人民币和纸币、硬币具有同等法律地位。从发展趋势来看，随着数字人民币应用场景增多，将比实物人民币使用更方便也更安全。

（3）与电子支付相关的其他法律法规

我国借鉴相关国家和地区的电子发票管理的相关规定，在2013年1月25日国家税务总局第一次局务会议审议通过《网络发票管理办法》，自2013年4月1日起施行。

3. 电子支付立法展望

我国目前尚在酝酿颁布《电子支付法》。2018年3月，有全国政协委员建议，应借鉴欧美等国支付领域强监管的立法经验，抓紧研究制定《电子支付法》，从法律层面明确产业参与各方权利义务关系以及监管职责分工，从而防范支付风险，保护消费者权益。

《电子支付法》的立法，首先要加强国际合作，借鉴国外在电子立法方面的经验。我国应适时地制定包括电子资金划拨在内的新支付体系法典，大额电子资金划拨可参照《联合国国际贷方划拨示范法》和美国《统一商法典》4A篇。

4.《电子支付法》的立法建议

①明确电子支付各要素，包括付款人、收款人、支付参与机构之间的权利、义务，以及风险承担、合同规范、消费者保护、跨境支付等方面的内容。

②严格规定支付机构的市场准入、备付金风险管理、反洗钱与反恐怖主义融资等方面的义务和监管要求。

③明确监管部门的职责和分工，明确支付产业创新与规范发展的关系，明确行业监管、行为监管、机构监管的不同职责。

6.2 电子支付的风险防范

知识点思维导图

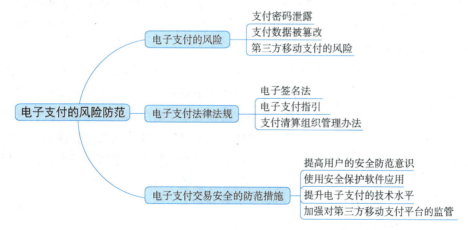

【工作任务】

小王所在公司经常涉及电子商务支付业务，小王希望能进一步深入了解电子支付风险防范相关知识。请你上网搜索相关资料，从电子支付的风险、电子支付法律法规、保障电子支付交易安全的方法与措施等方面给予小王详细解答。

【工作过程】

电子支付随着互联网技术的发展而产生，使用安全保护技术是电子支付中最关键的一个环节。在电子支付时，电子商务经营者和消费者要警惕电子支付风险。

6.2.1 电子支付的风险

1. 支付密码泄漏

攻击者通过某种方式得到支付密码,就可以轻易冒充持卡人通过互联网进行消费,给持卡人带来损失。破译支付密码的常用手段,如表6-3所示。

表6-3 破译支付密码的常用手段

途径	具体破解方法
骗取手段	攻击者可采用"钓鱼"方式达到目的。具体方式有假冒网站、虚假短信(邮件)等。这些网站页面、短信或邮件是他们的"诱饵"。不能识别这些诈骗手段的持卡人容易被攻击者诱骗,进而向其泄漏银行卡的支付密码
支付终端截取	攻击者可以在持卡人电脑上发布恶意软件(如木马软件),这些软件能在持卡人输入支付密码时悄无声息地捕获,并偷偷发送出去
网络截获	攻击者在支付终端和其他网络设备等节点通过智能识别和密钥破解手段得到支付密码
暴力攻击	支付密码通常是由数字和字母组成的一段字串。由于人类记忆能力的限制,该字串不会太长。当前很多发卡行采用6位数字密码方式。借助具有强大运算能力的计算机,攻击者可以采用密码词典方式逐个试探

2. 支付数据被篡改

在缺乏必要的安全防范措施的情况下,攻击者可以修改互联网传输的支付数据。例如,攻击者可以修改付款银行卡卡号、修改支付金额、修改收款人账号等,达到牟利目的。

3. 第三方移动支付的风险

第三方移动支付即我们常说的第三方支付平台。由于电子商务的蓬勃发展及智能手机用户的逐年增加,人们的支付方式从传统的使用现金或者银行卡支付逐渐变成在消费、购物、生活服务等活动中使用移动支付,移动支付在日常生活中的应用越来越广,已经成为我国重要的支付方式。在第三方移动支付快速发展的同时,风险也随之快速增长,如,与第三方移动支付相关的法律法规尚不完善,有关部门的监管力度不够,黑客利用支付软件的漏洞来进行攻击,以及一些犯罪分子利用第三方移动平台进行网络诈骗等。同时,还有一些第三方支付平台明知行为不当,但为了自身利益而出现非法窃取大量的用户信息及对客户的备付金私自挪用等不法行为。

例如,2015年1月就发生过某支付机构违规把数以千万计用户的银行卡信息泄露出去,涉及的银行达16家,造成了用户的经济损失高达3 900多万元;2015年发生的不法分子利用黑客技术窃取支付宝账户从而盗取资金的特大犯罪案件,在犯罪分子的硬盘中查获的账户信息高达1 000多万个,涉及的第三方支付平台有支付宝、京东及PayPal等,盗取的账户资金高达10亿元;还有广东省公安部门侦破的一起犯罪分子非法利用支付平台来实施虚假交易进行网络诈骗的案件等。

6.2.2　电子支付法律法规

电子支付安全不仅涉及技术问题，还涉及法律政策问题。目前我国已经颁布了《电子签名法》《电子支付指引（第一号）》《支付清算组织管理办法》等法律法规。

1.《电子签名法》涉及的相关电子支付问题

《电子签名法》对支付结算系统提出了软硬件技术要求。为满足《电子签名法》的要求，现有的支付结算系统，包括中国人民银行的支付系统、商业银行的电子汇划系统、网上银行系统等现代支付系统，都必须在通信技术、信息交流技术上进一步完善，以达到电子签名的要求，确保电子签名的签发、传输、验证等过程的安全运行，从而确保支付结算信息在数字签名的传输中不被篡改，其他没经认证和授权的人看不见或读不懂原数据，起到在数字签名传输中的保密作用。同时，还必须在硬件上进一步完善，如银行卡的信息存储以及各种刷卡机等也必须方便电子签名，方便签名信息的存储和读取以及认证。

2.《电子支付指引（第一号）》涉及的相关电子支付问题

《电子支付指引（第一号）》主要明确了电子支付以下四方面的内容。

① 对电子支付活动中客户和银行的权利和义务做出了基本规定；

②对银行在电子支付活动中的信息披露做出了具体要求；

③规定了银行加强电子支付活动安全性所采取的措施；

④建立针对电子支付业务的管理制度，采取适当的内部制约机制。

3.《支付清算组织管理办法》涉及的相关电子支付问题

《支付清算组织管理办法》通过为支付行业建立准入制度，规范第三方支付行业行为，确保提供支付清算服务的组织在注册资本、人员配备、组织架构、管理制度、风险控制能力等方面都达到一定的水平，通过设立门槛使不达标的中小企业退出，有利于该行业长远发展。

> 2020年9月4日下午7时30分，某网友的华为手机被盗，手机偷盗方把卡取出来放在其他手机，利用短信验证码从某App上获取到身份证、银行卡号信息；同时用获取的信息修改了电信服务密码、华为云密码。该网友拨打四川电信挂失手机卡后，遭到了手机偷盗方的解挂，通过电信10000号挂失解挂的攻防来回数十次。手机偷盗方利用获得的个人信息，在美团、苏宁金融、云闪付等平台，申请贷款，购买虚拟卡充值，犯罪分子假冒用户利用自己掌握的手机相关信息将银行卡及微信、支付宝等的资金进行转移，给该网友造成了经济损失。
>
> 360安全研究员分析说，手机失窃后，运营商、银行、移动支付、电商平台、网贷平台等都存在安全漏洞，从而让犯罪团伙可以不断反挂失、解锁，并进行绑定和转账。在这个案例中，手机失窃导致的安全问题，从攻击角度来看，存在漏洞的实体均没有考虑手机号验证的可信问题，即平台验证的是设备，设备在谁手中，谁就是设备的"主人"。

【动手探究】

当用户在手机被盗丢失后，除了报警之外，还应该马上做什么？

6.2.3 电子支付交易安全的防范措施

1. 提高用户的安全防范意识

在"互联网+"时代，银行卡风险增加，须警惕交易风险。2021年6月17日，公安部召开新闻发布会，通报全国公安机关打击治理电信网络诈骗犯罪举措成效，推出了国家反诈中心App和宣传手册，努力为人民群众构筑一道防诈反诈的"防火墙"。

随着网络科技的飞速发展，各种新型支付方式层出不穷，以支付宝和微信支付为代表的电子支付工具引领着我国成为全球移动支付大国。为有效防范电信网络违法犯罪，切实保护人民群众财产安全和合法权益，中国人民银行发布《关于加强支付结算管理防范电信网络新型违法犯罪有关事项的通知》。

为了筑牢电子支付安全防线，抵御金融风险，我们每位电子商务经营者和消费者首先要切实增强网络安全和风险防范的意识，严格落实网络安全工作责任制，筑牢网络安全和金融安全的防线。

2. 移动支付交易中的安全防范措施

要想有效地避免在电子商务移动支付交易中出现的各种风险，首先，手机用户必须提高自我安全保护意识，养成良好的自我保护习惯。在手机的实际应用中，安全性防护措施有以下几种。

（1）木马的安全防范

木马经常和图片文件捆绑在一起，并伪装成各种链接，诱骗消费者点击。因此不要轻易打开通过短信、QQ、微信等发来的不明来历的链接，不要轻易扫描二维码；同时要经常对手机进行安全检查及查毒杀毒，实时更新杀毒软件。

（2）尽量不使用免费WIFI

在公共场合尽量不要使用免费WIFI，以防范钓鱼WIFI，避免个人密码被窃取。有许多用户在手机使用过程中个人信息及资金被盗，都是由于使用了安全性不高的无线网络或者免费WIFI。黑客针对无线网络的三大招数分别是域名劫持、钓鱼WIFI、ARP（地址解析协议）欺骗。钓鱼WIFI是黑客使用最多的一种手段，只要用户的手机与钓鱼WIFI进行连接，并使用手机进行移动支付交易，那么用户的个人隐私及支付密码等相关信息就会被恶意程序所窃取。

（3）设置复杂的密码

不要采用简单数字组合、自己或亲人的生日信息、电话号码作为密码。此外，还要注意支付终端的安全性，如不要在公共网吧进行网上支付、要在支付终端上安装反病毒和反木马软件。同时，还要注意在其他场所输入密码时不被他人偷窥、摄像等，不要将密码记录在容易被人看到的纸片上。

(4) 使用安全保护软件应用

使用安全软件进行防护是一种方便实用的防护措施。由于这些安全保护软件具有查杀病毒、扫描安全漏洞、保护用户隐私等安全保护功能，因此可以有效地保护用户的信息及资金安全。利用安全软件可以对漏洞进行修复并能够实现对恶意插件的及时扫描和及时发现，并强制卸载一些内含恶意插件的软件，从而有效地防止移动支付应用系统漏洞的产生，有效防范病毒或者恶意程序进行账号、密码及用户隐私的盗取行为。

3. 加强对第三方移动支付平台的监管

(1) 完善准入及退出机制

监管机构要对现有的市场准入及退出机制进行合理科学的调整，使调整后的准入及退出机制对于移动支付的良性发展产生一定的促进作用。首先，要合理控制第三方支付平台的数量，避免相互间出现恶性竞争或者产生垄断局面；同时，要保证第三方支付平台的支付业务、网络服务和金融服务都必须具备相关资质，支付技术及网络安全方面的保障措施必须符合要求；对于一些不合格、经常发生违规操作导致用户权益受损及扰乱市场经营环境的第三方支付机构，要坚决实行清退机制。

(2) 加强对第三方移动支付平台的日常监管工作

监管机构要定期或者不定期地检查或审核第三方移动支付平台的经营情况及业务和技术方面的情况。如果发现有违规操作，如没有对用户进行实名认证、私自挪用用户的备付金、违规泄露及出卖用户的信息等行为，应立即要求其进行整改，如果严重违规并对用户造成了重大的经济损失就必须将其清退出市场。同时，监管机构还需要对第三方移动支付平台的风险进行评估，以便早日发现并防范风险。不仅如此，监管机构还必须对第三方移动支付平台的支付业务进行规范化管理，加强对备付金的监督力度，并建立风险责任准备金制度。

为维护国家金融秩序，防止付款人通过电子支付洗钱，应限制电子支付的付款数额。例如，《电子支付指引（第一号）》第二十五条规定，银行为客户办理电子支付业务，单位客户从其银行结算账户支付给个人银行结算账户的款项，其单笔金额不得超过5万元人民币。

(3) 健全并完善第三方支付行业的相关法律法规

要进一步加强并完善相关的法律法规，对违法犯罪行为加大惩戒力度。移动支付在我国还属于新生事物，因此相关的法律法规尚不健全，在现实生活中，有许多关于移动支付的案件在审理时缺乏相应的法律依据。要想使第三方支付行业向正规化合法化发展，就必须使与第三方支付相关的法律法规进一步完善健全，通过法律法规对其加以监管及约束，使其在法律允许的范围内操作，从而既保障广大用户的利益，又有效防止第三方支付机构违规操作，以促进移动支付的良性发展。

以案说法

案例1：银行卡遭遇克隆，数万元存款被盗取

【基本案情】

2015年2月28日，张先生突然收到某银行发送的多条信息，提示其银行卡中的存款

在河北廊坊 ATM 转账 2.3 万元及 ATM 取款 1.95 万元,并同时产生异地转账和取款手续费 52.25 元。事发时,张先生人在北京,银行卡由其随身携带,并未办理任何业务。当日 17 时左右,张先生前往公安机关报案,并出示了其所保管的银行卡原件。之后,张先生与银行多次协商无果,便将银行诉至法院,要求返还存款及手续费。

法院在案件审理过程中调取了事发时所涉转账及取款业务的 ATM 机监控录像。录像显示,取款人为陌生男性,戴口罩,所插入银行卡的卡面颜色为墨绿色,与张先生所持有的黄色银行卡原件存在明显不同。

【法官说法】

作为发卡的商业银行,应当保障存款人的合法权益不受任何单位和个人的侵犯。只有在交易人能够提供真实银行卡及正确交易密码的情况下,才可视为本人交易,银行方可支付款项。依事发时监控录像显示,转账及取款业务并非张先生本人办理,且犯罪分子使用银行卡颜色与张先生的银行卡在色彩上有明显差异。据此,可以认定本案所涉 ATM 机转账及取款行为系伪卡交易。在 ATM 机设备无法识别伪卡导致持卡人因此遭受经济损失的情况下,银行应就此承担违约责任。同时,因银行卡交易密码系由张先生设定和保管,在其未能举证证明银行对密码泄露负有过错的情况下,应对密码泄露承担一定责任。据此,法院判决银行承担主要赔偿责任。

法官建议储户及时办理短信提醒业务,第一时间掌握卡内资金动态。一旦遭遇银行卡盗刷,立即致电开户银行,办理银行卡挂失、冻结,避免损失扩大;损失发生后,立即报案或到就近的银行 ATM 机办理查询、取款等相关业务,证明银行卡在本人处保管,未有人卡分离的情况,为判定银行卡遭克隆盗刷保留证据。

案例 2:轻信诈骗短信,存款转瞬蒸发

【基本案情】

2014 年 10 月 18 日 14 时,梁先生的手机收到一条显示为某银行官方客服电话发送的短信,内容为:"尊敬的用户:您的手机银行将于次日失效,请登录链接网址,进行升级,给您带来不便,敬请谅解。"收到该短信后,梁先生点击该网址,按操作提示,输入了银行卡号、手机号和登录密码,然后该网站提示将给梁先生手机发送动态密码,要求按短信密码进行输入。梁先生收到动态密码后输入到网页中,随后出现手机银行升级一栏,梁先生点击进行了升级。当晚 18 时,梁先生手机收到银行官方客服电话发来的两条短信,内容为其银行卡于 18 时 04 分和 18 时 05 分在福建省泉州市自助设备分别取现 1 万元。由于梁先生人在北京,且银行卡是随身携带,他便立即报案。之后,梁先生将银行诉至法院,要求赔偿存款 2 万元。

【法官说法】

本案是犯罪分子利用电子手段,假冒银行官方客服短信和相似的银行网站,骗得梁先生的银行卡号、手机银行密码和动态密码。从事实经过来看,梁先生的损失系因为其疏忽大意轻信伪基站发送的官方客服短信,并点击其钓鱼网站,自己输入动态密码等造成,银行在此过程中并无违约之处。故法院驳回了梁先生的诉讼请求。

法官提醒公众,为保障资金安全,不要在陌生网站填写或向第三人透露个人证件号

码、银行卡号码以及动态验证码等重要信息；目前，钓鱼网站网址与官方网站的网址相似度较高，建议点击前核对短信中的链接网址与所持银行卡背面的官方网站是否一致；遇有不确定真伪的可疑信息，及时拨打银行卡背面的客服电话进行核实。

案例3：第三方支付机构因违规被处罚

2018年前4个月，央行对支付机构共计开出了22张公开处罚清单，其中包括支付宝、拉卡拉、通联支付、联动优势等在内的多家支付机构。加上5月以来开出的罚单，央行已开出29张罚单。2017年以来，相关部门针对第三方支付机构开展了跨境外汇支付业务的专项检查，此次检查暴露出部分第三方支付机构在行业中的"高危漏洞"。

专项检查结果显示，一些第三方支付机构存在超范围经营跨境支付业务、未按规定审核接入商户背景、未按规定审核客户身份信息、超交易限额办理跨境支付以及未按规定报送异常情况报告等涉嫌违规问题。

在支付牌照方面，中国支付清算协会2018年4月26日发布了《中国支付清算行业运行报告（2018）》。该报告披露，自首次发放第三方支付牌照起，央行为防范金融风险、整顿市场乱象，通过支付业务许可证续证业务加大市场退出力度，28张支付牌照被注销，部分支付牌照被整合。

【法官说法】

互联网支付在支付宝、财付通带领下越做越大，支付行业的整体风险随之增大。对于"严监管"时代的行业变局与业内的调整，当监管越来越深入的时候，各种违规现象也将浮出水面。央行为防范金融风险、整顿市场乱象，倒逼支付机构更加合规地开展业务，加大合规方面的投入。

职业素养养成

推行数字人民币，电子支付领域意义重大

电子商务安全支付：需要谨防虚假钓鱼网站诈骗

我国是互联网移动支付最发达的国家，到现在已然完全渗透国人生活的方方面面。数字人民币的发行和推广，使得我国在数字货币领域赢在了起跑线上。数字人民币是我国央行发行的数字形式的法定货币，与纸钞和硬币等价。微信支付和支付宝只是一种支付方式，数字货币的效力完全不是微信支付和支付宝能够相提并论的。

我国推行数字人民币也是一种高瞻远瞩的未来战略。如今我国在经济体量上虽然达到了美国的近八成，但在世界金融圈的地位却非常被动，全球的贸易有90%被美国控制的结算平台SWIFT所把持，而使用人民币进行结算的金额仅有2.5%。美国之所以强行要求世界上几乎所有国家和地区在外贸时采用SWIFT走账，根本原因在于它拥有美元这一强大的金融货币。

作为全球第一大工业国家和第二大经济体，我国制造出了世界上三分之一以上的商品销往全球各地，同时也在世界各地投资了数万亿元。因此我国在世界舞台的地位越来越重要，在一些国家有着极强的影响力，如今跟俄罗斯、伊朗、巴基斯坦等亚欧国家展开了人

民币进出口的贸易。这都为人民币跻身世界级金融货币提供了强有力的信任背书。

本章小结

电子支付的基本概念、种类和特征；电子支付的发展历程；电子支付的结算过程和工具；电子支付风险的特征；电子支付存在的相关风险；电子支付交易安全防范方法。

本章习题

习题答案

一、判断题

1. 电子商务时代应利用电子支付来处理网络上成千上万个交易流的支付问题。（ ）
2. 安全问题一直是困扰电子支付发展的关键性问题。（ ）

二、填空题

1. 我国电子支付风险主要为支付密码泄漏、＿＿＿＿等。
2. 电子现金既具有＿＿＿＿的基本特点，又由于和＿＿＿＿结合而具有＿＿＿＿、多用途、快速简便等特点，已经在国内外的网上支付中广泛使用。
3. ＿＿＿＿的推广应用使电子现金的安全性大大提高。

三、单项选择题

1. 下列选项中，不属于电子支付安全问题的是（ ）。
   A. 缺乏相应支付系统的支持　　　　B. 黑客入侵
   C. 内部作案　　　　　　　　　　　D. 密码泄漏
2. 在电子交易过程中，专门来核实用户和商家真实身份以及交易请求合法性的机构是（ ）。
   A. 电子认证中心　B. 电子审核中心　C. 电子授权中心　D. 电子交易中心
3. 电子合同信用卡支付货款方式中，具有确保交易数据安全、完整可靠和交易的不可否认性，用户信用卡号码不会暴露给商家等优点，而成为目前公认的信用卡网上交易的国际标准的是（ ）。
   A. 直接支付方式　　　　　　　　　B. 专用账号支付
   C. 安全电子交易协议　　　　　　　D. 专用协议方式
4. 目前，电子支付存在的最关键问题是（ ）。
   A. 技术问题　　B. 安全问题　　C. 成本问题　　D. 观念问题
5. 支付中心在电子商务系统组成中属于（ ）。
   A. Internet 信息要素　　　　　　　B. 电子商务主体要素
   C. 电子商务服务商要素　　　　　　D. 中介组织要素

四、多项选择题

1. 下列选项中，电子支付的特征包括（ ）。
   A. 通过数字化的方式进行款项支付

B. 工作环境是基于一个开放的系统平台
C. 使用的是最先进的通信手段，对软件、硬件设施的要求很高
D. 具有方便、快捷、高效、经济的优势

2. 电子支付法律关系当事人包括（　　）。

A. 买方　　　　　B. 卖方　　　　　C. 银行　　　　　D. 认证机构

3. 电子支付工具包括（　　）。

A. 电子货币　　　B. 电子信用卡　　C. 电子支票　　　D. 电子钱包

4. 中国人民银行颁布《电子支付指引（第一号）》的意义在于（　　）。

A. 为规范和引导电子支付的健康发展
B. 保障当事人的合法权益
C. 防范支付风险
D. 确保银行和客户资金的安全

5. 要大规模推广电子支付必须重点解决和防止（　　）等安全问题。

A. 黑客入侵　　　B. 内部作案　　　C. 密码泄露　　　D. 计算机病毒

五、简答题

1. 与传统的支付方式相比，电子支付具有哪些特征？
2. 简述电子支付系统的基本构成。

第7章 电子商务广告法律制度

党的二十大报告指出，意识形态工作是为国家立心、为民族立魂的工作。作为电商从业者，要牢牢把握广告宣传政治方向，筑牢广告宣传意识形态安全防线。随着网络的发展，互联网广告越来越普及，但有不少涉嫌虚假广告，这些虚假广告极大损害了消费者权益。《中华人民共和国广告法》（以下简称《广告法》）等法律法规严格规范大众传媒发布广告的行为，整顿广告市场秩序，有力保障广告产业健康发展，切实维护正常的社会经济秩序。

本章内容包括电子商务广告法律制度，《广告法》的立法宗旨和主要内容。

知识点思维导图

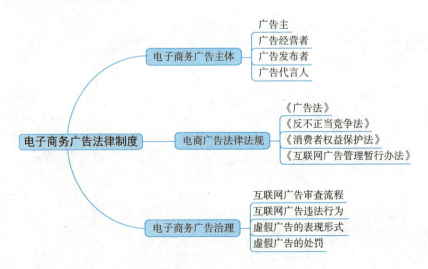

本章学习目标

知识目标
1. 了解《广告法》的立法宗旨和主要内容。
2. 了解网络广告的特点和发展趋势。
3. 了解虚假广告的相关处罚规定。
4. 掌握电子商务活动中的广告准则规范。
5. 掌握互联网广告管理办法。

技能目标
1. 能明晰电子商务广告的主要法律问题。
2. 会区分广告禁用词和违规词。

思政目标
1. 在电子商务经营活动中培养恪守广告相关规章制度的意识。
2. 在电子商务经营活动中养成遵守广告行业职业道德规范的习惯。

7.1 广告法律制度

 知识点思维导图

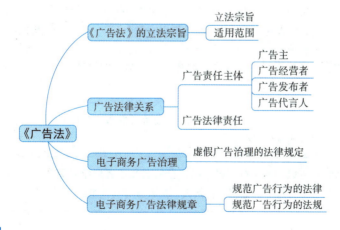

【工作任务】

近日，电子商务法务专员小王所在公司因为虚假广告宣传，接到工商局电话，告知公司被举报存在虚假宣传行为，要求一周内到工商局进行沟通并提交非虚假宣传的证据。

公司要求小王了解电子商务广告法律制度的主要内容，在公司的电子商务经营活动中避免出现类似虚假广告行为。请你帮助小王完成这一任务。

【工作过程】

7.1.1 《广告法》立法宗旨和适用范围

1.《广告法》立法宗旨

1994年10月27日，我国颁布《广告法》；2015年4月24日，第十二届全国人民代表大会常务委员会第十四次会议修订；2018年10月26日，第十三届全国人民代表大会常务委员会第六次会议修正。最新的《广告法》进一步完善了广告监督法律制度，提升了对虚假违法广告惩治力度。

《广告法》立法宗旨：①规范广告活动；②促进广告业的健康发展；③保护消费者的合法权益；④维护社会经济秩序；⑤发挥广告在社会主义市场经济中的积极作用。

2.《广告法》适用范围

《广告法》第二条第一款规定："在中华人民共和国境内，商品经营者或者服务提供者通过一定媒介和形式直接或者间接地介绍自己所推销的商品或者服务的商业广告活动，适用本法。"

7.1.2 广告法律关系

1. 广告责任主体

广告法律关系是指在广告活动中根据《广告法》的规定发生的权利和义务关系。广告责任主体由广告主、广告经营者、广告发布者、广告代言人组成，如表7-1所示。

表7-1 广告责任主体的组成

组成	概念	区别
广告主	指为推销商品或者提供服务，自行或者委托他人设计、制作、发布广告的法人、其他经济组织或者个人	广告的发起者，在网上销售或宣传自己产品和服务
广告经营者	指接受委托提供广告设计、制作、代理服务的自然人、法人或者其他组织	广告的设计制作者
广告发布者	指为广告主或者广告主委托的广告经营者发布广告的自然人、法人或者其他组织	发布广告的人
广告代言人	指广告主以外的，在广告中以自己的名义或者形象对商品、服务进行推荐、证明的自然人、法人或者其他组织	广告商品和服务的推荐人

2. 广告责任主体的义务和责任

（1）广告主、广告经营者、广告发布者的法律义务

《广告法》的以下相应条款,规定了广告主、广告经营者、广告发布者的法律义务。

《广告法》第二十九条规定:"广播电台、电视台、报刊出版单位从事广告发布业务的,应当设有专门从事广告业务的机构,配备必要的人员,具有与发布广告相适应的场所、设备。"

《广告法》第三十条规定:"广告主、广告经营者、广告发布者之间在广告活动中应当依法订立书面合同。"

《广告法》第三十一条规定:"广告主、广告经营者、广告发布者不得在广告活动中进行任何形式的不正当竞争。"

《广告法》第三十二条规定:"广告主委托设计、制作、发布广告,应当委托具有合法经营资格的广告经营者、广告发布者。"

《广告法》第三十三条规定:"广告主或者广告经营者在广告中使用他人名义或者形象的,应当事先取得其书面同意;使用无民事行为能力人、限制民事行为能力人的名义或者形象的,应当事先取得其监护人的书面同意。"

《广告法》第三十四条规定:"广告经营者、广告发布者应当按照国家有关规定,建立、健全广告业务的承接登记、审核、档案管理制度。广告经营者、广告发布者依据法律、行政法规查验有关证明文件,核对广告内容。对内容不符或者证明文件不全的广告,广告经营者不得提供设计、制作、代理服务,广告发布者不得发布。"

《广告法》第三十五条规定:"广告经营者、广告发布者应当公布其收费标准和收费办法。"

《广告法》第三十六条规定:"广告发布者向广告主、广告经营者提供的覆盖率、收视率、点击率、发行量等资料应当真实。"

(2) 广告主、广告经营者、广告发布者的法律责任

《广告法》规定,广告主、广告经营者、广告发布者对下列行为应依法承担民事责任:在广告中损害未成年人或者残疾人的身心健康的;假冒他人专利的;贬低其他生产经营者的商品或者服务的;广告中未经同意使用他人名义、形象的;其他侵犯他人合法民事权益的。

根据《刑法》第二百二十二条规定,广告主、广告经营者、广告发布者违反国家规定,利用广告对商品或者服务作虚假宣传,情节严重的,处二年以下有期徒刑或者拘役,并处或者单处罚金。

从该条规定可以看出,虚假广告罪的主体是广告主、广告经营者或广告发布者。

(3) 广告代言人的法律义务和责任

广告代言人是新《广告法》新增加的广告活动主体,包括明星、名人等自然人。新《广告法》明确了广告代言人的主体定位,赋予广告代言人法律责任和义务,主要体现在新《广告法》第十六条、第十八条、第三十八条、第五十六条、第六十二条。

①广告代言人的法律义务。广告代言人的法律义务,主要有以下几个方面。

一是不得推荐、证明医疗、药品、医疗器械广告;

二是不得推荐、证明保健食品广告;

三是不满十周岁的未成年人不得进行广告代言;

四是对未使用的商品或未接受过的服务不得代言;

五是不得明知或应知广告虚假仍作推荐或证明。

代言人如果违反上述规定，将被工商行政管理部门处没收违法所得，并处违法所得一倍以上二倍以下的罚款的行政处罚。曾在虚假广告中作推荐、证明受到行政处罚的，三年内禁止代言，该条款的处罚力度很大，但必须要预防代言人因处罚信息无法共享而异地从事代言以规避法律制裁。

②广告代言人的民事责任及认定。广告代言人承担民事责任的最大风险就是代言虚假广告。《广告法》第五十六条第二款和第三款规定："关系消费者生命健康的商品或者服务的虚假广告，造成消费者损害的，其广告经营者、广告发布者、广告代言人应当与广告主承担连带责任。前款规定以外的商品或者服务的虚假广告，造成消费者损害的，其广告经营者、广告发布者、广告代言人，明知或者应知广告虚假仍设计、制作、代理、发布或者作推荐、证明的，应当与广告主承担连带责任。"该法条明确广告代言人代言虚假广告承担过错和无过错两种民事责任。

对于关系消费者生命健康的商品或者服务的虚假广告，如果造成消费者损害，无论主观是否明知或应知，都要承担连带责任，此时代言人承担的是无过错连带责任。

如果代言了不属于关系消费者生命健康的商品或服务的虚假广告，广告代言人承担的是过错连带责任，即广告代言人在主观上对于广告内容虚假存在明知或应知，有过错行为。当然，对于广告代言人主观上是明知或应知的问题，一旦发生损害消费者权益事件，除消费者提供证据证明外，相关办案的行政机关或司法机关会在案件处理过程中予以调查认证。

7.1.3 电子商务广告治理

1.《广告法》有关虚假广告的法律规定

《广告法》第三条规定："广告应当真实、合法，以健康的形式表达广告内容，符合社会主义精神文明建设和弘扬中华民族优秀传统文化的要求。"

《广告法》第四条规定："广告不得含有虚假或者引人误解的内容，不得欺骗、误导消费者。"

《广告法》第五十六条规定："违反本法规定，发布虚假广告，欺骗、误导消费者，使购买商品或者接受服务的消费者的合法权益受到损害的，由广告主依法承担民事责任。广告经营者、广告发布者不能提供广告主的真实名称、地址和有效联系方式的，消费者可以要求广告经营者、广告发布者先行赔偿。

"关系消费者生命健康的商品或者服务的虚假广告，造成消费者损害的，其广告经营者、广告发布者、广告代言人应当与广告主承担连带责任。

"前款规定以外的商品或者服务的虚假广告，造成消费者损害的，其广告经营者、广告发布者、广告代言人，明知或者应知广告虚假仍设计、制作、代理、发布或者作推荐、证明的，应当与广告主承担连带责任。"

2.《中华人民共和国反不正当竞争法》（以下简称《反不正当竞争法》）有关虚假广告的法律规定

《反不正当竞争法》第八条规定："经营者不得对其商品的性能、功能、质量、销售状况、用户评价、曾获荣誉等作虚假或者引人误解的商业宣传，欺骗、误导消费者。"

《反不正当竞争法》的第二十四条规定:"经营者违反本法第十二条规定妨碍、破坏其他经营者合法提供的网络产品或者服务正常运行的,由监督检查部门责令停止违法行为,处十万元以上五十万元以下的罚款;情节严重的,处五十万元以上三百万元以下的罚款。"

3. 《消费者权益保护法》有关虚假广告的法律规定

《消费者权益保护法》第四十五条规定:"消费者因经营者利用虚假广告或者其他虚假宣传方式提供商品或者服务,其合法权益受到损害的,可以向经营者要求赔偿。广告经营者、发布者发布虚假广告的,消费者可以请求行政主管部门予以惩处。广告的经营者、发布者不能提供经营者的真实名称、地址和有效联系方式的,应当承担赔偿责任。"

4. 《互联网广告管理暂行办法》有关虚假广告的法规

《互联网广告管理暂行办法》共29条,主要从立法目的、互联网广告定性、行业自律、特殊类广告发布规则、广告可识别性、广告合同、互联网广告各个主体的法定责任、程序化购买、互联网广告活动中的禁止性条款等方面对互联网广告的性质、主体、行为、罚则等进行了科学全面的规定,是对新《广告法》的细化。对互联网广告内容的规定,如表7-2所示。

表7-2 《互联网广告管理暂行办法》对互联网广告内容的规定

基本要求	相关条款	释义
App广告应具有辨识度	第七条 互联网广告应当具有可识别性,显著标明"广告",使消费者能够辨明其为广告。付费搜索广告应当与自然搜索结果明显区分	本条是关于互联网广告的可识别性的规定
App广告内容应可以关闭	第八条 利用互联网发布、发送广告,不得影响用户正常使用网络。在互联网页面以弹出等形式发布的广告,应当显著标明关闭标志,确保一键关闭。不得以欺骗方式诱使用户点击广告内容。未经允许,不得在用户发送的电子邮件中附加广告或者广告链接	本条是关于在互联网广告活动中保障用户正常使用网络权的规定
App广告内容应确保真实性	第十条 互联网广告主应当对广告内容的真实性负责。广告主发布互联网广告需具备的主体身份、行政许可、引证内容等证明文件,应当真实、合法、有效。广告主可以通过自设网站或者拥有合法使用权的互联网媒介自行发布广告,也可以委托互联网广告经营者、广告发布者发布广告。互联网广告主委托互联网广告经营者、广告发布者发布广告,修改广告内容时,应当以书面形式或者其他可以被确认的方式通知为其提供服务的互联网广告经营者、广告发布者	本条是关于互联网广告主权利和义务的规定

 7.1.4 电子商务广告的法律规制

1. 规范广告行为的相关法律

《广告法》是广告领域的基本法。另外,《反不正当竞争法》《消费者权益保护法》《产品质量法》《食品安全法》对广告行为均有规范作用。在现有法律框架内,这几部法律同样适用于规范网络广告行为。

2. 规范广告行为的行政法规及部门规章

（1）早期广告监管的主要法规和规章

1987年10月26日，国务院发布《广告管理条例》，1996年12月30日国家工商行政管理总局发布《食品广告发布暂行规定》，1998年1月国家工商行政管理总局颁布《广告管理条例实施细则》，这几项法规对于广告行业监管方式的形成和发展起到指导作用，对规范广告市场行为、制止不正当竞争有重要的实际意义。

（2）中后期广告监管的主要法规和规章

随着《广告法》的修订和广告业的发展，原国家工商行政管理总局又发布并修订完善一系列配套的部门规章，包括2007年3月3日发布的《药品广告审查发布标准》，2016年9月1日起施行的《互联网广告管理暂行办法》，2016年11月1日发布的《广告发布登记管理规定》等，这些部门规章规定了相关类别产品或服务的广告发布形式、标准、内容、违规处罚等事项，弥补《广告法》原则性规定的不足，对规范广告市场秩序、切实保障消费者利益起到具体指引作用。

7.2 网络广告与不正当竞争

知识点思维导图

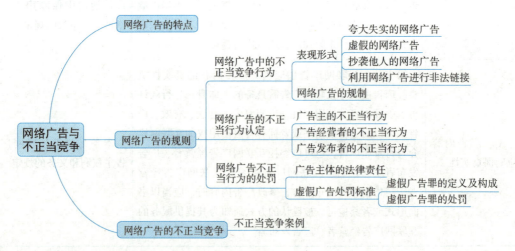

【工作任务】

堪称史上最严的新《广告法》处罚尺度震动了整个广告圈，对于使用极限用语的店铺，一经发现违规将给予扣分并进行罚款，处二十万元以上一百万元以下的罚款。哪些极限词是新《广告法》禁止的？新《广告法》对哪些类型的广告进行了严格规定？新《广告法》对虚假广告是怎样定义的？新《广告法》对明星代言、未成年人代言又进行了哪些规定？个人在朋友圈发广告受不受新《广告法》制约？

公司电子商务专员小王对上述问题不清楚，请你进行相关知识点的整理，帮助小王快速掌握此方面的知识。

【工作过程】

 7.2.1　网络广告的概念与特点

1. 网络广告的定义

所谓网络广告，是指以在因特网站点上发布的数字代码为载体的经营性广告。网络广告又称互联网广告，是指通过网站、网页、互联网应用程序等互联网媒介，以文字、图片、音频、视频或者其他形式，直接或者间接地推销商品或者服务的商业广告。

2. 网络广告的特点

与传统的媒体广告相比，网络广告有以下优点：覆盖面广、自主性强、统计准确性高、调整具有实时性、交互性和感官性强。网络广告以其低成本、高效率的特点获得商家的青睐，在给商家带来巨大经济效益的同时，也为广告行业增添了新的生机和活力，在潜移默化中改变了人们的生活方式与交易方式。网络广告产业链如图7-1所示。

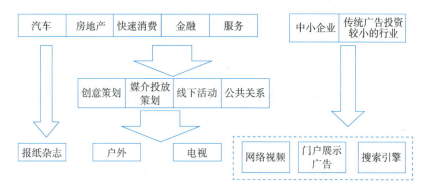

图7-1　网络广告产业链

 7.2.2　网络广告存在的问题

与传统广告媒体比较而言，网络广告正成为继广播、电视、报纸、杂志四大媒体以后的第五大媒体，而且随着网络技术的发展，网络广告逐渐成为广告业的主流。网络广告在提升传播速度、方便受众、增强交互性等方面发挥巨大优势的同时，也存在很多困扰网络广告健康发展的问题。

1. 广告的真实性令人质疑

通过使用违规词和禁用词，夸大广告商品功能。目前我国网络广告的法规还很不完善，网络广告的准入制度欠缺，针对网络广告的监管不到位，这些都导致网络广告失真、虚假现象的产生。

2. 垃圾广告泛滥成灾

目前，很多电子邮件广告被投诉为垃圾邮件。利用电子邮件发布广告进行促销是一种手段，但无目的的促销，却给邮件接收者造成了麻烦。

3. 网络广告的侵权行为较多

不少人，包括名人或普通人的肖像被网络广告侵权使用，还有不少个人的信息被网上非法广告利用。

4. 强迫性广告越来越多

弹窗广告是指打开网站后自动弹出，无论点击还是不点击都会出现在用户的面前的广告。有些网站，不点击弹窗广告就无法进入该网站主页。这些强迫性广告占用了网民的时间。

7.2.3 对网络广告中极限用语的处罚

随着电子商务的迅猛发展，网络广告作为一种新兴的媒体广告形式以强劲的势头席卷互联网领域。但是，网络广告在飞速发展的同时也产生了负外部性的效应，出现了诸如虚假广告、垃圾邮件广告、强制广告、隐性广告等不正当竞争行为及侵权行为，这些不当行为直接侵害了其他经营者的商业竞争权益和消费者权益，更破坏了网络广告市场秩序，引起社会各界的强烈反应。为规范互联网广告活动，保护消费者的合法权益，促进互联网广告业的健康发展，维护公平竞争的市场经济秩序，需要对网络广告进行相应的监管。

目前我国对极限用语的监管法律制度还不够完善，立法方面对网络广告的规制有《广告法》《反不正当竞争法》等法律规定及相关的行政法规、部门规章、地方法规，但是这些法律法规主要针对传统广告，在网络广告急速发展的当下显得力不从心，新近法律动态有所进展，网络广告已被新《广告法》纳入其调整框架内。

新《广告法》实施后，极限用语的处罚由原来的退一赔三变得更为严格。极限用语如国家级、世界级、最高级、最佳、最大、唯一、首个、首选、最好、精确、顶级、最高、最低、最、最具、最便宜、最新、最先进、最大程度、最新技术、最先进科学、国家级产品、填补国内空白、绝对、独家、首家、第一品牌、金牌、名牌、优秀、最先、全网销量第一、全球首发、全国首家、全网首发、世界领先、顶级工艺、最新科学、最先进加工工艺、最时尚、极品、顶尖、终极、最受欢迎、王牌、销量冠军、第一（NO.1 \ Top1）、极致、永久、掌门人、领袖品牌、独一无二、绝无仅有、前无古人、史无前例、万能等。

对于使用极限用语的店铺，一经发现违规将给予店铺扣分处理并进行罚款，处二十万元以上一百万元以下的罚款，情节严重将直接进行封店处理。而一旦遇到顾客投诉极限用语并维权成功，赔付金额将由商家全部承担。

《广告法》所禁止的绝对化用语并不限于上文所列举的用语，药品广告中的国家级新药、最先进制法、疗效最佳、99.9%有效、包治百病等，食品广告中的纯天然、100%安全等绝对化用语，均在禁止之列。

【动手探究】

2015年11月,杭州西湖区市场监督管理局接到群众举报,称杭州方林富炒货店存在违反广告法的行为。西湖区市场监督管理局经过调查认为,方林富炒货店在经营场所内外及包装袋上发布广告,并使用"最好""最优"等绝对化宣传用语,违反广告法的相关规定,遂作出责令停止发布使用绝对化用语的广告,并处罚款20万元的行政处罚决定。该处罚结果在当时曾引发舆论热议。

讨论主题:针对方林富炒货店的虚假广告宣传,市场监督管理部门的处罚依据是什么?

 7.2.4 网络广告的法律监管

1. 网络广告监管的主体

网络广告监管的政府主体包含国家立法机关、执法机关和司法机关,执法机关是指执法监督机构,网络广告的执法监督机构是国家市场监督管理总局广告监督管理司;非政府主体包括行业协会,主要有中国广告协会、对外经济贸易广告协会,还包括消费者协会及消费者个人。

2.《反不正当竞争法》对虚假广告的监管

《反不正当竞争法》第八条有关"虚假或者引人误解的商业宣传"的表述,与《广告法》第四条第一款有关"广告不得含有虚假或者引人误解的内容,欺骗、误导消费者"的表述,其内涵高度一致。《反不正当竞争法》第八条规定:"经营者不得对其商品的性能、功能、质量、销售状况、用户评价、曾获荣誉等作虚假或者引人误解的商业宣传,欺骗、误导消费者。经营者不得通过组织虚假交易等方式,帮助其他经营者进行虚假或者引人误解的商业宣传。"

《反不正当竞争法》第二十条规定:"经营者违反本法第八条规定对其商品作虚假或者引人误解的商业宣传,或者通过组织虚假交易等方式帮助其他经营者进行虚假或者引人误解的商业宣传的,由监督检查部门责令停止违法行为,处二十万元以上一百万元以下的罚款;情节严重的,处一百万元以上二百万元以下的罚款,可以吊销营业执照。经营者违反本法第八条规定,属于发布虚假广告的,依照《中华人民共和国广告法》的规定处罚。"

《反不正当竞争法》不仅将"销售状况、用户评价"列为虚假或者引人误解的商业宣传内容,而且明确禁止经营者"通过组织虚假交易等方式帮助其他经营者进行虚假或者引人误解的商业宣传"的行为,并对其设定与进行虚假或者引人误解的商业宣传相同的行政处罚责任。

3.《广告法》对虚假广告的监管

《广告法》第二十八条第二款列举的虚假广告情形,应当可以用来界定《反不正当竞争法》禁止的"虚假或者引人误解的商业宣传",具体应注意以下几方面。

①足以欺骗、误导消费者，并对交易决策有实质性影响，是界定之关键。当然，最高人民法院《关于审理不正当竞争民事案件应用法律若干问题的解释》（法释〔2007〕2号）第八条，仍可用以界定虚假或者引人误解的商业宣传。即，以明显的夸张方式宣传商品或者服务，不足以造成相关公众误解的，不属于引人误解的商业宣传。人民法院应当根据日常生活经验、相关公众一般注意力、发生误解的事实和被宣传对象的实际情况等因素，对引人误解的虚假宣传行为进行认定。

②宣传内容指商品或服务相关信息，包括商品或服务的性能、功能、产地、用途、质量、规格、成分、价格、有效期限、销售状况、用户评价、曾获荣誉、生产经营者或服务提供者的身份及商誉、相关允诺等，只要是可能对交易决策产生实质性影响的信息，都应包括在内。

③欺骗、误导的方式，包括宣传的商品或者服务不存在，宣传的信息与实际情况不符，使用虚构、伪造或者无法验证的科研成果、统计资料、调查结果、文摘、引用语等信息作证明材料，虚构使用商品或者接受服务的效果，以及其他欺骗、误导方式。

《广告法》第五十五条对虚假广告设定的"处广告费用三倍以上五倍以下的罚款，广告费用无法计算或者明显偏低的，处二十万元以上一百万元以下的罚款；两年内有三次以上违法行为或者有其他严重情节的，处广告费用五倍以上十倍以下的罚款，广告费用无法计算或者明显偏低的，处一百万元以上二百万元以下的罚款，可以吊销营业执照"之处罚，其实就是将二十万元作为虚假广告的法定最低罚款额。也可以说，广告费用能够计算但低于二十万元的，就应当认定为《广告法》所称的"广告费用明显偏低"。

以"魏则西事件"看付费搜索广告监管

魏则西，1994年出生于陕西咸阳，籍贯河南省扶沟县，西安电子科技大学2012级学生，以600多的高考成绩考入计算机系，其后因患滑膜肉瘤，通过网络搜索得知某医院的信息，被虚假广告蒙骗，在该医院先后进行4次治疗，于2016年4月12日病逝。魏则西病逝，引发网民对搜索竞价排名的持续讨伐。这一事件引起诸多媒体关注，并得到了有关监管部门的回应。

"魏则西事件"引发社会公众对互联网搜索服务的关注，该事件发生3个月后，国家工商总局公布了《互联网广告管理暂行办法》，加强对互联网广告的监管。为响应新规，严肃法纪，上海市工商局对国内知名的搜索平台开展了专题检查，发现一批涉嫌违法的付费搜索广告，并开展立案调查。

各大搜索引擎平台加强了付费搜索广告的监管，互联网广告须显著标明"广告"字样，付费搜索广告应当与自然搜索结果明显区分；对于医药领域的广告，法律法规规定，须经广告审查机关审查，未经审查不得发布等。

7.2.5 广告准则的作用

1. 什么是广告准则

广告准则又称广告标准,是指发布广告的一般原则与限制,是判断广告是否合法的依据,是广告法律、法规规定的广告内容与形式应符合的要求。

2. 广告准则的作用

对广告活动,广告准则有五个方面的作用。

(1) 规范广告活动行为

广告设计者、广告制作者策划、制作、设计的广告内容和形式应当符合广告准则的要求。广告主自行或者委托他人设计、制作广告应当具有或者提供真实、合法、有效的文件,以确认广告内容的真实性。广告经营者应当依据国家有关规定查验有关证明,核实广告内容是否符合广告标准。

(2) 审查广告内容和形式的依据

广告发布者在发布广告之前应当依照法律、法规的规定,审查证明广告内容真实性的文件,审查广告内容和形式是否符合广告准则,以决定是否发布某一广告。

对于一些涉及人体健康和人民财产、生产安全的特殊商品广告,应当进行事先审查,方能发布。广告审查机关必须在发布前依照广告准则以及法律、法规和其他有关规定,对广告内容进行审查,未经审查或者审查不符合有关规定的,不得发布。

(3) 判断违法广告的重要依据

广告监督管理机关对已发布的广告有事后监督的责任和权力,广告监督管理机关应当依据广告准则及其他规定,对已发布的广告进行监督,查处违法广告。

(4) 在有关广告的诉讼中,广告准则也是司法审判的重要依据。

 ### 7.2.6 广告准则的具体内容

根据广告准则作用的范围以及重要性的不同,广告准则可以分为一般的广告准则和专门的广告准则。一般的广告准则是一切广告必须遵守的最根本原则,它适用于所有广告,贯穿广告活动的始终。其主要表现为广告管理法律、法规对一切广告内容和形式的要求,以及对广告内容和形式进行限制的禁止性规定。

1. 要能促进两个文明的建设

广告内容必须符合社会主义精神文明的要求,确保广告的社会效益。

(1) 广告必须有利于人民的身心健康

广告一方面要给人艺术上美的享受,还要完成商品或服务的宣传作用。广告内容应对全社会的人民有利,符合社会主义精神文明建设的要求。

(2) 广告要能促进商品和服务质量的提高

商品和服务的质量,关系企业的兴衰、社会的整体利益、国家的经济发展水平和总体形象,是一个至关重要的问题。广告是与商品服务有关的活动,应该为之努力。

(3) 广告须保护消费者的合法权益

广告的目的是让更多的消费者来扩大消费,满足消费者日益增长的物质和文化需求。

广告传播应将消费者的合法权益摆在首位，不得妨碍社会安定和危害人身、财产安全，损害社会公共利益。

（4）广告要遵守社会公德，维护国家的尊严和利益。

2. 广告内容必须真实

广告内容应真实、客观地传播有关商品或服务的信息，不得欺骗受众，或对受众产生误导。

广告的真实性主要表现在以下几个方面。

①商品的质量、价格、生产者、产地及承诺必须具有真实性；

②对服务的形式、质量、内容、价格、承诺要真实；

③广告中表明推销商品、提供服务附带赠送礼品的，应当标明赠送的品种和数量；

④广告使用的数据、统计资料、调查结果、文摘、引用语应当真实、准确，并表明出处。

3. 广告要具有可识别性

广告应在形式上具有可识别性，能够使消费者辨明其为广告。大众传播媒体不得以新闻报道形式发布广告，通过大众传播媒介发布的广告应当有广告标记，与其他非广告信息相区别，不得使消费者产生误解。特别是利用电视、广播、杂志、报纸等大众传播媒体发布广告时，必须有专门的标记作为提示，以便广大消费者将广告与新闻区别开。

4. 广告不得含有贬低其他商品或服务的内容

广告中直接含有贬损其他企业产品和服务的内容；或是以诋毁的方法，给竞争产品或服务不公正的评价；进行不全面的比较，抬高自己，贬损他人；侵害竞争产品或服务的声誉，损害了竞争对手的合法权益等，均属于不正当竞争。

5. 不得损害未成年人和残疾人的身心健康

未成年人是指未满18周岁的公民。广告不得损害未成年人和残疾人的身心健康。主要包括以下方面的内容。

①在制作、发布广告时要尊重他们的权利，维护他们的尊严；

②广告语言、文字、画面不得含有歧视、侮辱未成年人和残疾人的内容；

③有关未成年人和残疾人的饮食、用具、器械等商品的广告，应当真实、明白、容易理解，真实反映产品质量，明白无误地说明产品的性能、用途、使用方法，不得损害残疾人的身体健康。

6. 广告应当禁止的情形

①禁止使用中华人民共和国国旗、国徽、国歌。

②禁止使用国家机关和国家机关工作人员的名义。

③禁止使用国家级、最高级、最佳等用语。

④禁止妨碍社会安定和危害人身、财产安全、损害社会公共利益。

⑤禁止妨碍社会公共秩序和违背社会良好风尚。

⑥禁止含有淫秽、迷信、恐怖、暴力、丑恶的内容。

⑦禁止含有民族、种族、宗教、性别歧视的内容。

⑧禁止妨碍环境和自然资源保护。

⑨不得贬低其他生产经营者的商品或者服务。

⑩法律、行政法规规定禁止的其他情形。

以案说法

案例1：温州艾洛兰服饰有限公司发布使用广告禁止用语违法广告案

当事人在其开设的天猫商城店铺（正浦艾洛兰专卖店）销售"彩色加厚塑料手提有盖食品储物收纳箱、衣物收纳盒、整理箱"的页面发布广告，含有"密度小，是最轻的通用塑料""PP是现在最安全的新型材质之一，不含双酚A，耐冲击、抗摔、耐温、安全、无毒、无异味"等违法内容。

温州市工商管理行政部门责令当事人停止发布违法广告，并处罚款1万元。

【法官说法】

本案违反《广告法》第九条第三项规定，广告不得使用"国家级""最高级""最佳"等用语，即对广告绝对化用语做出明确禁止性规定。

本案违反《广告法》第五十七条第一款第（一）项规定"发布有本法第九条、第十条规定的禁止情形的广告的"。

【法条解读】

商品或服务优劣均是相对的，具有地域和时间阶段的局限，在广告中使用"最高级""绝佳"等语言，违背了事物不断发展变化的客观规律，容易误导消费者；也会造成商家之间的不正当竞争。

案例2：温州市帛梵鞋业有限公司发布虚假广告案

当事人在天猫帛梵旗舰店的网页上发布含有"2013年'双11'售鞋3万多双，全年销售额破亿元，天猫男鞋类目20强；2014年'双11'售鞋5万多双，全年销售额破3亿元，销售额翻倍飙升；2015年'双11'销售再创新高，更获得鞋业盛典年度新势力品牌称号"等内容的虚假广告。

温州市工商管理行政部门根据《广告法》第五十五条规定，责令当事人停止发布违法广告，在相应范围内消除影响，处罚款1.15万元。

【法官说法】

本案违反《广告法》第二十八条第（二）项规定，商品的性能、功能、产地、用途、质量、规格、成分、价格、生产者、有效期限、销售状况、曾获荣誉等信息，或者服务的内容、提供者、形式、质量、价格、销售状况、曾获荣誉等信息，以及与商品或者服务有关的允诺等信息与实际情况不符，对购买行为有实质性影响的。

【法条解读】

《广告法》第二十八条是对虚假广告的认定。

杭州炒货店因违反广告法，一个"最"字被罚20万

职业素养养成

中国作为世界文明古国之一，有着悠久的历史和灿烂的文化，中华民族的祖先在漫长的历史长河中逐渐培育和形成的推崇诚信、讲求友爱的优良品德，历来受到人们的敬仰和青睐。现代经济是信用经济，企业要想在更为复杂多变的

市场环境下生存、发展和壮大，就必须在和谐社会背景下树立起一个核心价值观——诚信。因为诚信经营是企业的立业之道、兴业之本。合法合规经营，杜绝虚假广告宣传，利在千秋。

由于网络媒体的覆盖面广，影响力强，网络广告的真实与否，对维护消费者的合法权益，保障社会经济活动的有序进行至关重要。市场经济既是法制经济又是信用经济，市场经济的运行既离不开法制的约束，也少不了道德规范的维系，如果缺失了诚实守信等一系列道德规范的基础条件，企业机制就不能良好运行，市场经济就不能健康发展。广大电子商务经营者也是普法者，切实做到合法合规经营，杜绝虚假广告宣传，切实加强电商经营活动诚信建设，为社会形成"诚信为本，操守为重"的良好风尚而共同努力。

本章小结

电子商务广告法律制度；《广告法》的立法宗旨和主要内容；电子商务网络广告的特点和发展趋势；网络广告的特点和网络广告法律监管；网络广告竞争违法行为；对网络广告中极限用语的处罚；《反不正当竞争法》对虚假广告的相关处罚规定。

本章习题

一、判断题

1. 大众传播媒介不得以新闻报道形式变相发布广告。（　　）
2. 《广告法》所称广告主，是指接受委托提供广告设计、制作、代理服务的法人或者其他组织。（　　）

二、填空题

1. 最新版《广告法》是_____年修订的。
2. _____广告以虚假或者引人误解的内容欺骗、误导消费者。
3. 《广告法》所称_____，是指广告主以外的，在广告中以自己的名义或者形象对商品、服务作推荐、证明的自然人、法人或者其他组织。

三、单项选择题

1. （　　）应当对广告内容的真实性负责。
   A. 广告主　　　B. 广告发布者　　　C. 广告经营者　　　D. 广告代言人
2. 下列选项中，不是网络广告中有待解决的法律问题的是（　　）。
   A. 主体定位　　　　　　　　　　B. 虚假广告
   C. 垃圾广告与强迫广告　　　　　D. 隐私权保护
3. 互联网广告应当具有可识别性，显著标明（　　），使消费者能够辨明其为广告。
   A. 广告　　　B. 相关说明　　　C. 互联网广告　　　D. 产品商标
4. 违反广告法规定，发布虚假广告，欺骗和误导消费者，使购买商品或者接收服务的消费者的合法权益受到损害的，由（　　）依法承担民事责任。
   A. 广告发布者　　B. 广告经营者　　C. 广告主　　D. 广告店铺商
5. 1994年10月27日，我国颁布的《广告法》的核心内容是（　　）。
   A. 广告的真实性　　B. 广告的科学性　　C. 广告的合法性　　D. 广告的专业性

四、多项选择题

1. 广告活动主体包括（　　）。
   A. 广告主　　　B. 广告经营者　　　C. 广告发布者　　　D. 广告代言人

2. 互联网广告发布者、广告经营者应当按照国家有关规定_____、_____互联网广告业务的承接登记、审核、档案管理制度；审核查验并登记广告主的_____、_____和有效联系方式等主体身份信息，建立登记档案并定期核实更新（　　）。
   A. 登记、备案　　B. 建立、健全　　C. 名称、地址　　D. 设立、健全

3. 广告经营者的基本义务包括（　　）。
   A. 广告主、广告经营者、广告发布者之间在广告活动中应当依法订立书面合同，明确双方的权利和义务
   B. 广告经营者依据法律、行政法规查验有关证明文件，核实广告内容
   C. 广告经营者提供的媒介覆盖率、收视率、发行量等资料应当真实
   D. 广告经营者不得在广告活动中进行任何形式的不正当竞争
   E. 法律、行政法规规定禁止发布广告的商品或者服务，广告经营者不得为其设计、制作、发布广告

4. 我国《广告法》第八至第十四条规定了广告的一般准则，主要包括（　　）。
   A. 广告不得妨碍对环境和自然资源的保护
   B. 广告不得损害未成年人和残疾人的身心健康
   C. 广告内容应当清楚、明白
   D. 广告使用数据、统计资料、调查结果、文摘、引用语，应当真实、准确，并表明出处

五、简答题

1. 简述广告准则的概念与作用。
2. 简述网络广告存在的问题。

第8章 电子商务与知识产权法律制度

在经济全球化背景下,知识产权制度发展迅速,并且不断进行变革和创新。当前世界经济已经处于知识经济时代,技术创新已是社会进步与经济发展的最主要动力,电子商务领域创新的重要机制在于知识产权制度。党的二十大强调构建新发展格局,着力点在于创新驱动发展,其实就是要推进知识产权强国战略。知识产权越来越成为提升市场核心竞争力的手段,知识产权制度因此成为基础性制度和社会政策的重要组成部分。

本章的主要内容包括知识产权法律制度;电子商务中的知识产权保护。

知识点思维导图

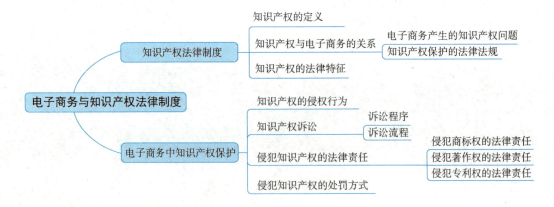

第8章 电子商务与知识产权法律制度

本章学习目标

知识目标
1. 了解知识产权的概念和特征。
2. 掌握知识产权法律制度。
3. 掌握专利权的概念与特点。
4. 掌握知识产权保护的内容。

技能目标
1. 掌握电子商务知识产权保护的方法。
2. 能树立正确的知识产权保护观。

思政目标
1. 在电子商务经营过程养成知识产权保护的意识和法律观念。
2. 提高知识产权风险防范意识。

8.1 知识产权法律制度

 知识点思维导图

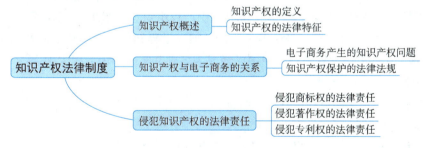

【工作任务】

《中国电子商务知识产权发展研究报告（2020）》显示，我国电子商务知识产权保护成效显著。但是在电子商务经营活动中，还是经常会遇到知识产权被侵犯的情况，如何维护正当权益？如何在经营活动中避免侵犯其他经营者的知识产权？

以上问题是小王在电子商务经营活动中关心的问题，请你通过学习《电子商务法》《民法典》等涉及版权（著作权）的相关内容，解答小王的疑惑。

【工作过程】

8.1.1 知识产权概述

1. 知识产权的定义

知识产权是指人类智力劳动产生的智力劳动成果所有权。它是依照各国法律赋予符合条件的著作者、发明者或成果拥有者在一定期限内享有的独占权利。知识产权是指国家依法赋予民事主体对其在科学技术和生产经营等领域创造的知识产品所享有的专有权。

2. 知识产权的主体和客体

知识产权包括版权（著作权）、商标权、专利权，知识产权的主体和客体，如表8-1所示。

表8-1 知识产权的主体和客体

类 型	主体	客体
专利权	指有权享有《中华人民共和国专利法》（以下简称《专利法》）保护，并且能够承担《专利法》所规定的相关义务的单位或个人	《专利法》规定并受到其保护的发明创造，具体指发明、实用新型专利、外观设计
商标权	商标权的主体，是指对商标依法享有权利并承担一定义务的法人、其他组织或自然人	指商标权主体之权利义务所共同指向的对象，即具体的商标
版权（著作权）	作者或者除作者之外的其他依照《著作权法》享有著作权的公民、法人或其他组织	作品，包括文学、艺术和科学领域内的作品

为了促进全世界对知识产权的保护，加强各国和各知识产权组织间的合作，"国际保护工业产权联盟"和"国际保护文学艺术作品联盟"的51个成员国于1967年7月14日在瑞典首都斯德哥尔摩共同缔约建立了世界知识产权组织。该组织于1974年12月成为联合国的专门机构之一。我国于1980年6月4日加入世界知识产权组织。2020年中国专利申请量以68 720件稳居世界第一，中国已经成为名副其实的知识产权大国。

3. 知识产权的法律特征

知识产权是一种无形财产，其法律特征如下。

（1）无形性

知识产权的客体是智力成果，而智力成果是不具有物质形态的，这是知识产权与其他民事权利的重大区别。

（2）专有性

专有性是指独占性或垄断性，即除权利人同意或法律规定外，权利人以外的任何人不得享有或使用该项权利。这表明权利人独占或垄断的专有权利受严格保护，不受他人侵犯。

（3）地域性

地域性是指在所确认和保护的地域内有效，即除签有国际公约或双边互惠协定外，经一国法律所保护的某项权利只在该国范围内发生法律效力。

(4) 时间性

时间性是指在规定期限保护,即法律对各项权利的保护,都规定有一定的有效期,超出知识产权的法定保护期后,该知识产权消灭,有关智力成果进入公有领域,人们可以自由使用。

各国法律对保护期限的长短可能一致,只有参加国际协定或进行国际申请时,才对某项权利有统一的保护期限。请上网查阅世界各国专利的有效保护期限,完成表8-2。

表8-2 世界各国专利的有效保护期

专利	中国	美国	日本	韩国	德国	法国	意大利	俄罗斯	巴西
发明									
实用新型									
外观设计									

8.1.2 知识产权与电子商务的关系

1. 电子商务产生的知识产权法律问题

基于网络环境的电子商务,在其经营活动过程中,不可避免地出现域名纠纷,以及网上侵犯著作权、网上侵犯专利权及侵犯商业秘密等行为,这些行为对知识产权带来极大的影响。

电子商务产生的知识产权法律问题主要有:网站的知识产权保护、数据库的知识产权法律保护、数字化及其著作权法律问题、技术措施和权利管理信息的法律保护、互联网上作品的使用及其著作权法律责任、网络服务提供者的法律责任、域名系统的法律问题、网络上的商标、反不正当竞争及专利法律问题等。

电子商务对知识产权的影响体现在以下几点。

(1) 增加了知识产权的客体

电子商务是以互联网环境为技术依托的,这种新技术的发展,必然改变传统的知识产权客体。例如,在著作权领域,已经出现了计算机软件、数据库等知识产权客体。

(2) 增加了知识产权的内容

随着信息技术的发展,知识产权的内容也必将越来越丰富。互联网技术的发展,使知识产权的内容也出现了新的变化,最突出的是在著作权方面,随着信息技术的发展,发表权增加了新的内容,同时出现了以前从未有过的信息网络传播权等权利。

信息网络传播权

根据《中华人民共和国著作权法》(以下简称《著作权法》)第十条规定,所谓信息网络传播权,即以有线或者无线方式向公众提供,使公众可以在其选定的时间和地点获得作品的权利。信息网络传播权中，时间和地点是影响作品著作权收益的主要条件。任何作品的权利转让协议都必须载明授权的时间范围和地域范围，这两个因素是授权合约价值的决定性因素，也必然成为行使权利是否合法的判定要件。

2. 知识产权保护的法律法规

（1）知识产权法律

自2008年《国家知识产权战略纲要的通知》颁布之后，我国陆续出台了《中华人民共和国商标法》（以下简称《商标法》）、《专利法》《中华人民共和国技术合同法》（以下简称《技术合同法》）、《著作权法》《反不正当竞争法》和《电子商务法》等法律文件。

（2）知识产权行政法规

知识产权行政法规其主要有《中华人民共和国著作权法实施条例》《计算机软件保护条例》《专利法实施细则》《中华人民共和国商标法实施条例》《中华人民共和国知识产权海关保护条例》《中华人民共和国植物新品种保护条例》《集成电路布图设计保护条例》等。

（3）电子商务相关的知识产权

在电子商务经营活动中，涉及的知识产权管理和保护的主要内容，如表8-3所示。

表8-3 电子商务知识产权

电子商务知识产权保护分类	知识产权保护和管理的规范
网上知识产权的确认	包括网上知识产权所有及所有人的认定，网上知识产权合法性、有效性的认定等
网上知识产权的使用	包括网上知识产权的合理使用，网上知识产权的有效使用等
网上知识产权的侵害及制裁	包括侵权的认定规则和认定方法，侵权的证明，侵权的制裁等

8.1.3 著作权保护

根据《著作权法》的规定，著作权主要包括以下权利：发表权，即决定作品是否公之于众的权利；署名权，即表明作者身份，在作品上署名的权利；修改权，即修改或者授权他人修改作品的权利；保护作品完整权，即保护作品不受歪曲、篡改的权利；复制权，即以印刷、复印、拓印、录音、录像、翻录、数字化等方式将作品制作一份或者多份的权利；发行权，即以出售或者赠与方式向公众提供作品的原件或者复制件的权利；等等。

> 【实践操练】
>
> 请查阅《著作权法》，完整地写出著作权的十七项权利，并搜索整理出对应权利保护的实例。

著作权与邻接权的区别，如表8-4所示。

表 8-4 邻接权与著作权的区别

区别点	著作权	邻接权
主体	著作权的主体是智力作品的创作者，包括自然人和法人	邻接权的主体是出版者、表演者、音像制作者、广播电视组织。除表演者以外，几乎都是法人
保护对象	著作权保护的对象是文学、艺术和科学作品人，体现了作者的创造性劳动	邻接权保护的对象是经过传播者加工后的作品，体现了传播者的创造性劳动
内容	著作权主要指作者对其作品享有发表、署名等人身权和复制、发行等财产权	邻接权的内容主要是出版者对其出版的书刊的权利，表演者对表演的权利，音像制作者对其音像制品的权利，广播电视组织对其广播、电视节目的权利等
受保护的前提	作品只要符合法定条件，一经产生就可获得著作权保护	邻接权的取得须以著作权人的授权及对作品的再利用为前提

著作权与邻接权两者的联系：邻接权是从著作权派生出来的权利，没有著作权就没有邻接权；没有邻接权，著作权的传播和发展就受到一定限制。著作权是邻接权产生的前提与基础，而邻接权的产生又完善和发展了著作权。著作权人可以将自己作品许可给他人通过创造性劳动产生邻接权。邻接权权利人行使邻接权时，需要取得著作权人的许可。

8.1.4 注册商标专用权的保护

1. 什么是注册商标专用权

注册商标专用权，又称注册商标权，是商标权的相对成熟形态。注册商标权意味着权利人不仅在事实上拥有某个商标，而且还在法律上得到了国家的确认和保护，具有自觉性、稳定性、专有性等特点。

2. 注册商标权的取得

（1）注册商标权的原始取得

商标注册申请可以直接向国家知识产权局商标局办理，也可以委托专业的商标代理机构办理。经查询、申请、受理、公告至颁发商标注册证一般需要 12~14 个月。我国《商标法》规定，一次注册的有效期为 10 年，权利人可以不间断续展使权利无限延长。

（2）通过转让取得

对于已经注册的商标，可以通过合同的方式转让所有权，但必须经申请、公告等程序且需要经过国家知识产权局商标局核准取得核准转让注册商标证明和商标注册证，方可取得商标专用权。

（3）商标权使用许可

这是商标所有权人答应他人使用自己注册商标的一种常用的方式，操作程序也相对简单，只需向商标局办理商标使用许可合同备案事宜即可。

3. 侵犯商标权的表现形式

商标权侵权方式有：①未经商标注册人的许可，在同一种商品或者类似商品上使用与其注册商标相同或者相近似的商标的；② 销售侵犯注册商标专用权的商品的；③ 伪造、擅自制造他人注册商标标识或者销售伪造、擅自制造的注册商标标识的；④ 未经商标注册人同意更换其注册商标并将该更换商标的商品又投入市场的。

坚决打击反向域名侵夺，保护商标权人的合法权益

在保护知识产权的司法实践中发现，反向域名侵夺是商标权的滥用的主要形态。

什么是反向域名侵夺呢？某些商标权人没有将自己的商标注册为域名，待到要将商标注册为域名时，才发现别人已先行注册了该域名；或商标权人已经使用其他名称注册域名，发现别人注册的域名更有价值，更适合自己，为夺取该域名而起诉在先的合法域名注册人，迫使其转让或放弃与其商标相同或近似的域名，达到自己使用该域名的目的。

在解决商标与域名的冲突时，要平衡商标权人和域名持有人的利益。目前，在处理商标与域名的纠纷时，都倾向于对商标权人的保护，因此注册域名时应当特别注意以下条款：(1) 域名注册人保证不侵权的陈述；(2) 域名注册人保证所提供信息真实的陈述；(3) 域名注册人提供信息不真实的违约责任；(4) 域名注册人同意域名注册组织公布其联系信息的条款；(5) 域名注册组织声明收集和公布域名注册人的联系信息仅出于注册管理目的，保证不将域名注册人的联系信息付诸商业性的使用；(6) 域名注册人同意受域名注册组织采用的纠纷处理程序的约束。

8.1.5 侵犯知识产权的法律责任

1. 侵犯商标权的法律责任

商标侵权的法律责任是侵权人应立即停止侵权行为，赔偿商标注册人的损失。商标侵权人应消除对当事人造成的影响，并恢复其名誉。造成社会危害的，还需要承担一定的刑事责任。

（1）行政责任

根据《商标法》第六十九条，从事商标注册、管理和复审工作的国家机关工作人员必须秉公执法，廉洁自律，忠于职守，文明服务。本法条是关于从事商标注册、管理和复审工作的国家机关工作人员的行为规范要求。如果违反该规定，应当追究其相应的行政责任。

（2）民事责任

根据《商标法》第五十一条，违反本法第六条规定的，由地方工商行政管理部门责令限期申请注册，违法经营额五万元以上的，可以处违法经营额百分之二十以下的罚款，没有违法经营额或者违法经营额不足五万元的，可以处一万元以下的罚款。本法条明确了新《商标法》的罚款处罚标准。

根据《商标法》第六十条第二款，工商行政管理部门处理时，认定侵权行为成立的，责令立即停止侵权行为，没收、销毁侵权商品和主要用于制造侵权商品、伪造注册商标标识的工具,违法经营额五万元以上的,可以处违法经营额五倍以下的罚款,没有违法经营额或者违法经营额不足五万元的,可以处二十五万元以下的罚款。对五年内实施两次以上商标侵权行为或者有其他严重情节的,应当从重处罚。

(3) 刑事责任

《中华人民共和国刑法》第二百一十三条规定:"未经注册商标所有人许可,在同一种商品、服务上使用与其注册商标相同的商标,情节严重的,处三年以下有期徒刑,并处或者单处罚金;情节特别严重的,处三年以上十年以下有期徒刑,并处罚金。"

2. 侵犯专利权的法律责任

(1) 民事责任

对于侵犯专利权人独占实施权的行为,行为人通常需要承担相应的民事责任。依照我国《民法典》和《专利法》,专利侵权的民事责任主要表现为停止侵权和赔偿损失。

(2) 侵犯专利权的行政责任

《专利法》第六十八条规定:"假冒专利的,除依法承担民事责任外,由负责专利执法的部门责令改正并予公告,没收违法所得,可以处违法所得五倍以下的罚款;没有违法所得或者违法所得在五万元以下的,可以处二十五万元以下的罚款;构成犯罪的,依法追究刑事责任。"

(3) 侵犯专利权的刑事责任

根据《中华人民共和国刑法》第二百一十六条的规定,假冒他人专利,情节严重的,处三年以下有期徒刑或者拘役,并处或者单处罚金。

3. 侵犯著作权的法律责任

(1) 行政责任

行政责任依照侵权情节轻重分为警告、责令停止制作和发行侵权复制品、没收非法所得、没收侵权复制品、罚款。

(2) 民事责任

停止侵害、应采取有效方式消除影响、向著作权人公开赔礼道歉、赔偿损失(财产损害的赔偿和精神损害的赔偿)。

(3) 刑事责任

①侵犯著作权罪。对于违法所得数额较大或者有其他严重情节的,处三年以下有期徒刑,并处或单处罚金;违法所得数额巨大或者有其他情节特别严重的,处三年以上十年以下有期徒刑,并处罚金。

②销售侵权复制品罪。《刑法》第二百一十八条规定:"以营利为目的,销售明知是本法第二百一十七条规定的侵权复制品,违法所得数额巨大或者有其他严重情节的,处五年以下有期徒刑,并处或者单处罚金。"

8.2 电子商务中的知识产权保护

知识点思维导图

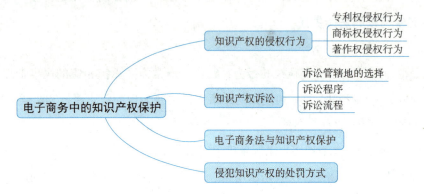

【工作任务】

近年来，随着电商平台的发展和权利人维权意识的提高，涉电商平台知识产权的案件增长较快，占全部案件的比重也逐年上升。2008年《国家知识产权战略纲要的通知》颁布之后，我国陆续出台了《商标法》《专利法》《技术合同法》《著作权法》和《反不正当竞争法》等法律法规文件。随着专利保护意识的增强，企业为应对专利侵权风险，迫切需要对"知识产权受到侵权后，进行诉讼的流程是什么""在企业经营活动中如何利用专利保护的法律法规来保护企业的合法权益不受到侵害"等问题进行详细了解。

请你查找相关资料，制作成电子文稿，为广大电子商务经营者答疑解惑。

【工作过程】

常见的知识产权侵权行为主要是侵害专利权、商标权、著作权等行为，具体规定详见《专利法》第十一条、《商标法》第五十七条、《著作权法》第四十七条、第五十二条和第五十三条。

8.2.1 专利侵权行为

1. 专利侵权行为的种类

（1）直接侵犯专利权的行为

以生产经营为目的，制造、使用、许诺销售、销售、进口发明、实用新型专利产品或利用专利方法获得的专利产品，以及制造、许诺销售、销售、进口外观设计专利产品。

（2）间接侵犯专利权的行为

所谓间接侵犯专利权，是指行为人本身的行为并不直接构成对专利权的侵害，但实施了诱导、怂恿、教唆、帮助他人侵害专利权的行为。间接侵犯人与直接侵权人构成共同侵权，承担连带责任。

2. 构成侵犯专利权行为的必要条件

①在专利权被授权后；②未经专利权人许可；③为生产经营的目的；④进行了制造、使用、许诺销售、销售或者进口行为；⑤上述行为涉及的是其专利产品、其专利方法或者依照其专利方法所直接获得的产品。

8.2.2 商标侵权行为

1. 商标侵权的种类

侵犯注册商标专用权行为又称商标侵权行为，是指一切损害他人注册商标权益的行为。判断一个行为是否构成侵犯注册商标专用权，主要看是否具备四个要件：一是损害事实的客观存在；二是行为的违法性；三是损害事实是违法行为造成的；四是行为的故意或过失。上述四个要件同时具备时，即构成商标侵权行为。

根据《商标法》第五十七条的规定，有七种侵权行为属于侵犯注册商标专用权，具体如表 8-5 所示。

表 8-5 七种商标侵权行为

商标侵权种类	具体实施的侵权行为
同种商品使用侵权	未经商标注册人的许可，在同一种商品上使用与其注册商标相同的商标的
类似商品使用侵权	未经商标注册人的许可，在同一种商品上使用与其注册商标近似的商标，或者在类似商品上使用与其注册商标相同或者近似的商标，容易导致混淆的
销售侵权	销售侵犯注册商标专用权的商品的
商标标识侵权	伪造、擅自制造他人注册商标标识或者销售伪造、擅自制造的注册商标标识的
反向假冒侵权	未经商标注册人同意，更换其注册商标并将该更换商标的商品又投入市场的
帮助侵权	故意为侵犯他人商标专用权行为提供便利条件，帮助他人实施侵犯商标专用权行为的
其他侵权	给他人的注册商标专用权造成其他损害的行为，主要是指除《商标法》第五十七条前六项之外其他损害他人注册商标专用权的行为

2. 商标侵权的认定

（1）在同一种商品上使用与注册相同的商标

未经注册商标所有人许可，在同一种商品上使用与其注册商标相同的商标。按照我国《刑法》相关规定，单位可以成为侵犯知识产权犯罪（包含假冒注册商标罪）的犯罪主体。因此，假冒注册商标可能是单位犯罪。

（2）在类似商品上使用与注册商标相同的商标

未经注册商标所有人的许可，在类似商品上使用与注册商标相同的商标，属于商标侵权行为。

那么，如何理解知识产权保护中"类似商品"的含义？

两种或两种以上商品由于使用原料、制作方法、商品用途、外观形状、销售场所等因素具有一定共同点，如果使用相同或近似的商标，就会难以辨清不同的生产者，导致消费者对商品来源产生混淆而误认误购，这些商品就是类似商品。例如，上海牙膏厂使用注册商标"白玉"用于牙膏上，生产牙粉的厂家也使用"白玉"商标，即属于商标侵权行为。判断商标是否近似，主要从读音、外观形状、含义等方面考虑。例如"三九"与"999"商标、"美佳"与"佳美"商标、"泰山"与"秦山"商标。

8.2.3 著作权侵权行为

1. 侵犯著作权认定标准

①行为具有违法性；
②著作权人具有实际的损失；
③实际损失与违法行为具有因果联系；
④被侵权作品受到我国著作权法的保护。

2. 著作权侵权的认定依据

《著作权法》第五十二条规定："有下列侵权行为的，应当根据情况，承担停止侵害、消除影响、赔礼道歉、赔偿损失等民事责任：（一）未经著作权人许可，发表其作品的；（二）未经合作作者许可，将与他人合作创作的作品当作自己单独创作的作品发表的；（三）没有参加创作，为谋取个人名利，在他人作品上署名的；（四）歪曲、篡改他人作品的；（五）剽窃他人作品的；（六）未经著作权人许可，以展览、摄制视听作品的方法使用作品的，或者以改编、翻译、注释等方式使用作品的，本法另有规定的除外；（七）使用他人作品，应当支付报酬而未支付的；（八）未经视听作品、计算机软件、录音录像制品的著作权人、表演者或者录音录像制作者许可，出租其作品或者录音录像制品的原件或者复制件的，本法另有规定的除外；（九）未经出版者许可，使用其出版的图书、期刊的版式设计的；（十）未经表演者许可，从现场直播或者公开传送其现场表演，或者录制其表演的；（十一）其他侵犯著作权以及与著作权有关的权利的行为。"

我国古代的著作权保护

版权直接关系着作者的利益，因此，要对版权加以保护。版权意识在我国古代早已有之，但受历史、社会、经济等因素影响，直至晚清，我国才正式对版权进行立法保护。

据史料记载，宋代已有保护出版权的记载。如北宋初年，政府就颁布过"刻书之式"。所谓"刻书之式"，就是将书籍印刷出版的法规以条文形式固定下来，也就是说，不按照这个条文形式出版的书籍，就是"假货""盗版"。有了明确的法规，那么保护也就找到了可以依赖的条文。南宋咸淳年间，两浙为保护《方舆胜览》等四部书的权益而专发榜文。在五代后唐长兴三年（932），朝廷令田敏在国子监主持校正《九经》，并"刻板印卖"，这是官府刻书之始，可谓是当时世界上第一个以出售为目的大规模印制图书的"出版社"。为保护《九经》蓝本，朝廷曾下令禁止一般人刻印这本书，从而保护国子监对

《九经》出版的专有权,这相当于后来欧洲出现的特许制度。

8.2.4 知识产权诉讼

1. 管辖地的选择

根据《中华人民共和国民事诉讼法》(以下简称《民事诉讼法》)的规定,因侵权行为提起的诉讼,由侵权行为地或者被告住所地人民法院管辖,知识产权侵权诉讼地可以选择被告住所地,也可以选择侵权行为地。其中侵权行为地包括侵权行为实施地和侵权结果发生地,这样的法律规定就为权利人在诉讼时选择管辖地提供了空间。

2. 知识产权诉讼程序

知识产权诉讼,情节轻微、数量数额较小的可以同时属于民事和行政案件;只有情节严重、侵权数量和数额比较大的,才属于刑事案件。知识产权诉讼属民事诉讼程序的,其诉讼程序如图8-1所示。

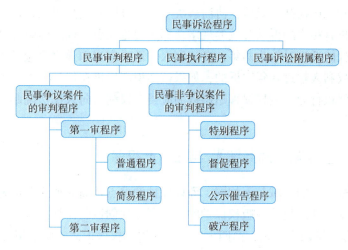

图8-1 民事诉讼程序

简易程序是指基层人民法院和它派出的法庭审理事实清楚、权利义务关系明确、争议不大的简单的民事案件所适用的一种独立的诉讼程序。简易程序有利于实现"两便"原则,有利于迅速及时地解决民事纠纷。依照《民事诉讼法》第一百五十七条的规定,简易程序只适用于基层人民法院及其所属基层人民法庭,也包括人民法院审理个别案件临时组成的审判法庭。中级以上的人民法院,不管是一审、二审、再审或者巡回法庭,均不得使用简易程序。

3. 知识产权诉讼流程

①当事人向法院提起诉讼,同时提交诉讼书,诉讼书的正文应写明请求事项和起诉事实及理由。

②根据知识产权侵权诉讼的相关规定,原告要向法院提交的资料包括主体资格的资料、证明诉讼主张的证据。

③当事人向法院提交书证,一式两份证据清单。证据经法院核对后,由承办人在清单上签字盖章,一份备案,一份交给当事人。

④当事人必须履行相关手续和交齐证据资料后，在7天之内，对符合立案条件的，办理立案手续；若不符合条件，不予受理。

⑤当事人在收到受理通知书的7天内预交案件受理费和其他相关诉讼费用。

⑥处理好立案手续后，法院就开始排期开庭，当事人应服从法院的各项工作安排，对于诉讼费用在结案后多退少补。

⑦若对一审的判决不服，可在15天内向上级法院提起上诉。

4. 知识产权应诉流程

根据《民事诉讼法》第四十九条第一款、第五十七条至六十二条规定，当事人可以委托代理人应诉，应诉流程如图8-2所示。

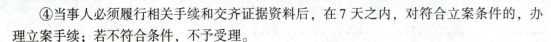

图8-2 应诉流程

在现实社会中，虽然我国对知识产权的保护力度日益增大，但侵犯情况依旧层出不穷。公民拥有的知识产权被侵犯后，协商解决不成，可以向法院提出诉讼。一般这类案件属于民事案件，也有相应的诉讼时效的规定。那么侵犯知识产权的诉讼时效是多长呢？

侵犯知识产权的诉讼时效为两年，自权利人知道或应当知道之日起计算。专利权、商标权或著作权的权利人超过两年起诉的，如果该知识产权仍在保护期内，人民法院应当判决责令被告停止侵权行为；侵权损害赔偿数额应当自权利人向人民法院起诉之日起向前推算两年计算。

8.2.5 《电子商务法》与知识产权保护

不同知识产权保护的领域各不相同，商标保护的重点是商品或服务的标志，而专利保护的重点是具有新颖性的技术，版权保护的重点则是独创性的作品。

《电子商务法》第四十一条、第四十二条对知识产权保护义务做了相关规定。

《电子商务法》第四十一条规定："电子商务平台经营者应当建立知识产权保护规则，与知识产权权利人加强合作，依法保护知识产权。"

《电子商务法》第四十二条规定："知识产权权利人认为其知识产权受到侵害的，有权通知电子商务平台经营者采取删除、屏蔽、断开链接、终止交易和服务等必要措施。通知应当包括构成侵权的初步证据。

"电子商务平台经营者接到通知后，应当及时采取必要措施，并将该通知转送平台内经营者；未及时采取必要措施的，对损害的扩大部分与平台内经营者承担连带责任。

"因通知错误造成平台内经营者损害的，依法承担民事责任。恶意发出错误通知，造成平台内经营者损失的，加倍承担赔偿责任。"

《电子商务法》第四十三条规定："平台内经营者接到转送的通知后，可以向电子商务平台经营者提交不存在侵权行为的声明。声明应当包括不存在侵权行为的初步证据。

"电子商务平台经营者接到声明后，应当将该声明转送发出通知的知识产权权利人，并告知其可以向有关主管部门投诉或者向人民法院起诉。电子商务平台经营者在转送声明到达知识产权权利人后十五日内，未收到权利人已经投诉或者起诉通知的，应当及时终止所采取的措施。"

《电子商务法》第四十四条规定："电子商务平台经营者应当及时公示收到的本法第四十二条、第四十三条规定的通知、声明及处理结果。"

《电子商务法》第四十五条规定："电子商务平台经营者知道或者应当知道平台内经营者侵犯知识产权的，应当采取删除、屏蔽、断开链接、终止交易和服务等必要措施；未采取必要措施的，与侵权人承担连带责任。"

【条文解读】

《电子商务法》规定的电子商务平台知识产权保护制度，由平台经营者知识产权保护规则、治理措施与法律责任组成。首先，这里所指的知识产权保护制度并非法律意义上的保护制度，而是平台自己的特点和能力相适应的保护制度。其次，与知识产权权力人加强合作，包括两个层面，与平台内的权力人合作，与平台外的权力人合作，通过合作来解决存在的问题。

 8.2.6 侵犯知识产权的处罚方式

①责令停止侵权行为，消除影响。
②依法封存有可能转移、隐匿、销毁的有关财物、资料。
③消除现存物品上侵权的商标标识、特殊标志、专利标记、作品和其他创作成果。
④收缴并销毁侵权商标标识、专利标记、特殊标志。
⑤收缴直接用于侵权的模具、印版和其他工具。
⑥侵权商标、专利、作品和其他创作成果与物品难以分离的，责令并监督销毁。

以案说法

虎牙公司诉域名侵权及不正当竞争纠纷案

【基本案情】

案由：原告广州虎牙信息科技有限公司域名"huya.com"于2004年10月13日注册，并拥有"huya""虎牙直播"等注册商标及"虎牙"的企业字号，经过虎牙公司持续不断的使用和宣传，"huya""虎牙"在直播行业中拥有广泛的知名度。2015年8月虎牙公司发现域名"huya.com.cn"跳转到了竞争对手龙珠直播平台的域名"longzhu.com"，遂致函域名持有人刘某某，被告随后停止了域名异向跳转。

2018年10月，虎牙公司再次发现域名"huya.com.cn"跳转到了另一竞争对手斗鱼直播平台的域名"douyu.com"，再次向域名持有人刘某某发送律师函，要求其停止该行为。虎牙公司同时向域名解析服务商易某某公司发出要求协助处理的律师函。

在多次交涉无果的情况下，虎牙公司于2019年初向广州互联网法院提起了诉讼。虎牙公司认为域名持有人刘某某及域名服务商易某某公司存在侵权及不正当竞争行为，要求转移被诉域名"huya.com.cn"，并赔偿原告损失及维权费用。

【判决结果】

刘某某在明知斗鱼直播平台与虎牙公司经营范围一致且存在竞争的情况下，无正当理由仍将被诉域名"huya.com.cn"跳转至"www.douyu.com",足以造成相关公众的误认,具有使用被诉域名的恶意,符合《最高人民法院关于审理涉及计算机网络域名民事纠纷案件适用法律若干问题的解释》第四条的规定,构成对虎牙公司的侵权。

2020年12月,广州互联网法院判定被诉域名"huya.com.cn"转移给虎牙公司注册使用;两被告连带赔偿虎牙公司合理费用。

【法官说法】

我国法律对域名的保护主要是对其商业标识性进行保护。本案适用依据《商标法》第五十七条(注册商标专用权的保护)、《反不正当竞争法》第六条(对域名的保护规则)、《最高人民法院关于审理涉及计算机网络域名民事纠纷案件适用法律若干问题的解释》第四条、第五条、第七条之规定。

此案是国内首例新型域名侵权案件,该案中法院明确域名侵权不当行为判断标准,即尽管域名在注册时,没有侵犯任何在先权利,但在后续的使用中,若存在故意与其他主体的商业标识恶意混淆,比如恶意解析跳转到竞争对手网站,造成消费者混淆,损害其他与域名相似知名商业标识的合法权益,则仍可以被认定侵权。

案例2:不以使用为目的的恶意商标注册申请案

【基本案情】

2020年8月31日,江苏省常熟市市场监管局执法人员对江苏百年商标代理有限公司开展执法检查,发现该公司自2017年起为常熟市3家服装设计公司代理申请注册商标达880件。经查,上述3家公司自成立起均未开展实际经营活动,且3家公司法定代表人与江苏百年商标代理公司法定代表人刘某为同一人。刘某对大量他人过期没有续展的商标或他人已注册使用的商标进行抄袭、模仿,并在相同或者类似商品中抢注。2019年11月以来,被驳回不予注册达91件。当事人代理大量不以使用为目的的恶意商标注册申请的行为,违反了《商标法》第十九条第三款的规定。

常熟市市场监管局根据《商标法》第六十八条第一款规定,对当事人处以6万元罚款,并对直接负责的主管人员刘某处以3万元罚款。

【法官说法】

2019年修订的《商标法》第四条规定:"自然人、法人或者其他组织在生产经营活动中,对其商品或者服务需要取得商标专用权的,应当向商标局申请商标注册。不以使用为目的的恶意商标注册申请,应当予以驳回。"该条款中"不以使用为目的的恶意商标注册申请,应当予以驳回"为新增加内容。

商标的非正常申请成因在于抢占他人或公共资源以获得经济利益的市场诱因,《商标法》第四条的规定对商标代理违规行为起到了一定的震慑和警示作用。此案入选2020年知识产权执法行动典型案例,展示出我国在打击商标侵权假冒行为、维护消费者合法权益与公平竞争的市场秩序方面的努力。

职业素养养成

做好知识产权保护，夯实电商发展之基

区块链存证，助力北京互联网法院审理第一案推

互联网的海量信息，电商平台上的海量商品，为一些假冒伪劣产品混迹其中提供了空间。但与此同时，借助互联网大数据、人工智能和区块链等新技术，可以比线下实体更加精准地识别正品和假货，快速准确打假侵权商家。比如，有的电商平台应用"千里眼"技术，实现全网、全平台、全时段扫描疑似盗版侵权链接，从电子存证、首发商品、首发备案等方面为原创设计商品保驾护航；还有电商平台使用区块链防伪追溯技术，实现商品追溯数据化。这些技术的运用，有效压缩了假冒伪劣产品的生存空间。

党的二十大报告指出，要加强知识产权法治保障，加快实现高水平科技自立自强。电商打假，需要形成"技术赋能＋多元共治"的治理模式。《中国电商知识产权保护创新实践研究报告》显示，中国电商借助互联网大数据、区块链等新技术条件，可以有效节约知识产权保护的成本，降低侵权风险，有力推动知识产权保护意识的全民普及。

知识产权保护的务实作为，成为电商领域的核心竞争力。近年来，中国电商从线上线下两个方向同时开启打假路径，维护知识产权权利人和广大消费者的合法权益，有效震慑了侵权犯罪分子，解决了很多已经存在多年的侵权顽疾，扭转了一些国际品牌对中国电商的负面印象。同时，随着跨境电商的发展，中国电商不断密切与国际组织和权利人的合作，有效打击跨境制售假行为，受到国际社会好评。

本章小结

知识产权法律制度；著作权的概念与特征；著作权保护的主要内容；专利权的概念及其特征（独占性、时间性、地域性、垄断性、公开性）；专利权归属的问题；专利侵权行为的种类（直接侵权和间接侵权）；商标权的概念与特征；商标权保护的主要内容；商标侵权行为的种类。

本章习题

习题答案

一、判断题

1. 知识产权是法人通过智力劳动所创造的智力成果而依法确认享有的权利。（   ）

2. 在我国注册域名，不得使用行业名称或者商品的通用域名。（   ）

3. 我国《商标法》规定，注册商标的有效期为10年，从提出申请之日起计算。（   ）

4. 在我国，发明专利的保护期限为25年，实用新型和外观设计的保护期限为10年，均自申请之日起算。（   ）

二、填空题

1. 我国加入世界知识产权组织的时间是_____年。
2. 知识产权的法律特征是：无形性、_____性、地域性、时间性。

三、单选题

1. 为了保护著作权人、表演者、录音录像制作者的信息网络传播权，2006 年 5 月，国务院颁布了（　　）。

   A. 《信息网络传播权保护条例》　　B. 《互联网著作权行政保护办法》
   C. 《网上信息网络传播权保护办法》　　D. 《与贸易有关的知识产权协议》

2. 版权保护技术措施是指（　　）。

   A. 版权人为了防止未经授权使用作品而发明的技术，以保护和管理自己的版权，防止他人的侵权行为
   B. 版权人主动采取措施，保护和管理自己的版权，防止他人的侵权行为
   C. 版权人发表声明，禁止他人使用作品，以保护和管理自己的版权，防止他人的侵权行为
   D. 版权人为了防止未经授权不法访问和使用作品以技术手段主动采取措施，保护和管理自己的版权，防止他人的侵权行为

3. 商标权人对他人域名的抢夺行为属于（　　）。

   A. 域名抢注行为　　　　　　　　B. 域名混淆行为
   C. 同一商标的域名争议　　　　　D. 反向域名侵夺

4. 甲企业有一申请注册的域名，经过多年使用已经具备广泛的知名度，乙企业未经许可擅自将甲企业的域名申请注册为自己企业商品的商标。在我国目前的司法实践中，对乙企业的这种行为定性为（　　）。

   A. 侵犯了甲企业的域名权　　　　B. 侵犯了甲企业的商标权
   C. 侵犯了甲企业的商号权　　　　D. 是不正当竞争

四、多项选择题

1. 域名的法律特征包括（　　）。

   A. 优选性　　　B. 标识性　　　C. 唯一性　　　D. 排他性

2. 专利权的客体有（　　）。

   A. 发明　　　　B. 实用新型　　C. 科学发现　　D. 外观设计

五、简答题

1. 简述注册域名时应当特别注意的条款。
2. 简述著作权与邻接权的区别。
3. 简述专利权保护方式。

第 9 章　电子商务消费者权益保护法律制度

电子商务拓宽了消费市场，增加了消费信息量和市场透明度，同时电子商务也引发了不少的问题，消费者在网络交易中处于弱势地位，消费者权益保护问题成为制约电子商务发展的一大难题。党的二十大报告指出，要增强消费对经济发展的基础性作用。始终秉承"以人民为中心"的工作思想，将学习宣传贯彻党的二十大精神落到消费维权工作的具体实践中来，维护好最广大人民根本利益。努力解决消费者权益保护问题，为消费者建立健康的网上购物环境，成为当前我国电子商务发展过程中最为紧迫的任务。《消费者权益保护法》是维护消费者利益、保护消费者合法权益和维护公平交易市场秩序的基本法律。

本章内容包括消费者权益保护法律制度、电子商务中消费者权益保护。

知识点思维导图

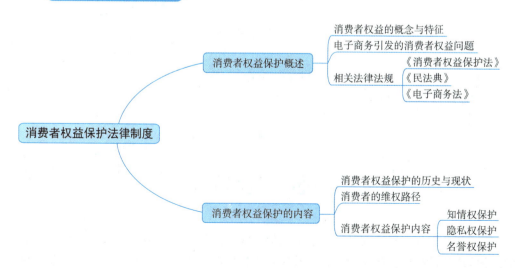

本章学习目标

知识目标

1. 了解消费者权益的概念和特征。
2. 了解消费者权益的相关法律法规。
3. 掌握消费者权益保护的内容。

技能目标

1. 掌握消费者维权的途径和方法。
2. 掌握消费纠纷的争议解决方法。

思政目标

1. 培养消费者捍卫自身合法权益的意识、习惯和能力。
2. 能够利用法律武器，保障和维护消费者合法权益。

9.1 消费者权益保护法律制度

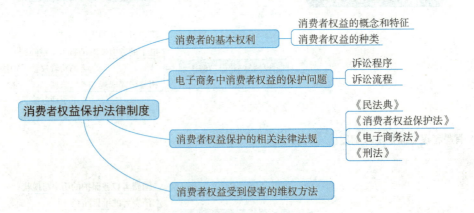

【工作任务】

电子商务时代消费者隐私保护愈发重要，消费者经常会有这样的经历：时常会收到商家的短信或电话推销，商家能准确地掌握自己的姓名、性别、年龄、职业、家庭、健康等相关信息。担任电子商务公司法务工作的小王，最近在筹备一个针对公司新入职员工的

"消费者隐私保护"的培训,他准备一些关于维护消费者合法权益的案例及分析材料。

从某些品牌经销商未征得同意使用人脸识别系统,到手机 App 自动获取用户信息上传,再到部分招聘网站能无限下载用户简历。这些损害消费者权益的事件给我们敲响了警钟:消费者隐私权保护迫在眉睫!

请你从消费者权益保护的角度整理相关资料,帮助小王完成新员工入职培训。

【工作过程】

9.1.1 消费者的基本权利

1. 消费者权益的概念

(1) 消费者权益的概念

消费者权益是指消费者在有偿获得商品或接受服务时,以及在以后的一定时期内依法享有的权益。消费者权益,是一定社会经济关系下适应经济运行的客观需要赋予最终使用者的权利。

1962 年 3 月 15 日,美国前总统约翰·肯尼迪在美国国会发表了《关于保护消费者利益的总统特别咨文》,首次提出了著名的消费者的"四项权利",即有权获得安全保障,有权获得正确资料,有权自由决定选择,有权提出消费意见。这四项权利逐渐为世界各国消费者组织所公认,并作为最基本的工作目标。从 1983 年开始,在每年的 3 月 15 日,全球各地的消费者组织都举行大规模的活动,宣传消费者权益。

2. 消费者权益的种类

(1) 安全保障权

安全保障权具体包括消费者生命安全权、健康安全权、财产安全权等,消费者在购买、使用商品和接受服务时享有人身、财产安全不受损害的权利,简称安全权。

安全权是消费者最重要的权利,也是宪法赋予公民的人身权、财产权在消费领域的具体体现。消费者有权要求经营者提供的商品和服务符合保障人身、财产安全的要求。有国家标准、行业标准的,消费者有权要求商品和服务符合国家标准或行业标准,如食品、药品、家用电器等;对商品和服务项目,消费者有权要求经营者保证其在购买、使用该商品或接受服务时,没有危害人身、财产安全的因素存在。

(2) 知悉真情权

知悉真情权,简称知情权,是指消费者享有知悉其购买、使用的商品或接受的服务的真实情况的权利。该项权利表明,消费者在购买、使用商品或接受服务时,有权询问、了解商品或服务的有关真实情况;提供商品或者服务的经营者有义务真实地向消费者说明有关情况。

知情权是消费者的一项最基本权利,也是消费者得以做出购买决策的信息依据。内容包括:①关于商品或者服务的基本情况,包括商品名称、商标、产地、生产者名称、生产日期等;②有关技术状况的表示,包括商品用途、性能、规格、等级、所含成分、有效期限、使用说明书、检验合格证书等;③有关销售状况,包括售后服务、价格等。

(3) 自主选择权

自主选择权是指消费者可以根据自己的消费需求,自主选择自己满意的商品或服务,决定是否购买或接受的权利。

自主选择权主要包括以下几个方面的内容：①有权自主选择提供商品或者服务的经营者；②有权自主选择商品品种或者服务方式；③有权自主决定购买或者不购买任何一种商品、接受或者不接受任何一项服务；④在自主选择商品或服务时，有权进行比较、鉴别和挑选。

（4）公平交易权

消费者享有公平交易的权利，简称公平交易权。市场交易的基本原则是平等自愿原则、等价有偿原则、公平原则和诚实信用原则，因此，消费者和经营者都享有公平交易的权利。

根据《消费者权益保护法》的规定，这项权利主要体现在以下两个方面：①有权获得质量保障、价格合理、计量正确等公平交易条件；②有权拒绝强制交易行为。

（5）求偿权

消费者因购买、使用商品或者接受服务受到人身、财产损害的，享有依法获得赔偿的权利，简称求偿权。消费者在权益受到损害时有权要求赔偿。

在民事纠纷的解决中，消费者求偿权的行使，私力救济与公力救济同为纠纷的解决手段，各自以其不同的运作方式实现着化解矛盾冲突、维护社会稳定的功能。私力救济与公力救济的比较，如表9－1所示。

表9－1　私力救济与公力救济的比较

救济方式	申诉途径	适用条件
私力救济（又称自我保护）	消费者在法律规定的期限内发现其合法权益受到损害时，可以直接告知经营者	当事人认定权利遭受侵害，在没有第三者以中立名义介入纠纷解决的情形下，不通过国家机关和法定程序，而是依靠自身或私人力量，实现权利，解决纠纷，包括强制和交涉。《民法典》第一百二十条规定，民事权益受到侵害的，被侵权人有权请求侵权人承担侵权责任
公力救济（又称国家保护）	可以通过向国家相关行政机关申诉，也可以向人民法院提起诉讼	如通过私利救济不能得到妥善处理，权利人可寻求公力救济

（6）结社权

消费者享有依法成立维护自身合法权益的社会团体的权利，简称结社权。赋予消费者以结社权，使消费者通过有组织的活动维护自身合法权益，是非常必要的，也是国家鼓励全社会共同保护消费者合法权益的体现。

结社自由是指公民依法享有的为了达到某一共同目的，结成固定的社会团体组织，进行某种社会活动的自由。中国消费者协会等消费者权益保护组织，即为这种权利的体现。

（7）知识获取权

知识获取权，是指消费者享有获得有关消费和消费者权益保护方面的知识的权利。这一权利包括两方面的内容：①获得有关消费方面的知识，比如有关商品和服务的基本知识，有关市场的基本知识；②获得有关消费者权益保护方面的知识，比如消费者权益保护的法律、法规和政策等方面的知识。

(8) 人格尊严、民族风俗习惯受尊重权

人格尊严是消费者的人身权的重要组成部分,包括姓名权、名誉权、荣誉权、肖像权等。

尊重民族风俗,是党和国家民族政策的重要内容。我国是个多民族的国家,各民族都有不同的风俗习惯,与消费密切相关,因此尊重少数民族的风俗习惯,对于保护少数民族消费者的合法权益,贯彻党和国家民族政策,都有极其重要的意义。

(9) 消费者监督权

消费者监督权,是指消费者享有对商品和服务以及保护消费者权益工作进行监督的权利,简称监督权。这一权利可具体表现为,消费者有权检举、控告侵害消费者权益的行为和国家机关及其工作人员在保护消费者权益工作中的违法失职行为,有权对保护消费者权益工作提出批评和建议。

(10) 后悔权

后悔权通常是指消费者在购买商品后的一定时间内,可不需要说明任何理由,把商品无条件地退回给经营者,并不承担任何费用。

为了保护消费者权益,新《消费者权益保护法》在经营者义务一章新增了冷静期制度。考虑到网络购物等市场发展程度和对经营者的影响,防止有的消费者滥用这种权利,新《消费者权益保护法》同时明确了不宜退货的情形、退货的商品应当完好以及退货费用的承担,从而增强了法律适用的确定性和可操作性。

阿里巴巴集团、京东商城等一些国内主流电商平台的七日无理由退货,就是消费者行使后悔权的体现,如图 9-1 所示。

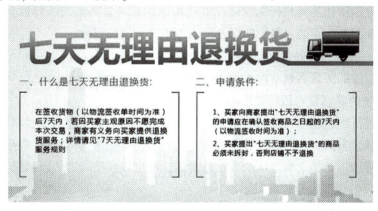

图 9-1 电商平台实施七天无理由退货

9.1.2 电子商务中的消费者权益保护问题

1. 消费者隐私权受侵害的现状

在电子商务活动中,消费者在网络上的访问记录、消费习惯、阅读习惯及信用记录,常在毫无知觉的情况下被网站经营者记录下来,并且以各种方式被商家大量利用。2008 年至 2021 年,央视"3·15 晚会"共曝光案例 113 起,涉及金融、电器、食品、互联网、医疗保健、出行、日用消费品、建筑家装等十几个领域,其中产品质量和消费侵权问题曝光最多,占比近 50%。

2. 一般侵权的构成要件

（1）四个构成要件

适用过错推定责任的侵权行为的四个构成要件，如表9-2所示。

表9-2 过错推定责任的侵权行为的构成要件

要件	定义	司法解释
违法行为	行为人从事了民事违法行为	一是行为人自己实施行为，二是自己监护、隶属、管理下的人所实施的行为，三是自己的物件管理不当行为
损害事实	造成了他人财产或人身损害的事实	一是人身损害事实，二是财产损害事实，三是精神损害事实
因果关系	违法行为与损害后果之间具有因果关系	受害人在因果关系的要件上不必举证证明，而是由法官实行推定。受害人只要证明自己在加害人实施这种行为期间受到损害
主观过错	行为人在实施行为的时候的主观上的过错，而不是客观表现的过错	故意过错和过失过错

（2）三个构成要件

如果是无过错责任的侵权行为，侵权责任构成则只须具备前三个要件，即违法行为、损害事实和因果关系，不必具备第四个要件，即主观过错的要件。

3. 电子商务引发的消费者权益保护问题

电子商务引发的消费者权益保护的主要问题，主要有如下四点。

（1）消费者的隐私权难以得到保障

当消费者进行网络购物活动时，绝大多数网站要求顾客提供他们的姓名、性别、身份证号、住址、联系方式、教育程度等个人资料进行注册后才能获得成员资格、进行交易。一些商家由于管理不善将消费者的个人信息泄露，严重损害消费者的隐私权。

（2）消费者的损害赔偿权难以实现

消费者的损害赔偿权，又称求偿权。当消费者发现自己权益遭受侵害后，因无法得知经营者的真实身份或者经营者处于其他地区而不便寻求救济，而且过高的诉讼成本、举证的困难性、网络交易纠纷的管辖权与法律适用的不确定也导致消费者容易放弃求偿权。

（3）格式合同给消费者权益带来的侵害

利用格式合同条款侵害消费者合法权益的案例很多，如表9-3所示。

表9-3 利用格式合同条款侵害消费者合法权益

利用格式条款的侵害方式	举例
使用不平等格式合同条款免除自身责任	一些公司在和消费者签订相关合同时，通过格式条款规定消费者义务并设定较高的违约金数额，加重消费者责任

续表

利用格式条款的侵害方式	举　　例
限制或排除消费者的合法权利	《合同违法行为监督处理办法》明确规定，经营者不得在格式条款中排除消费者依法变更或者解除合同、请求损害赔偿等权利，但部分经营者却在服务协议中对此加以限制，排除消费者合法权利
限制消费者寻求法律救济的途径	有条款规定，消费者采取诉讼方式解决争议必须在经营者住所地人民法院，这就限制了消费者有争议时寻求法律救助的途径

（4）消费者的知情权得不到满足

消费者知情权是指消费者享有的知悉其购买、使用的商品或者接受的服务的真实、充分、准确、适当信息的权利。

该定义中的"知悉"，包含了两层含义：一是消费者在不明了商品情况时有权主动询问，了解其所购买、使用商品的真实情况；二是向消费者提供的商品或者服务应当真实地记载或说明该商品或服务的情况，可以不经消费者询问而一目了然。

该定义中的"真实"，也同样包含了两层含义：一是全面、正确的有关某商品或者服务的情况，既不避实就虚，也不编造谎言；二是诚实可信，不带有任何欺诈的情节。

4. 消费者隐私权受到侵害的具体情况

消费者网络隐私的滥用，往往使消费者蒙受巨大的损失。消费者隐私权受到侵害的具体情况体现在以下三方面。

（1）商家任意收集消费者个人数据

当个人在网上浏览、咨询或购物时，被要求填写一系列表格以确定身份，如姓名、生日、身份证号、银行账户、家庭地址、电话号码、工作单位、电子邮箱地址等内容。

（2）商家任意利用消费者个人数据

个别无良商家利用大数据和人工智能服务，通过数据分析软件来追踪用户网上购物和阅读等行为，达到向消费者有针对性地发送广告的目的。

（3）商家非法交易消费者个人数据

少数别有用心的商家，以营利为目的，擅自非法转让消费者个人数据。电商经营者在未征得消费者同意的情况下，为谋取利益将收集到的消费者信息倒卖给需求者。

【动手探究】

电子商务中消费者隐私权受侵害有哪些主要表现形式？请围绕某一人群进行电子商务消费者隐私权受到侵害的调查，并撰写调研报告。

9.1.3　消费者权益保护的相关法律法规

1.《民法典》与消费者权益保护

《民法典》与《消费者权益保护法》是一般法与特别法的关系。消费者权益保护，既可适用《民法典》对民事主体权益保护的一般性规定，也可依据总则编第一百二十八条的规定，适用《消费者权益保护法》等其他相关法律的具体规定。

《民法典·侵权责任编》的法律条款从第 1 164 条到第 1 258 条。《民法典·侵权责任编》的内容框架，如图 9-2 所示。

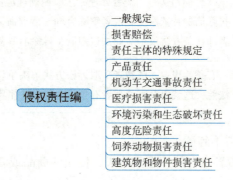

图 9-2 《民法典·侵权责任编》的内容框架

在涉及电子商务平台经营者的网络侵权责任上，《民法典》在原《中华人民共和国侵权责任法》第三十六条的基础上结合《最高人民法院关于审理利用信息网络侵害人身权益民事纠纷案件适用法律若干问题的规定》（简称《网络侵权规定》）及《电子商务法》，对涉及电子商务平台经营者相关的网络侵权责任进行了明确和调整。

2.《消费者权益保护法》与消费者权益保护

（1）《消费者权益保护法》的内容框架

《消费者权益保护法》分总则、消费者的权利、经营者的义务、国家对消费者合法权益的保护、消费者组织、争议的解决、法律责任、附则，共计八章六十三条。

（2）《消费者权益保护法》的立法进程

2014 年 3 月 15 日，由全国人大修订的新版《消费者权益保护法》正式实施，《消费者权益保护法》的立法进程，如图 9-3 所示。

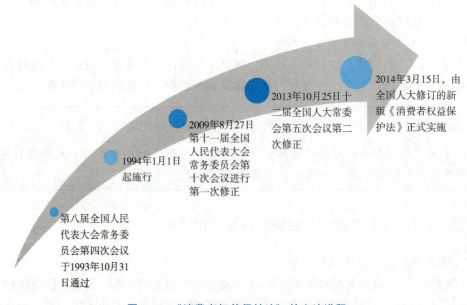

图 9-3 《消费者权益保护法》的立法进程

(3)《消费者权益保护法》内容介绍

《消费者权益保护法》中，中国公民的个人信息受保护权益正式被确认，"经营者收集、使用消费者个人信息，应当遵循合法、正当、必要的原则，明示收集、使用信息的目的、方式和范围，并经消费者同意。经营者收集、使用消费者个人信息，应当公开其收集、使用规则，不得违反法律、法规的规定和双方的约定收集、使用信息。"此条款的制定针对现实中个人信息泄露、骚扰信息泛滥的情况，本条规定明确了经营者收集、使用消费者个人信息的原则。

《消费者权益保护法》同时规定："经营者及其工作人员对收集的消费者个人信息必须严格保密，不得泄露、出售或者非法向他人提供。经营者应当采取技术措施和其他必要措施，确保信息安全，防止消费者个人信息泄露、丢失。在发生或者可能发生信息泄露、丢失的情况时，应当立即采取补救措施。经营者未经消费者同意或者请求，或者消费者明确表示拒绝的，不得向其发送商业性信息。"这就规范了经营者对所收集个人信息的保密义务，并且限制了商业信息的发送，对于保护消费者权益具有积极意义。

同时，一旦出现了泄露了个人信息的情况，《消费者权益保护法》第五十条规定："经营者侵害消费者的人格尊严、侵犯消费者人身自由或者侵害消费者个人信息依法得到保护的权利的，应当停止侵害、恢复名誉、消除影响、赔礼道歉，并赔偿损失。"

《消费者权益保护法》的修订，加大了对消费者个人信息的保护力度，建立了对个人信息保护的完整制度。以法律明确要求经营者收集、使用消费者个人信息，应当遵循合法、正当、必要的原则，明示收集、使用信息的目的、方式和范围，并经消费者同意。

3.《电子商务法》与消费者权益保护

《电子商务法》第三十二条："电子商务平台经营者应当遵循公开、公平、公正的原则，制定平台服务协议和交易规则，明确进入和退出平台、商品和服务质量保障、消费者权益保护、个人信息保护等方面的权利和义务。"

《电子商务法》第五十八条："国家鼓励电子商务平台经营者建立有利于电子商务发展和消费者权益保护的商品、服务质量担保机制。"

《电子商务法》第八十五条："电子商务经营者违反本法规定，销售的商品或者提供的服务不符合保障人身、财产安全的要求，实施虚假或者引人误解的商业宣传等不正当竞争行为，滥用市场支配地位，或者实施侵犯知识产权、侵害消费者权益等行为的，依照有关法律的规定处罚。"

4.《刑法》中关于消费者权益的规定

《刑法》从惩罚犯罪的角度对侵害个人信息行为规定了严厉的刑事责任。《刑法》第四章的侵犯公民人身权利、民主权利罪中，设置了诽谤罪、侵害通信自由罪以及私自开拆、隐匿、毁弃邮件、电报罪等。

《刑法》明确规定了"侵犯公民个人信息罪"，第二百五十三条之一规定："违反国家有关规定，向他人出售或者提供公民个人信息，情节严重的，处三年以下有期徒刑或者拘役，并处或者单处罚金；情节特别严重的，处三年以上七年以下有期徒刑，并处罚金。"将严重侵犯个人信息行为入罪，是我国在个人信息保护方面的重大突破。

5.《信息安全技术公共及商用服务信息系统个人信息保护指南》（以下简称《个人信息保护指南》）中关于消费者权益的规定

《个人信息保护指南》是我国首个个人信息保护国家标准，其最显著的特点是规定在收集和利用个人敏感信息之前，必须首先获得个人信息主体明确授权，并提出默许同意和明示同意的概念。

该指南规定，对于个人一般信息的处理可以建立在默许同意的基础上，只要个人信息主体没有明确表示反对，便可收集和利用；对于个人敏感信息，则需要建立在明示同意的基础上，在收集和利用之前，必须首先获得个人信息主体明确的授权。

该指南明确要求，处理个人信息应有特定、明确和合理的目的，并在个人信息主体知情的情况下获得个人信息主体的同意，在达成个人信息使用目的之后删除个人信息。

6. 其他法律法规中关于消费者权益的规定

《全国人民代表大会常务委员会关于加强网络信息保护的决定》（以下简称《加强网络信息保护的决定》）于2012年12月28日第十一届全国人民代表大会常务委员会第三十次会议通过，如图9-4所示。

该法规侧重保护公民身份与隐私的电子信息，加强网络管理。

另外，在程序法中，我国三大诉讼法都对个人隐私保护进行了规定。对特殊人群的隐私保护方面，如《妇女权益保护法》和《未成年人保护法》，对妇女、未成年人的名誉权、隐私权等进行特殊保护。

图9-4 《关于加强网络信息保护的决定》

保护消费者权益的法律有哪些？

除了《宪法》《刑法》和《消费者权益保护法》之外，还有如下法律法规对消费者权益保护进行了规定。如果遇到权益被侵害的情况，可以从多方面、多角度寻求法律支持。

（1）关于产品质量方面的立法：《中华人民共和国产品质量法》《中华人民共和国标准化法》《中华人民共和国进出口检验法》《国家标准管理办法》《行业标准管理办法》《企业标准管理办法》《产品质量管理条例》等。

（2）关于安全保障方面的立法：《中华人民共和国食品管理法》《中华人民共和国食品安全法》《中华人民共和国药品管理法》《化妆标识品管理规定》。

（3）关于公平交易的法律：《中华人民共和国计量法》《中华人民共和国价格法》等。

（4）关于消费者公平交易方面的法律法规，主要包括：《民法典》《反不正当竞争法》《中华人民共和国价格法》《中华人民共和国计量法》《中华人民共和国经济合同法》《制止牟取暴利的暂行规定》《餐饮、修理业价格行为规则》《进口计量器具监督管理办法》等。

（5）关于商品服务标识管理方面的法律，主要包括《商标法》和《广告法》。

9.1.4 消费者权益保护的具体内容

1. 保护消费者人格权

人格权是指公民的名誉和公民作为一个人应当受到他人最起码的尊重的权利。人格权和人格尊严，两者是整体和部分的关系。人格权是保护人格尊严的前提。人格权又细分为名誉权、肖像权、姓名权、隐私权等，如表9-4所示。

表9-4 人格权的种类细分

人格权细分	概念与释义
名誉权	名誉，是指人们对于公民或法人的品德、才干、声望、信誉和形象等各方面的综合评价。所谓名誉权，是人们依法享有的对自己所获得的客观社会评价、排除他人侵害的权利。名誉权是人格权的一种
肖像权	肖像权是公民可以同意或不同意他人利用自己肖像的权利。法律规定，未经本人同意不得使用公民的肖像
姓名权	自然人享有姓名权
隐私权	隐私权指自然人享有的私人生活安宁与私人信息秘密依法受到保护，不被他人非法侵扰、知悉、收集、利用和公开的一种人格权

《消费者权益保护法》第十四条规定："消费者在购买、使用商品和接受服务时，享有人格尊严、民族风俗习惯得到尊重的权利，享有个人信息依法得到保护的权利。"本法条是关于消费者购买使用商品或者接受服务隐私权的规定。

2. 保护消费者知情权

《消费者权益保护法》第八条规定："消费者享有知悉其购买、使用的商品或者接受的服务的真实情况的权利。消费者有权根据商品或者服务的不同情况，要求经营者提供商品的价格、产地、生产者、用途、性能、规格、等级、主要成分、生产日期、有效期限、检验合格证明、使用方法说明书、售后服务，或者服务的内容、规格、费用等有关情况。"本法条是关于消费者购买、使用商品或者接受服务知情权的规定。消费者权益难以得到保障，重要的原因之一就是知情权难以实现。消费者在选择商品或服务时，信息不对称是消费受到损害的原因之一。尤其是在现代科技迅猛发展的情况下，产品科技化程度越来越高，这一矛盾越发突出。

3. 保护消费者后悔权

《侵害消费者权益行为处罚办法》第九条规定："经营者采用网络、电视、电话、邮购等方式销售商品，应当依照法律规定承担无理由退货义务，不得故意拖延或者无理拒绝。"

对于"后悔权"的设立，起源于美国，最早出现在直销和保险行业中，又被称为"冷却制度"。后悔权的建立使处于产品信息弱势的消费者在一定期限内，享有退货并收回全额退款的权利。后悔权制度的建立使消费者在进行电子商务交易过程中消除顾虑，从而可以吸引更多的消费者。引入后悔权是消费市场诚信的表现和要求，后悔权的确立有利于更好地保护消费者权益。

4. 保护消费者自主选择权

《消费者权益保护法》第九条规定："消费者享有自主选择商品或者服务的权利。消费者有权自主选择提供商品或者服务的经营者，自主选择商品品种或者服务方式，自主决定购买或者不购买任何一种商品、接受或者不接受任何一项服务。"如果消费者消费时上述权利中的任何一项受到限制，就意味着被强制消费。消费者在购买商品或者接受服务时，选择商品和服务的行为必须是自愿的，不必以经营者的意愿为自己的意志，主动权应牢牢掌握在自己的手中，有权要求经营者介绍有关商品或服务的知识，以便作出购买商品或接受服务的决定。同时，消费者自主选择商品和服务的行为必须是合法的，必须在法律允许的范围内运用自主选择权。

5. 保护获取赔偿权

《消费者权益保护法》第十一条规定："消费者因购买、使用商品或者接受服务受到人身、财产损害的，享有依法获得赔偿的权利。"

 9.1.5 消费者权益受到侵害的维权方法

1. 注意保留证据

消费者在购买商品或服务时应当注意留存购物小票、发票、清单、网购记录、支付凭证等资料，以证明交易的真实存在；在商品出现质量问题或服务未按约提供的情况下，注意留存保修单、客服聊天记录等资料，以证明侵权事实及损失的存在。证据越充分，维权效果就会越好。

2. 了解维权途径

消费者在权益受到侵害的情况下，可以通过以下方式来维权：①与平台经营者、销售者、生产者进行协商；②向消费者协会投诉，请求消费者协会调解；③向消费者协会等行政部门进行举报、申诉；④向仲裁委员会提起仲裁或向人民法院起诉。

同时也要注意，维权应当及时。随着时间的推移，有关证据可能会发生毁损或灭失，有些事实可能会变得难以证明，给维权带来困难。如果超过了法定的诉讼时效，将难以获得司法机关的支持。维权部门的投诉举报电话，如图9-5所示。

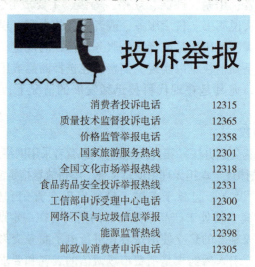

图9-5 维权部门的投诉举报电话

 9.1.6 名誉侵犯行为的判断

1. 什么是名誉侵犯行为

名誉是指公众对特定主体的社会评价，这一属性也代表了侵犯名誉权的行为需要被一定范围内的公众所知晓。司法实践中对于侵犯名誉权行为需要发生在公众领域发生达成了一定共识。

侵害名誉权责任应如何认定？《最高人民法院关于审理名誉权案件若干问题的解释》第七条规定："是否构成侵害名誉权的责任，应当根据受害人确有名誉被损害的事实、行为人行为违法、违法行为与损害后果之间有因果关系、行为人主观上有过错来认定。"以书面或者口头形式侮辱或者诽谤他人，损害他人名誉的，应认定为侵害他人名誉权。对未经他人同意，擅自公布他人的隐私材料或者以书面、口头形式宣扬他人隐私，致他人名誉受到损害的，按照侵害他人名誉权处理。因新闻报道严重失实，致他人名誉受到损害的，应按照侵害他人名誉权处理。

2. 《民法典》关于名誉权的新规定

（1）法人享有名誉权，依法受到法律保护

《民法典》出台之前，法律都是将名誉权笼统规定在自然人享有的权利中，并没有对其作出明确法律定义。

《民法典》将名誉定义为公众对民事主体的品德、声望、才能、信用等的社会评价。根据《民法典》总则编的规定，民事主体包括自然人、法人和非法人组织，因此法人也享有名誉权，依法受到法律保护。

（2）名誉权所保护的应当是与民事主体本身相当的名誉权

如果网络用户或平台等发布的信息本身就是事实，即使相应的事实会影响他人的社会评价也不构成侵权。

《民法典》第一千零二十五条规定："行为人为公共利益实施新闻报道、舆论监督等行为，影响他人名誉的，不承担民事责任，但是有下列情形之一的除外：（一）捏造、歪曲事实；（二）对他人提供的严重失实内容未尽到合理核实义务；（三）使用侮辱性言辞等贬损他人名誉。"

在司法实践中，人民法院一般会结合具体的案件情况，从侵权责任的四要件来进行判断。侵权责任的四要件包括：①即受害人确有名誉被损害的事实；②造成了他人财产或人身损害的事实；③违法行为与损害后果之间存在因果关系；④行为人主观上有故意或过失的过错。

9.1.7 信息网络服务提供者的侵权责任

1. 利用网络服务实施的侵权行为

《民法典·侵权责任编》对网络服务提供者对于他人在其网络平台上侵犯他人权利，分为了两种情形：一是网络服务提供者不知道有侵权行为的存在，此种情形下，网络服务提供者应当在接到权利人的通知时，及时采取删除、屏蔽、断开连接等必要措施，若采取措施不及时应当对损害扩大部分与侵权人承担连带责任；二是网络服务提供者知道用户利用网络服务来侵害他人权益的，应当直接采取必要措施，否则也应当与网络客户承担连带责任。

《民法典》第一千一百九十四条规定："网络用户、网络服务提供者利用网络侵害他人民事权益的，应当承担侵权责任。法律另有规定的，依照其规定。"

《民法典》第一千一百九十五条规定："网络用户利用网络服务实施侵权行为的，权利人有权通知网络服务提供者采取删除、屏蔽、断开链接等必要措施。通知应当包括构成侵权的初步证据及权利人的真实身份信息。"

《民法典》第一千一百九十七条规定："网络服务提供者知道或者应当知道网络用户

利用其网络服务侵害他人民事权益，未采取必要措施的，与该网络用户承担连带责任。"

2. 侵权责任与违约责任的关系

侵权责任与违约责任的关系：一方当事人违约时，不仅造成了对方的合同权利（即债权）的损害，而且侵害了对方的人身或者财产，造成了对方人身权或财产权的损失，受害者既可请求对方承担违约责任，也可请求对方承担侵权责任。

《民法典》第五百八十二条规定："履行不符合约定的，应当按照当事人的约定承担违约责任。对违约责任没有约定或者约定不明确，依据本法第五百一十条的规定仍不能确定的，受损害方根据标的的性质以及损失的大小，可以合理选择请求对方承担修理、重作、更换、退货、减少价款或者报酬等违约责任。"《民法典》第一千一百六十五条规定："行为人因过错侵害他人民事权益造成损害的，应当承担侵权责任。依照法律规定推定行为人有过错，其不能证明自己没有过错的，应当承担侵权责任。"

9.2 电子商务中的消费者权益保护

知识点思维导图

【工作任务】

某电子商务公司法务专员小王在实际工作过程中遇到一些有关消费者权益保护的模糊认识，希望你通过《电子商务法》《民法典》《消费者权益保护法》等法律法规的理论学习和实际案例分析，帮助小王提高在"消费者增强维权意识和提高维权能力"等方面的认识。

【工作过程】

9.2.1 消费者权益保护的历史与现状

1. 消费者权益保护的历史

消费者权益保护的历史可追溯到周朝。各个朝代的统治者也有相关的法律规定以保障消费者的权益。周朝的《礼记·王制》说，"用器不中度，不粥于市；兵车不中度，不粥于市；布帛粗精不中数、幅度狭不中量，不粥于市"。盛唐时代，《唐律疏议》原名《律疏》，又名《唐律》，是唐高宗时期修撰的法律典籍，也是东亚最早的成文法之一。《唐律疏议》是唐朝刑律及其疏注的合编，亦为中国现存最古老、最完整的封建刑事法典，共三十卷。《唐律疏议》如图9-6所示。

《唐律疏议》中记载，消费者买到商品后如果在三天内出现问题，可以找商家进行无条件退货，退货时也会有相应的验证，确实存在质量问题就能退货；如果商户不给退，消费者可以报官，由官府介入进行调解并给予商户一定的处罚。

2. 消费者权益保护的现状

我国消费者权益保护运动起步较晚。1983年国际消费者组织联盟将每年的 3 月 15 日确定为"国际消费者权益日"，1984 年 9 月广州市消费者委员会作为中国第一个消费者组织率先成立，1984 年 12 月中国消费者协会由国务院批准成立。之后，各级消费者协会相继成立。中

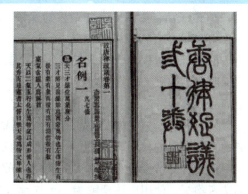

图 9-6 《唐律疏议》

国消费者协会于 1987 年 9 月被国际消费者组织联盟接纳为正式会员。中国加入 WTO 之后，消费者权益的保护在我国有更长足的发展。

自从电商行业兴起后，网购消费在人们生活中的重要性不断提高，网购已成消费者消费的重要渠道，网购消费中关于消费者权益的保障也成为大众关注的焦点。目前，消费者权益保护的法律法规包括《消费者权益保护法》《广告法》《民法典》《产品质量法》《食品卫生法》《反不正当竞争法》等，这些法律法规确认了消费者享有的知情权、交易选择权、公平贸易权等，电商经营者应承担的诚信义务、如实告知义务等权利义务问题。

消费者的维权意识普遍提高，消费者合理合法的维权路径较为多样化。但是消费者对侵权行为的辨识度有待提高。对于一些隐秘的侵权行为，如酒店禁止消费者自带酒水、对活动商家拥有最终解释权、打折促销商品概不退换等行为的认知度欠缺。某调查机构提供的消费者维权路径调查分析，如图 9-7 所示。

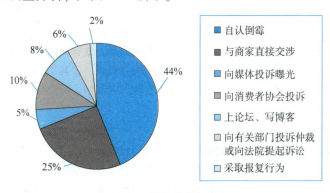

图 9-7 消费者维权路径

 9.2.2 消费者权益保护的内容

1. 消费者维权途径

《消费者权益保护法》第三十九条规定："消费者和经营者发生消费者权益争议的，可以通过下列途径解决：（一）与经营者协商和解；（二）请求消费者协会或者依法成立的其他调解组织调解；（三）向有关行政部门投诉；（四）根据与经营者达成的仲裁协议提请仲裁机构仲裁；（五）向人民法院提起诉讼。"

2. 电子商务中消费者知情权的保护

(1) 消费者知情权的含义

消费者知情权包含如下三层含义：①消费者有权要求经营者按照法律、法规规定的方式标明商品或服务的真实情况；②消费者在购买、使用商品或接受服务时，有权询问和了解商品或者服务的有关情况；③消费者有权知悉商品或服务的真实情况。

《消费者权益保护法》第八条："消费者享有知悉其购买、使用的商品或者接受的服务的真实情况的权利。"这就是消费者的知情权。

消费者知情权贯穿于购买（使用）前、购买（使用）中和购买（使用）后的全过程。消费者购买、使用应该理解为一个连续发生的行为过程，即购买前、购买中的"潜在消费者"应当属于"消费者"之列，不能将"消费者"仅仅理解为"购买、使用过"商品或者"接受过"服务的群体。

(2) 侵害消费者知情权的行为

我国商家侵害消费者知情权的案例有很多，主要表现形式有三种：未告知、虚假告知、不完全告知，对应的具体典型案例，如表9-5所示。

表9-5 侵害消费者知情权的典型案例

表现形式	典型案例
未向消费者告知	游客汪某投诉：11日入住某宾馆，办理住宿登记手续后将车停放在宾馆内。当时宾馆总台未告知停车需要单独收费。住宿三天后，汪某才知每天要收停车费10元。游客汪某认为未事先告知需收费停车，拒绝支付，随后引发纠纷。汪某对此进行投诉。后经调解，免收汪某三天的停车费
虚假告知	某商场打出"清仓大处理"的广告：西服一套原价1888元，现价188元，全市最低价。小李立即购买了一套，但在附近其他商场，他看到同样品牌、同样质量的西服才88元，小李感到上当了，就对某商场进行了投诉，告其损害了消费者的权益。这就是一起典型的侵害消费者知情权的案例，经营者利用虚假广告蒙骗消费者，侵害了消费者的知情权，使消费者蒙受损失
不完全告知	陆先生近期从某汽车销售服务有限公司提取新购的别克轿车时发现，该公司出具的维修保养手册填写的提车日期、提车起始公里数均与实际不符，更奇怪的是客户签名处签的竟是别人的姓名。消保委调查发现这一事件因该公司员工误操作所致，汽车销售商提供给消费者的维修保养手册应该与提车时的实际情况相一致，同时客户签名也应由消费者签署，并且必须与行驶证上的名称一致，这样新车才能进入正常的保养维修。该公司的行为显然损害了消费者的合法权益，经营者没有尽到对消费者进行商品的完全告知义务

(3) 消费者知情权的法律保障

消费者知情权的保障涉及民事、行政与刑事多方面的法律保护。为了保护消费者的知情权，我国相关的民事和商事法律规范中有许多涉及消费者知情权保护的规定。除了《消费者权益保护法》以外，对于消费者知情权的保护，我国《广告法》《食品广告发布暂行规定》《刑法》及其司法解释等作出了多方面法律保护的规定。

3. 电子商务中消费者隐私权的保护

（1）消费者隐私权的含义

消费者隐私权主要是指消费者的姓名、性别、职业、学历、联系方式、家庭地址、婚姻状况、收入和财产状况、血型和病史等。就性质而言，应当作为隐私权纳入人格权的范畴。《消费者权益保护条例》已经把消费者隐私权作为一项单独的权利进行保护。2014年3月15日起施行的《中华人民共和国消费者权益保护法》首次提及消费隐私权。《民法典》将隐私权作为一项独立的权利予以明确规定，细化了对个人信息的保护，明确了经营者对消费者个人信息保护应承担的义务和责任。《民法典》第一千零三十二条第一款明确了自然人享有隐私权。第二款规定了隐私的范围，即自然人的私人生活安宁和不愿为他人知晓的私密空间、私密活动、私密信息。在隐私权的保护上，《民法典》采用直接保护方式，加强了对隐私权的保护，保障消费者的私人领域和私人的活动不被侵犯。

（2）消费者隐私权的法律保障

《电子商务法》中有关个人信息的部分主要有第五条、第二十三条至二十五条、第二十七条、第三十一条、第五十七条、第六十九条以及第七十九条等，较为分散，大致可分成三类。《电子商务法》针对利用互联网进行销售或提供服务的电子商务经营者，对其经营活动可能涉及的侵犯消费者隐私权行为的认定等问题，进行了详尽规定。

我国还没有关于网络隐私权和个人信息保护的全国性专门立法，新《消费者权益保护法》将个人隐私权纳入保护范围，即经营者若收集、使用消费者个人信息，应明示收集、使用信息的目的、方式和范围，并应经被收集者同意。这就为消费者权益保护机构保护消费者隐私提供了法律依据。

4. 电子商务中消费者名誉权的保护

名誉权是人格权的一种，指的是公民依法享有对自己所获得的客观的社会评价，以及排斥其他人侵害的权利。网络侵犯名誉权的行为更具隐蔽性、快速性和广泛性，其危害性更大。

网络名誉侵权保护面临司法管辖的确定、法律的适用、行为的认定、损失的赔偿计算等问题，保护难度大。

网络名誉侵权的构成要件：（1）侵权人通过网络对特定民事主体实施了侵害名誉权的行为；（2）侵权人在主观上具有过错；（3）侵权人的行为造成危害结果；（4）侵权行为与危害结果之间有因果关系。只有同时具备上述四个条件，才能构成网络名誉侵权。

目前对于网络名誉权的法律保护是多层次的，《宪法》《民法典》《刑法》等都有相应的规定，《民法典》第一千一百九十四条规定网络用户、网络服务提供者利用网络侵害他人民事权利，应当承担民事责任。法律另有规定的，依照其规定。

以案说法

案例1：全国首例电商平台打假案

2016年5月，淘宝与玛氏联合发现网店店主姚某销售的"Royalcanin"猫粮存在假货嫌疑，遂以神秘购买的方式，在该店铺购买了一袋价格99元的猫粮。经品牌方鉴定，该猫粮为假货，随后淘宝将线索移送警方。2016年10月12日，姚某被警方抓获。2017年3月，淘宝以"违背不得售假约定、侵犯平台商誉"为由将姚某告上法庭。4月25日，此案在上海市奉贤区人民法院公开审理。

法院审理后认为，被告姚某以掺假的方式持续在淘宝网上出售假货，其行为不仅损害了与商品相关权利人的合法权益，而且降低了消费者对淘宝网的信赖和社会公众对淘宝网的良好评价，对淘宝网的商誉造成了损害，故被告应予以赔偿。7月20日该案一审宣判，法院认定被告的售假行为对淘宝商誉造成损害，要求被告向淘宝赔偿人民币12万元。

【法官说法】

电商平台让消费者轻松实现网上购物的同时，也增加了知识产权保护的复杂性。来自法院的统计数据显示，2018年全国地方人民法院新收知识产权民事一审案件约28.34万件，同比增长了40.97%。在此背景下，依法打击电商平台的售假行为，保护消费者的合法权益，既是维护知识产权权益人品牌和收益的必要举措，也是电商平台赢得市场的明智之举。

案例2：朱某与淘宝网络侵权责任纠纷案

【基本案情】

朱某在淘宝网上王某的店铺购买商品，在收到货物后，朱某与店铺客服联系，表示产品存在质量问题，并要求店铺客服重新发一个完好的商品，客服答复无法补发，仅同意补偿少量现金，朱某未同意。随后，朱江发起换货申请，原因为质量问题，要求为立即补发质量完好的商品，遭到店铺拒绝，并申请淘宝小二处理。最终，淘宝网客服驳回了朱某的换货申请。朱某遂将淘宝公司诉至法院，要求退款退货。

【法官说法】

在平台商家与消费者之间产生纠纷时，电商平台经营者应基于平台商家与消费者提供的资料（包括但不限于订单和客服聊天记录截屏，商家页面的相关商品/服务介绍，以及消费者提供的收货资料等），履行合理的审查义务。

原告朱某通过被告淘宝公司电商平台从王某处购买产品，原告和王某之间成立真实有效的网络购物合同关系，该网络购物合同关系属合法有效。结合原告提交的证据材料，可认定王某出售给原告的商品存在质量问题，故原告有权要求退货退款。原告申请被告淘宝公司介入后，淘宝公司驳回了原告的售后服务申请，其在明知平台商家王某提供的产品可能存在问题、与原告发生纠纷的情况下，未采取必要措施，应与王某承担连带责任，因此，法院最终支持了朱某要求淘宝公司退货退款的诉请。

《电子商务法》第三十八条第一款规定："电子商务平台经营者知道或者应当知道平台内经营者销售的商品或者提供的服务不符合保障人身、财产安全的要求，或者有其他侵害消费者合法权益行为，未采取必要措施的，依法与该平台内经营者承担连带责任。"

职业素养养成

维护消费者的权益保障，人人有责

对于消费者权益的保护，经营者有义务，国家有责任，国家监督经营者的行为，并应对实施侵害消费者权益行为的经营者给予

人肉搜索：
正义还是暴力？

制裁。

在我国科技落后的古代就有保障消费者权益的法规。《礼记》载:"五谷不时,果实未熟,不鬻于市。"意思是严禁未成熟果实进入市场,以防止食物中毒,坑害消费者。《唐律疏议》载:"诸造器用之物及绢布之属,有行滥短狭而卖者,各杖六十。不牢谓之行,不真谓之滥,即造横刀及箭镞,用柔铁者,亦为滥。"

消费者要充分保障自己合法权益就要加强维权意识,用法律的武器维护自己的合法权益。同时广大电商经营者,首先要树立隐私意识,不传播消费者的个人信息,同时要强化责任与信誉意识;其次在行动上,广大电商经营者在未经消费者同意时,不得向其发送商业性电子信息。广大电商经营者要为消费者共同营造一个安全、放心的购物环境。

本章小结

电子商务中的消费者权益保护问题;消费者权益的概念和特征;消费者权益的相关法律法规;消费者权益保护的具体内容;网络名誉侵权的构成要件;电子商务中消费者名誉权的保护;消费者权益受到侵害的维权方法。

本章习题

一、判断题

1. 依法经有关行政部门认定为不合格的商品,消费者要求退货的,经营者应当负责退货。（　　）
2. 所有的格式条款都属于霸王条款。（　　）
3. 消费者对生产者、经营者、销售者的产品质量或者服务质量的评价,不应当认定为侵犯法人的名誉权。（　　）
4. 质量鉴定的证据,应以法定的质量检测机构出具的正式检测结论为准。（　　）
5. 产品缺陷责任且致人损害的,无论经营者是否与消费者事先达成合意同意放弃权利,一旦损害发生后,消费者均有权利要求对方承担赔偿责任。（　　）

二、填空题

1. 根据《消费者权益保护法》规定,消费者如需维权,有自行和解、请求消费者协会或其他组织调解、行政投诉、提请仲裁、_____五种方式。
2. 消费者因购买、使用商品或者接受服务受到人身、财产损害的,享有依法获得_____的权利,简称为求偿权。
3. 侵权责任的四要件:(1) 行为人从事了民事违法行为;(2) 造成了他人_____或人身损害的事实;(3) 违法行为与损害后果之间具有因果关系;(4) 行为人主观上有故意或过失的过错。

三、单项选择题

1. 《消费者权益保护法》第十四条规定:"消费者在购买、使用商品和接受服务时,享有人格尊严、民族风俗习惯得到尊重的权利,享有个人信息得到保护的权利。"此条对保护消费者的（　　）权利作出了规定。

A. 人格权　　　　　　　　　　　　B. 依法求偿权

C. 自主选择权　　　　　　　　　D. 公平交易权
2. 消费者对商品进行比较、鉴别和挑选的权利属于（　　）。
A. 自主选择权　　　　　　　　　B. 公平交易权
C. 知悉权　　　　　　　　　　　D. 求偿权
3. 新修订的《消费者权益保护法》第二十九条明确规定："经营者及其工作人员对收集的消费者个人信息必须严格保密，不得泄露、出售或者非法向他人提供。"这更有利于保护消费者的（　　）。
A. 知悉真实情况权　　　　　　　B. 公平交易权
C. 隐私权　　　　　　　　　　　D. 依法求偿权

四、多项选择题

1. 侵犯网络消费者名誉权的构成要件有（　　）。
A. 侵权人通过网络对特定民事主体实施了侵害名誉权的行为
B. 侵权人在主观上具有过错
C. 侵权人的行为造成危害结果
D. 侵权行为与危害结果之间有因果关系
2. 消费者和经营者发生消费者权益争议的，可以通过下列（　　）途径解决。
A. 与经营者协商和解
B. 请求消费者协会调解
C. 根据与经营者达成的仲裁协议提请仲裁机构仲裁
D. 向有关行政部门申诉

五、简答题

1. 简述电商网站侵犯消费者隐私权的主要形式。
2. 结合我国《消费者权益保护法》的规定，网上电子商务经营者向消费者提供商品或者服务，应依法履行的义务是什么？

第 10 章 电子商务网络隐私权保护法律制度

随着大数据、云计算、人工智能等信息处理和存储新技术的不断发展，我国个人信息滥用问题日趋严重，个人信息保护方面的挑战越来越严峻，社会对个人信息保护立法的需求越来越迫切。在当前信息时代，个人信息的商业化利用越来越广泛，因此个人信息已经成为一种重要的资源，加强网络环境下消费者隐私权保护是促进电子商务发展的必然要求。

在信息化时代，个人信息保护已成为广大人民群众最关心最直接最现实的利益问题之一。党的二十大报告指出，提高公共安全治理水平，加强个人信息保护。我国陆续出台了《电子商务法》、《民法典》、《中华人民共和国个人信息保护法》（简称《个人信息保护法》）、《个人信息安全规范》、《信息安全技术移动互联网应用程序（App）收集个人信息基本规范》等一系列法律法规文件，保护电子商务经营活动中的个人隐私权。

本章内容主要包括网络隐私权保护法律制度和电子商务中的隐私权保护。

知识点思维导图

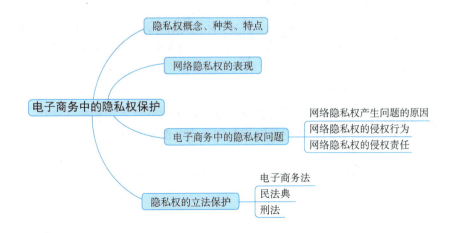

本章学习目标

知识目标
1. 了解隐私、隐私权的概念和特征。
2. 了解网络隐私权产生问题的原因。
3. 了解电子商务中的隐私权保护问题。
4. 掌握涉及隐私权保护的相关法律法规。

技能目标
掌握电子商务中网络隐私权保护的方法。

思政目标
1. 树立人格独立观念,具有隐私意识。
2. 强化尊重他人隐私的意识。

10.1 电子商务网络隐私权法律制度

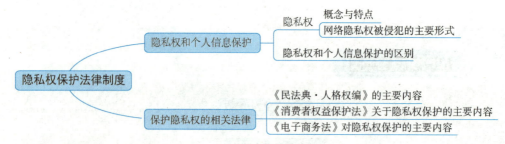

【工作任务】

小王了解到,在电子商务环境中,消费者隐私权既体现为人格权,又体现为信息财产权,其受侵害的主要形式是个人信息被任意收集、被再次开发利用和非法转让。

隐私权具体包括哪些权利?侵犯隐私权如何认定?隐私权被侵犯该怎么处理?怎样保护隐私权?

请你通过学习《电子商务法》《民法典》中涉及隐私权的相关内容,解答小王的疑惑。

【工作过程】

10.1.1 隐私权与个人信息保护

1. 隐私和个人隐私权

隐私是自然人的私人生活安宁和不愿为他人知晓的私密空间、私密活动、私密信息。隐私是一种与群体利益无关、当事人不愿他人知道或他人不便知道的信息。

个人隐私权是法律规定的权利,是一种基本人格权利。个人隐私权是自然人享有的对其个人的、与公共利益无关的个人信息、私人活动和私有领域进行支配的具体人格权。从信息的用途看,个人信息可以分为三类。第一类用于建立特定主体之间互动的渠道,如电话号码、电子邮箱、地址、IMEI 号等。第二类用于认证特定个人电子身份,如用户名、密码、指纹、虹膜、Face ID 等。第三类用于描述特定个人某些方面的特征或情况,如浏览记录、婚史、行踪轨迹、教育经历、疾病史、宗教信仰、血型、基因信息等。

隐私和个人信息的关系主要有以下两点。

(1) 许多未公开的个人信息本身就属于隐私的范畴

隐私权特别注重"隐",它是指一种生活状态或者是人们不愿对外公布的私人信息,是不可以公开的,不论其是否具有经济价值,都体现了一种人格利益。

(2) 部分隐私权保护客体也属于个人信息的范畴

个人信息权主要是指对个人信息的支配和自主决定,总的来说,个人信息是可以公开的。数字化技术的发展使得许多隐私同时具有个人信息的特征,因具有身份识别的特征而被纳入个人信息的范畴。

个人信息与隐私的关系,如图 10-1 所示。

图 10-1 个人信息与隐私的关系

《民法典》为个人隐私权保护提供了法律依据,其《民法典·人格权编》以专章对隐私权和个人信息保护的基本原则、主体和相对人的义务进行了规定。

《民法典》第一千零三十二条明确规定:"自然人享有隐私权。任何组织或者个人不得以刺探、侵扰、泄露、公开等方式侵害他人的隐私权。"而且将隐私界定为"自然人的私人生活安宁和不愿为他人知晓的私密空间、私密活动和私密信息"。该法条把个人信息保护的范围进一步扩大。

2. 网络隐私权

(1) 定义

网络隐私权是隐私权在网络中的延伸,是指自然人在网上享有私人生活安宁,私人信息、私人空间和私人活动依法受到保护,不被他人非法侵犯、知悉、搜集、复制、利用和公开的一种人格权;也指禁止在网上泄露某些个人相关的敏感信息。

电子商务中的网络隐私权通常是指消费者在电子商务交易过程中享受的个人信息(IP、姓名、地址、联系方式、职业、上网习惯、网购习惯等)不被非法获悉和公开,以及个人生活不受外界非法侵扰的权利。

(2) 网络隐私权与传统隐私权的差异

在网络经济活动中，隐私内容具有经济价值，经营者侵权的动因一般是营利。对于消费者而言，隐私权受侵害的后果除了造成精神上的痛苦之外，最主要的还是导致消费者财产上的损失或不得益。另外，网络隐私权客体的范围扩大，包括了传统经济活动中不属于隐私的内容。

(3) 网络隐私权被侵犯的主要形式

在电子商务环境下，个人网络隐私权被侵犯的主要形式，如表 10-1 所示。

表 10-1 个人网络隐私权被侵犯的主要形式

侵犯形式	侵犯手段及防范
过度收集个人信息	超出所办理业务的需要，收集大量非必要或完全无关的个人信息
擅自披露个人信息	未获法律授权、未经本人许可或者超出必要限度地擅自在网上宣传、公布、披露他人个人信息
擅自提供个人信息	未经法律授权或者未在本人同意的情况下，将所掌握的个人信息提供给其他机构
非法买卖个人信息	任意收集个人数据后，经过深层次开发利用个人数据，再非法转让个人数据

求职简历信息泄露的危害案例

近期媒体再度报道信息泄漏事件，而泄漏的源头竟然是求职简历，这就需要大家提高警惕：一些不法分子利用个人简历上的信息，直接进行诈骗活动。

2021 年央视"3·15 晚会"曝光案例"伸向个人简历的黑手"。近年来，警方破获了多起诈骗案，不法分子从网络黑市购买大量个人简历信息实施精准诈骗。这些信息精准的简历是怎么来的呢？

原来，犯罪分子只需要支付几元钱，就可以从入侵网站的黑客那儿买到一份招聘网站上最新的求职者简历。在支付了费用后，不到 5 分钟卖家便会发来一份简历。简历内容详尽，求职者的姓名、性别、年龄、照片、联系方式、工作经历、教育经历等信息一应俱全。卖家甚至还可以根据用户的要求对简历按照年龄、地域、毕业院校等信息进行精准筛选。就这样，这些求职简历信息流入诈骗团伙手中。

3. 网络隐私权产生的原因

究竟是谁在侵犯消费者个人隐私呢？对最高法院建立的全国法院统一裁判文书公开平台——中国裁判文书网（https://wenshu.court.gov.cn/）上的 35 份"出售、非法提供公民个人信息罪"的判决书进行分析,发现泄露个人信息案件中罪犯所属机构,如图10-2所示。

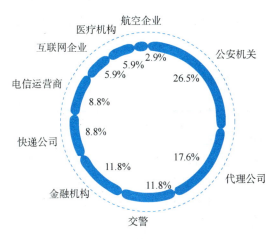

图 10-2 泄露个人信息案件中罪犯所属机构

10.1.2 保护消费者隐私权的相关法律法规

1. 保护消费者隐私权的相关法律法规

保护个人隐私权的相关法律法规,如表 10-2 所示。

表 10-2 保护个人隐私权的相关法律法规

法律	相关法条
《宪法》	《宪法》第三十八条 中华人民共和国公民的人格尊严不受侵犯。禁止用任何方法对公民进行侮辱、诽谤和诬告陷害。 《宪法》第三十九条 中华人民共和国公民的住宅不受侵犯。禁止非法搜查或者非法侵入公民的住宅。 《宪法》第四十条 中华人民共和国公民的通信自由和通信秘密受法律的保护。除因国家安全或者追查刑事犯罪的需要,由公安机关或者检察机关依照法律规定的程序对通信进行检查外,任何组织或者个人不得以任何理由侵犯公民的通信自由和通信秘密。
《刑法》	《刑法》第二百五十三条 违反国家有关规定,向他人出售或者提供公民个人信息,情节严重的,处三年以下有期徒刑或者拘役,并处或者单处罚金;情节特别严重的,处三年以上七年以下有期徒刑,并处罚金。 违反国家有关规定,将在履行职责或者提供服务过程中获得的公民个人信息,出售或者提供给他人的,依照前款的规定从重处罚。 窃取或者以其他方法非法获取公民个人信息的,依照第一款的规定处罚。 单位犯前三款罪的,对单位判处罚金,并对其直接负责的主管人员和其他直接责任人员,依照各该款的规定处罚。
《民法典》	第四编(人格权编)第六章"隐私权和个人信息保护"

法律	相关法条
《电子商务法》	《电子商务法》第二十三条 电子商务经营者收集、使用其用户的个人信息，应当遵守法律、行政法规有关个人信息保护的规定。 《电子商务法》第二十四条 电子商务经营者应当明示用户信息查询、更正、删除以及用户注销的方式、程序，不得对用户信息查询、更正、删除以及用户注销设置不合理条件

2. 《民法典·人格权编》的主要内容

人格权独立成编是《民法典》的亮点之一，《民法典》的人格权编共六章五十一条，彰显了我国社会对人的尊重与保护。该编对肖像权保护规范进行充实与丰富，首次明确了肖像权的客体、内容、财产利益及合理使用，并就"姓名许可"进行了规定。

（1）肖像权保护的内容

《民法典》第四编第四章规定了肖像权的权利内容及许可使用肖像的规则，明确禁止侵害他人的肖像权。一是针对利用信息技术手段"深度伪造"他人的肖像、声音，侵害他人人格权益，甚至危害社会公共利益等问题，规定禁止任何组织或者个人利用信息技术手段伪造等方式侵害他人的肖像权。并明确对自然人声音的保护，参照适用肖像权保护的有关规定（《民法典》第一千零一十九条第一款、第一千零二十三条第二款）。二是为了合理平衡保护肖像权与维护公共利益之间的关系，结合司法实践，规定肖像权的合理使用规则（《民法典》第一千零二十条）。三是从有利于保护肖像权人利益的角度，对肖像许可使用合同的解释、解除等作了规定（《民法典》第一千零二十一条、第一千零二十二条）。

（2）姓名权保护的内容

《民法典》第四编第三章规定了姓名权、名称权的具体内容，并对民事主体尊重保护他人姓名权、名称权的基本义务作了规定。

《民法典》第一千零一十二条规定："自然人享有姓名权，有权依法决定、使用、变更或者许可他人使用自己的姓名，但是不得违背公序良俗。"

《民法典》第一千零一十四条规定："任何组织或者个人不得以干涉、盗用、假冒等方式侵害他人的姓名权或者名称权。"

（3）名誉权和荣誉权保护的内容

《民法典》第四编第五章规定了名誉权和荣誉权保护的内容：一是为了平衡个人名誉权保护与新闻报道、舆论监督之间的关系，对行为人实施新闻报道、舆论监督等行为涉及的民事责任承担，以及行为人是否尽到合理核实义务的认定等作了规定；二是规定民事主体有证据证明报刊、网络等媒体报道的内容失实，侵害其名誉权的，有权请求更正或者删除。

《民法典》第一千零二十五条规定："行为人为公共利益实施新闻报道、舆论监督等行为，影响他人名誉的，不承担民事责任，但是有下列情形之一的除外：（一）捏造、歪曲事实；（二）对他人提供的严重失实内容未尽到合理核实义务；（三）使用侮辱性言辞等贬损他人名誉。"

《民法典》第四编第六章在现行有关法律规定的基础上，进一步强化对隐私权和个人信息的保护，并为下一步制定个人信息保护法留下空间。一是规定了隐私的定义，列明禁止侵害他人隐私权的具体行为（第一千零三十二条、第一千零三十三条）。二是界定了个人信息的定义，明确了处理个人信息应遵循的原则和条件（第一千零三十四条、第一千零三十五条）。

《民法典》第一千零三十九条规定："国家机关、承担行政职能的法定机构及其工作人员对于履行职责过程中知悉的自然人的隐私和个人信息，应当予以保密，不得泄露或者向他人非法提供。"

《民法典》第一百一十一条规定："自然人的个人信息受法律保护。任何组织和个人需要获取他人个人信息的，应当依法取得并确保信息安全，不得非法收集、使用、加工、传输他人个人信息，不得非法买卖、提供或者公开他人个人信息。"

《民法典》第一千零三十八条，明确了信息处理者的主要义务。一是"不得泄露或者篡改其收集、存储的个人信息"的义务。从实践来看，泄露个人信息的事件时有发生，对个人信息造成严重威胁。电信诈骗往往都是由个人信息被泄露引发的。二是"未经自然人同意，不得向他人非法提供其个人信息"的义务。这就意味着，除非经过信息权利人同意，否则，不得向他人提供个人信息。不过，本条同时明确了，"经过加工无法识别特定个人且不能复原的"个人信息，可以向他人提供。这一规定对于信息的共享和信息产业的发展，具有重要意义。三是确保其收集、存储的个人信息安全的义务。信息处理者应当采取技术措施和其他必要措施，确保其收集、存储的个人信息安全，防止信息泄露、篡改、丢失。四是个人信息泄露、篡改、丢失后的报告义务。这就是说，发生或者可能发生个人信息泄露、篡改、丢失的，应当及时采取补救措施，依照规定告知信息权利人并向有关主管部门报告。

《民法典·人格权编》在体系上承接了《民法总则》的制度安排，区分隐私和个人信息，突出隐私权的优先地位，仍将隐私权置于个人信息之前优先保护，且对隐私权及个人信息的内涵、范围、保护方式等进行了细致的规定。

《民法典·人格权编》使用六个条文对个人信息的定义以及收集、使用、删除、更正和保护等问题进行了较为详细的规定，构成了个人信息保护的司法基础。

《民法典》第一千零三十四条第一款明确规定："自然人的个人信息受法律保护。"接着第二款对个人信息进行了界定："个人信息是以电子或者其他方式记录的能够单独或者与其他信息结合识别特定自然人的各种信息，包括自然人的姓名、出生日期、身份证件号码、生物识别信息、住址、电话号码、电子邮箱、健康信息、行踪信息等。"本款还区分了一般信息和私密信息。第一千零三十五条规定了收集、处理自然人个人信息的，应当遵循合法、正当、必要原则。

《民法典·人格权编》第六章关于个人信息保护的规定是立足于《中华人民共和国网络安全法》（以下简称《网络安全法》）规定所做的修改与完善。同时，考虑到将来还有专门的《中华人民共和国个人信息保护法》（以下简称《个人信息保护法》），所以就《民法典》这一长期稳定适用的民事基本立法而言，不能进行太多细致具体的规定，而只需基础性、原则性的规定。

《个人信息保护法》究其性质属于公法，更多涉及的是管理机关如何通过行政管理手段加强个人信息保护的问题。

3. 《电子商务法》保护个人信息的主要内容

《电子商务法》第十八条规定，电子商务经营者根据消费者的兴趣爱好、消费习惯等特征向其提供商品或者服务的搜索结果的，应当同时向消费者提供不针对其个人特征的选项，尊重和平等保护消费者合法权益。通过提供可选信息保护消费者的知情权、选择权。这样规定有利于防止电子商务经营者利用大数据分析"杀熟"，即收集用户画像、支付能力、支付意愿实行"一人一价"。

《电子商务法》保护的客体是网络运行安全和个人信息安全。第二十三条规定，电子商务经营者收集、使用其用户的个人信息，应当遵守法律、行政法规有关个人信息保护的规定。第二十四条规定，电子商务经营者应当明示用户信息查询、更正、删除以及用户注销的方式、程序，不得对用户信息查询、更正、删除以及用户注销设置不合理条件。

《电子商务法》第三十一条规定，商品和服务信息、交易信息保存时间自交易完成之日起不少于三年。同时，要求电子商务经营者保证数据的完整性、保密性、可用性。可见，《电子商务法》进一步细化了《网络安全法》就数据存储在特定领域的时间要求，数据类型也具体化为商品、服务交易信息。

比较《电子商务法》和《网络安全法》关于个人信息保护的异同，并补全表10-3缺失的内容。

表10-3 《电子商务法》和《网络安全法》关于个人信息保护的比较

比较项	《电子商务法》	《网络安全法》
适用对象	适用于电子商务经营者	适用的对象是网络经营者
保护客体		
数据存储与安全保障		
个性化搜索结果显示		

4. 《个人信息保护法》对个人信息的保护

在信息化时代，个人信息保护已成为广大人民群众最关心最直接最现实的利益问题之一。《中华人民共和国个人信息保护法》于2021年8月20日第十三届全国人民代表大会常务委员会第三十次会议通过，自2021年11月1日起施行。《个人信息保护法》是为了保护个人信息权益，规范个人信息处理活动，促进个人信息合理利用，根据宪法制定的法律。《个人信息保护法》紧紧围绕规范个人信息处理活动、保障个人信息权益，构建了以"告知－同意"为核心的个人信息处理规则。

从滴滴出行App下架事件，审视个人信息保护的重要意义

由于现阶段我国缺乏对个人信息保护的专门性、统一性的立法，导致一些泄露个人信息的事件频发。

2021年4月26日，《中华人民共和国个人信息保护法（草案）》已经提请全国人大常委会二次审议。该法律对保护个人信息的安全将发挥重要作用，草案对侵犯个人隐私的行为进行严厉打击。

2021年7月2日，网信中国发布《网络安全审查办公室关于对"滴滴出行"启动网络安全审查的公告》。公告称，将对"滴滴出行"实施网络安全审查，在审查期间"滴滴出行"停止新用户注册。经检测核实，"滴滴出行"App存在严重违法违规收集使用个人信息问题。国家互联网信息办公室依据《网络安全法》相关规定，通知应用商店下架"滴滴出行"App，要求滴滴出行科技有限公司严格按照法律要求，参照国家有关标准，认真整改存在的问题，切实保障广大用户个人信息安全。

总之，《民法典》和《个人信息保护法》要和其他法律有效协同，才能让个人信息保护制度稳定和开放兼备。

10.2 电子商务中的网络隐私权保护

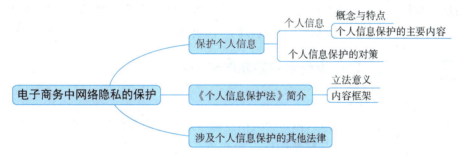

【工作任务】

小王了解到，网络侵犯隐私权的情形主要集中在个人信息的收集、处理、传输和利用等环节。隐私权的主体只能是自然人，其内容具有真实性和隐秘性，主要包括个人生活宁静权、私人信息保密权、个人通讯秘密权及个人隐私利用权。

个人信息跟隐私之间似乎没法给出一条恒定不变的边界。几乎所有的个人信息，在一定的场景条件下，都有成为隐私信息的可能性，那么，如何判断哪些个人信息属于隐私信息呢？

请你通过学习《电子商务法》《民法典》等涉及隐私权的相关内容，解答小王的疑惑。

【工作过程】

10.2.1　电商平台用户的个人信息

1. 个人信息

（1）定义

个人信息是指以电子或者其他方式记录的能够单独或者与其他信息结合识别特定自然人身份或者反映特定自然人活动情况的各种信息。

（2）内容

个人基本信息包括个人姓名、生日、性别、住址、个人电话号码、电子邮箱。人们往往有一个认识上的误区，即认为个人信息等同于个人隐私（信息）。其实不然。所谓个人信息是指所有同特定个体相关联的信息的总和，个人信息包括个人非敏感信息和个人敏感信息。由此可见，个人信息是一个非常广泛的概念，远远大于隐私的定义和外延。

2. 个人敏感信息

（1）定义

个人敏感信息是指一旦泄露、非法提供或滥用可能危害人身和财产安全，极易导致个人名誉、身心健康受到损害或歧视性待遇等的个人信息。

（2）内容

个人敏感信息由身份信息（包括身份证、军官证、护照、驾驶证、户口本）、网络身份识别信息（包括账户名、邮箱地址、密码与密码有关的保护问题和答案）、其他信息（包括通讯录、家庭住址、个人电话号码、手机号码、网页浏览记录、精准定位信息）等组成。

10.2.2　电商平台用户隐私的判断方法

1. 判断隐私信息的方法

隐私信息一定是个人信息，但是个人信息却不一定是隐私信息。那么，如何判断哪些个人信息属于隐私信息呢？其判断的核心标准是：该信息的泄露是否构成对个人的伤害？这是判断是否属于隐私信息的最主要标准。

2. 电商平台用户隐私泄露的途径

（1）快递单、银行对账单

快递单、银行对账单这些单证上有姓名、银行卡号、消费记录等信息，随意丢弃容易造成私人信息泄露。

（2）网购平台、虚拟社区、社交平台的账户

不论是网络购物还是注册一些论坛、社区、网站，或者在微博、QQ空间发布信息，或多或少都会留下个人信息。

（3）商家各种促销活动办理的会员卡

如商家"调查问卷表"，购物抽奖活动或者申请免费邮寄资料、会员卡活动要求填写详细联系方式和家庭住址等。

（4）招聘网站填报的个人信息

简历中的个人信息一应俱全，这些内容可能会被不法分子以极低价格转手。

10.2.3 电商平台泄露用户隐私的危害

1. 垃圾短信、骚扰电话、垃圾邮件源源不断

个人信息被泄露后,其电子邮箱可能每天都会收到十几封垃圾邮件,且是以推销为主;还可能会经常接到各类陌生人打来的营销电话,严重扰乱个人生活。

2. 冒名办卡透支欠款

犯罪分子通过买来的个人信息,伪造身份证,在网上骗取银行的信用,从银行办理出各种各样的信用卡,恶意透支消费,给用户带来财产损失。

3. 案件事故从天而降

不法分子可能利用你的个人信息,进行违法犯罪活动,你可能不明不白被警察传唤或被法院传票通知出庭。

4. 账户钱款不翼而飞

有些不法分子冒用信息办理你的身份证,然后挂失你的银行账户或信用卡账户,重新补办你的卡,再重新设置密码,将银行账户中的钱款盗走。

5. 个人名誉无端受毁

个人信息被泄露后,犯罪分子冒用你的名义进行信息卡透支消费等,导致消费者个人信息和名誉受到破坏。

 10.2.4 个人信息资料保护的规则和对策

1. 个人信息资料保护的原则

《民法典》第一千零三十五条规定了个人信息资料处理的基本原则。

《民法典》中的"个人信息的处理"是指个人信息的收集、存储、使用、加工、传输、提供、公开等活动。

(1) 目的明确原则

个人信息安全问题的起点在于个人信息的收集,即个人信息脱离了信息主而由他人掌握的情形。因此,在个人信息收集过程中,必须遵循目的明确的原则。所谓目的明确,是指他人在收集个人信息时必须有合法、正当、明确的意图。

(2) 选择同意原则

个人信息主体有权选择是否将自己的个人信息向他人提供,无论基于何种目的,除法律规定外,他人不得强制要求个人信息主体提供其个人信息。

(3) 最少够用原则

所谓最少够用原则,是指网络运营者或者其他的个人信息收集者,即使以合法正当的途径收集他人的个人信息,也必须秉持信息收集最小化,即数量最少、频率最低、保存时间最短。

(4) 公开透明原则

因为个人信息的敏感性较强,信息收集者对个人信息的处理及保存方式备受关注。根据《个人信息安全规范》(GB/T 35273—2020),信息持有者对于个人信息的获取、保存、使用方式必须公开透明,接受包括个人信息主体在内的各方监督,以最大限度避免信息持有者内部违规导致的个人信息受到威胁的情形出现。

（5）确保安全原则

确保安全原则是对个人信息持有者技术能力层面的要求，其明确个人信息持有者必须有足够强大的技术支持来满足个人信息保存的秘密性及安全性要求，建立完善的规章制度以最大限度保证个人信息的安全。

2. 加强用户隐私保护的对策

（1）完善隐私保护的法律政策体系

借鉴欧盟的《统一数据保护条例》的经验，整合我国目前在《网络安全法》《民法典》《刑法》等相关法律法规中对个人信息及隐私权保护的规定和措施，对个人信息及隐私权保护进行专门立法，具体明确相应的权利内容、维权方式以及侵权责任，对公民个人信息的采集、利用及保护进行规范，解决当前法律依据碎片化、保护途径间接化、司法救济薄弱化的问题。

（2）提升数据信息保护的技术水平，健全数据使用的监管机制

针对系统漏洞和技术薄弱处更新技术保护手段，加强数据库安全维护。同时要强化数据库监管，可以设立数据库监管的执法机关，针对数据库管理和使用机构内部人员违法盗取和出售个人数据的行为进行监管，并定期发布各数据库使用状况和安全评估的报告。

（3）对公众进行宣传教育，加强公众隐私保护意识

强化公众的隐私保护意识，引导公众主动拒绝非法收集个人信息的要求，在社交平台不要发布泄露个人隐私的信息，在网络购物结束后不随意丢弃快递单。同时对于侵犯个人隐私的行为要勇于发声，拿起法律武器捍卫自己的隐私权利。

10.2.5 《个人信息保护法》内容介绍

1.《个人信息保护法》简介

《个人信息保护法》全文共八章，七十四条内容，分别为总则、个人信息处理规则、个人信息跨境提供的规则、个人在个人信息处理活动中的权利、个人信息处理者的义务、履行个人信息保护职责的部门、法律责任和附则。《个人信息保护法》紧紧围绕规范个人信息处理活动、保障个人信息权益，构建了以"告知－同意"为核心的个人信息处理规则。《个人信息保护法》规定了个人信息处理的基本原则、个人信息处理者的义务和要求，只有在具有特定的目的和充分的必要性，并采取严格保护措施的情形下，方可处理敏感个人信息，同时应当事前进行影响评估，并向个人告知处理的必要性以及对个人权益的影响。《个人信息保护法》内容框架如图10-3所示。

2.《个人信息保护法》立法意义

个人信息保护已经成为互联网时代的重大法律问题之一。《个人信息保护法》是我国第一部系统、全面地保护个人信息的专门性法律，其在性质上属于公法、私法的组合。就《个人信息保护法》的内容而言，大多是关于民事权利和义务的规定，就民事规范而言，《个人信息保护法》和《民法典》之间的关系就是特别法与基础法的关系，或者说是特别法与普通法的关系。《民法典》和《个人信息保护法》分别对隐私和个人信息进行了明确的规则界分，设置了不同的保护规则，并在适用中产生不同的法律效果。正确理解并适用隐私权和个人信息的规则界分，对保护人民群众的切身利益、维护个人人格尊严具有重要意义。

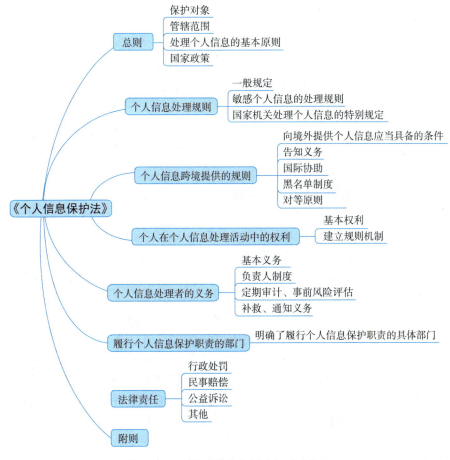

图 10-3 《个人信息保护法》内容框架

3. 《个人信息保护法》立法进程

《个人信息保护法》从 2016 年 12 月至今的立法进程，如图 10-4 所示。

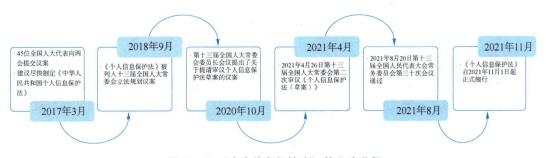

图 10-4 《个人信息保护法》的立法进程

10.2.6 涉及个人信息保护的其他法律

1. 《消费者权益保护法》保护个人隐私的内容

新修改的《消费者权益保护法》，对个人信息的保护进行了相应的规定，这也是其一个亮点。有关个人信息的规定，《消费者权益保护法》从以下几个方面进行了明确的规制。

一是经营者收集、使用消费者个人信息应当遵循合法、正当和必要的原则，同时要明示收集和使用信息的目的、方式和范围，并要经消费者的同意。

二是经营者收集和使用消费者个人信息应当公开收集和使用的规则，这种规则不能违背法律法规的规定和双方的约定。比如约定收集信息只能在哪些方面使用，超出这个范围就违背了规定和约定。

三是经营者及其工作人员对于收集到的个人信息必须严格保密，不得泄露，更不能出售或者非法向他人提供，应当采取必要的技术措施和其他的必要措施，确保信息的安全，防止消费者个人信息的泄露和丢失。

2. 《电子商务法》保护个人隐私的内容

个人信息保护问题是《电子商务法》关注重点之一。

《电子商务法》第五条规定："电子商务经营者从事经营活动，应当遵循自愿、平等、公平、诚信的原则，遵守法律和商业道德，公平参与市场竞争，履行消费者权益保护、环境保护、知识产权保护、网络安全与个人信息保护等方面的义务，承担产品和服务质量责任，接受政府和社会的监督。"

《电子商务法》第二十三条规定："电子商务经营者收集、使用其用户的个人信息，应当遵守法律、行政法规有关个人信息保护的规定。"

《电子商务法》第二十五条规定："有关主管部门依照法律、行政法规的规定要求电子商务经营者提供有关电子商务数据信息的，电子商务经营者应当提供。有关主管部门应当采取必要措施保护电子商务经营者提供的数据信息的安全，并对其中的个人信息、隐私和商业秘密严格保密，不得泄露、出售或者非法向他人提供。"

《电子商务法》第六十九条规定："国家维护电子商务交易安全，保护电子商务用户信息，鼓励电子商务数据开发应用，保障电子商务数据依法有序自由流动。"

以案说法

案例1：凌某某与北京某科技有限公司隐私权、个人信息权益网络侵权责任纠纷案

【基本案情】

原告凌某某使用其手机号码注册被告北京某科技有限公司App后，该App获取、知悉、保存、利用其姓名、手机号码、社交关系、地理位置等个人信息和隐私。法院经审理认为，被告部分涉案行为侵害了原告的个人信息权益。

法院判定该公司平台App侵害凌某某个人信息权益，赔偿凌某某经济损失1 000元、维权费4 231元，并删除其个人信息。

【法官说法】

该案显示了互联网时代下，自然人的隐私权和个人信息权益保护与平台对大数据的利用之间的紧张关系。法院应结合案件具体情形，综合考量法规的意旨，权衡相冲突的利益，以判断平台经营者是否不合理地读取、存储、利用用户的个人信息。

对于如何规范电商平台上的个人信息保护以及如何理解数据竞争亦有深远的影响和启

发。电商平台对于用户个人信息保护不力以及滥用的风险始终是高悬于消费者头上的"达摩克利斯之剑"。电商平台用户的个人信息保护需要有效协调经营者与消费者、电商产业政策来有效规制遏制平台竞争以及对消费者隐私权的侵害,从而兼顾电商平台间的充分竞争与必要的市场规制,化解个体营利性与社会公益性的矛盾,推动线上经济的高效有序运行。

案例2:史文权诉3721科技有限公司消费者权益保护案

【基本案情】

原告史文权——互联网用户,下载安装了百度搜索伴侣软件,并正常使用,其直接与百度网站结合使用,并在IE工具栏内有明确的图标和菜单指示。

过了几日,原告史文权在浏览部分网站时,被提示安装了"网络实名软件"。但是安装后,发现电脑中原有的百度搜索伴侣软件、IE工具栏中的百度搜索伴侣图标和菜单被非法删除。重新安装,又发现下载和安装受到了网络实名软件的屏蔽,最后安装失败。

原告申请北京市公证处对此进行网络证据保全。网络实名软件来源于"3721"网站,属于国风因特公司和3721公司。该软件得到了该公司的技术支持。

最后,法院判决如下:1. 该公司停止侵权行为;2. 该公司对原告作书面赔礼道歉;3. 该公司对原告赔偿经济损失1 000元;4. 该公司必须承担原告的全部诉讼费用。

【法官说法】

消费者为生活消费需要购买、使用商品或者接受服务,其权益受到法律保护。该案被告侵犯了消费者的知情权,此行为侵犯了原告对相关软件的合法使用权;该软件并未对侵权功能进行详尽的说明,侵犯了消费者的知情权;屏蔽行为侵犯了消费者的自主选择权,构成强制交易行为;非法监视用户上网行为,侵犯了用户的隐私权。

《消费者权益保护法》第七条规定,消费者在购买、使用商品或接受服务时享有人身、财产安全不受损害的权利。

《消费者权益保护法》第八条规定,消费者享有知悉其购买、使用的商品或者接受的服务的真实情况的权利。消费者有权根据商品或者服务的不同情况,要求经营者提供商品的价格、产地、生产者、用途、性能、规格、等级、主要成分、生产日期、有效期限、检验合格证明、使用方法说明书、售后服务,或者服务的内容、规格、费用等有关情况。

案例3:网购中的个人信息保护,庞先生诉去哪儿网个人信息泄露案

【基本案情】

庞先生委托其助理鲁先生通过去哪儿网购买东方航空公司机票,其后收到诈骗短信,短信内容中显示有庞先生航班的起飞时间、降落时间、机场名称、航班号。庞先生认为,自己的手机号及确切的航班信息只有去哪儿网和东航掌握,因而其断定是去哪儿网和东航泄露了其个人信息,于是以侵犯隐私权为由诉至法院,请求判令去哪儿网和东航在各自官网公开赔礼道歉,赔偿精神损害抚慰金1 000元。去哪儿网主张其仅为网络交易平台,去哪儿网在本次机票订单中未接触庞先生手机号码,且去哪儿网已向鲁先生发送谨防诈骗短信,尽到了提示义务。东航则主张其通过中航信提供订票系统服务,订票信息不存储于东航系统中。

法院经审理认为,东航和趣拿公司(去哪儿网)存在泄露庞先生隐私信息的高度可

能，并且存在过错，应当承担侵犯隐私权的相应侵权责任。庞先生请求趣拿公司（去哪儿网）和东航向其赔礼道歉，应予支持。

【法官说法】

《消费者权益保护法》第二十九条规定，经营者收集、使用消费者个人信息，应当遵循合法、正当、必要的原则，明示收集、使用信息的目的、方式和范围，并经消费者同意。经营者收集、使用消费者个人信息，应当公开其收集、使用规则，不得违反法律、法规的规定和双方的约定收集、使用信息。

旅游平台及航空公司一方面因其经营性质掌握了大量的个人信息，另一方面亦应有相应的能力保护好消费者的个人信息免受泄露，这既是其社会责任，也是其应尽的法律义务。如果存在泄露消费者隐私信息的高度可能的情形，而现有证据又不能证明经营者尽到了相应义务，应认定经营者存在过错，应当承担侵犯隐私权的相应侵权责任。

职业素养养成

恪守电商平台职责，保护客户隐私权益

《礼记·曲礼》中有段话可看出古人对隐私的尊重："将上堂，声必扬。户外有二屦，言闻则入，言不闻则不入。将入户，视必下。入户奉扃，视瞻毋回。"此段的意思是说，进门拜访前，一定要先打好招呼，进入别人房间，目光一定不要东张西望。

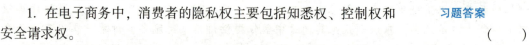
大数据精准营销背景下电商企业的隐私侵权案例

确保公平竞争的市场秩序，是经济监管的中心任务。电子商务市场中，购买商品或接受服务的消费者处于比较弱势地位，权利受到侵害的可能性更大，因此，就更需要政府采取较为强势的监管措施，维护消费者的合法权益。当消费者自身权益受到侵害时，也要对侵犯行为进行证据保全。一方面，在遇到侵害隐私权和个人信息权益的事件发生时，应当采取录音、拍摄等方式进行取证，并及时报告有关管理机关，积极通过法律手段维护自身权益。另一方面，消费者要提高保护隐私和个人信息的安全意识，不随意公开个人信息、不随意向他人提供个人信息、不随意丢弃有个人信息的记录以维护自身隐私和个人信息安全。

本章小结

隐私权概念、种类、特点；网络隐私权的表现；电子商务中的隐私权问题；网络隐私权的侵权行为；网络隐私权的侵权责任；隐私权的立法保护；个人信息保护的立法模式、立法的意义；《个人信息保护法》的主要内容介绍。

本章习题

习题答案

一、判断题

1. 在电子商务中，消费者的隐私权主要包括知悉权、控制权和安全请求权。（   ）

2. 消费者权益是指消费者在有偿获得商品或接受服务时，以及在以后的一定时期内

依法享有的权益。   (   )

3. 消费者在购买、使用商品和接受服务时享有人身、财产安全不受损害的权利，简称安全权。   (   )

二、填空题

1. 依据《民法典》第一千零三十二条规定，任何组织或者个人不得以_____等方式侵害他人的隐私权。

2. 《消费者权益保护法》第八条规定了消费者的_____权。

3. 依据《民法典》规定，自然人享有_____、肖像权、隐私权、生命权等人格权。

三、单项选择题

1. 下列选项中，关于网络隐私权与传统隐私权的说法错误的是（   ）。
   A. 网络隐私权是以保护个人隐私不受侵害为主要目的，基本上不考虑对个人隐私的利用
   B. 在传统隐私权的保护中，个人几乎没有什么主动权
   C. 网络隐私权将"公有"和"私有"领域重新划分
   D. 网络隐私权更加强调主动控制权

2. 根据《民法典》第一千零三十八条，（   ）不得泄露或者篡改其收集、存储的个人信息；未经自然人同意，不得向他人非法提供其个人信息，但是经过加工无法识别特定个人且不能复原的除外。
   A. 信息使用人   B. 信息收集者
   C. 信息处理者   D. 信息传输

3. 甲企业有一注册的域名，经过多年使用已经具备广泛的知名度，乙企业未经许可擅自将甲企业的域名申请注册为自己企业商品的商标。在我国目前的司法实践中，乙企业的这种行为被定性为（   ）。
   A. 侵犯了甲企业的域名权   B. 侵犯了甲企业的商标权
   C. 侵犯了甲企业的商号权   D. 不正当竞争

四、多项选择题

1. 消费者的人格尊严权包括（   ）。
   A. 姓名权   B. 荣誉权   C. 肖像权   D. 求偿权

2. 《消费者权益保护法》确立的消费者的隐私权，包括（   ）。
   A. 个人金融交易信息、衍生信息
   B. 在与个人建立业务关系过程中获取保存的其他个人信息
   C. 个人账户信息、个人信用信息
   D. 个人身份信息、个人财产信息

五、简答题

1. 阐述《民法典·人格权编》对个人信息的保护内容。

2. 阐述《电子商务法》对个人信息的保护内容。

第 11 章　电子商务税收法律制度

税收是国家生存和发展，实现各项职能的物质基础。对不同国家的电商税收政策进行总结可以发现，各国对电商的监管都经历了从松到严的过程。为了维护市场公平竞争、提高经济资源配置效率，将电商纳入征管体系逐渐成为国际上的普遍做法，依法纳税也是一种新的商业模式走向成熟必须承担的社会责任。

长期来看，电商全面征税将是大势所趋。依法纳税是每个公民和企业应尽的义务，税法对传统企业和电子商务企业是统一适用的。对电商企业进行征税，是电商行业规范化发展的必然趋势。

本章内容包括：电子商务现行税法概述；我国电子商务税收法律制度。

知识点思维导图

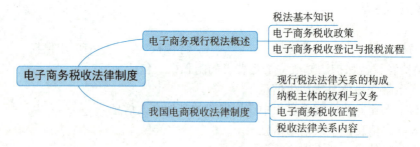

本章学习目标

知识目标
1. 了解电子商务税收的特点和监管模式。
2. 掌握电子商务税收的种类和征税方式。
3. 理解电子商务税法的构成要素。

技能目标
1. 会处理电商常见的税务问题。
2. 能够充分利用电商企业的税收优惠政策。

思政目标
1. 认识到依法纳税的必要性。
2. 自觉诚信纳税。

11.1 现行税法概述

 知识点思维导图

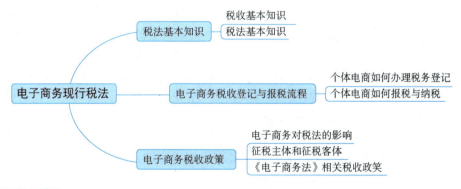

【工作任务】

小王从百度搜索到如下信息。

2011年6月，武汉市国税局开出国内首张个人网店税单，在武汉的淘宝皇冠级以上网店都将被纳入该市税收征管范围。个人网店的店主表示，对电商征税有心理准备，但是对诸如"电子商务中如何全面推广征税？电子商务征税标准如何制定？"等一些具体问题还缺乏了解。

以上问题涉及我国电子商务征税的政策，这同时也是电子商务经营活动中的网店店主普遍关心的问题。请你通过学习《电子商务法》《民法典》等涉及电子商务税收的相关法律，解答广大电商从业者的疑惑。

【工作过程】

11.1.1 税收和税法

1. 税收

税收是国家为了满足一般的社会共同需求，按照国家法律规定的标准，强制、无偿征收实物或货币而形成的特定的分配关系。税收按征税对象分类，可将全部税收划分为流转税类、所得税类、财产税类、资源税类和行为税类五种类型。

税法与税收密不可分，税法是税收的法律表现形式，税收则是税法所确定的具体内容。

（1）税收制度

税收制度是国家以法律程序规定的征税依据和规范，也是税务机关向纳税单位和个人征税的法律根据和工作规程，是指一个国家税收的基本模式，是关于税收要素（比如税种、纳税人、征税方式、范围等）、税款在各级政府间的分配、税收的征管方式等。税收实质是国家为了行使其职能、取得财政收入的一种方式。

（2）税收的特征

税收的特征主要表现在强制性、无偿性、固定性三个方面，具体体现在征收上的强制性、缴纳上的无偿性、征收比例或数额上的相对固定性等方面。这三者的关系，如图11-1所示。

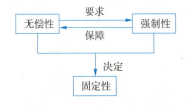

图11-1 税收的三方面特征的关系

2. 税法

税法是法律范畴，是国家制定的用以调整国家与纳税人之间在征纳税方面的权利和义务关系的法律规范的总称。税法是国家法律的重要组成部分，是国家税务机关及一切纳税单位和个人依法征税、依法纳税的行为规则。构成税法的基本因素一般包括总则、纳税义务人、征税对象、税目、税率、纳税环节、纳税期限、纳税地点、减税免税、罚则和附则等。纳税义务人是构成税收法律关系的主体；征税对象是构成税收法律关系的客体、征税的标的物；税目、税率、纳税环节、纳税期限、减税免税等，构成了税收法律关系的内容。

（1）纳税主体

纳税主体，又称纳税人或纳税义务人，是指税法规定的直接负有纳税义务的自然人、法人或其他组织。纳税人应当与负税人进行区别，负税人是经济学中的概念，即税收的实际负担者；而纳税人是法律用语，即依法缴纳税收的人。税法只规定纳税人，不规定负税人。二者有时可能相同，有时不尽相同，如个人所得税的纳税人与负税人是相同的，而增值税的纳税人与负税人就不一定一致。

（2）征税对象

征税对象，又称征税客体，是指税法规定对什么征税。征税对象是各个税种之间相互区别的根本标志。

(3) 税率

税率是应纳税额与课税对象之间的数量关系或比例,是计算税额的尺度。税率的高低直接关系到纳税人的负担轻重和国家税收收入的多少,是国家在一定时期内的税收政策的主要表现形式,是税收制度的核心要素。税率主要有比例税率、累进税率和定额税率三种基本形式。

(4) 税收的种类

目前按照征收对象分,电子商务有两大税种:所得税和流转税,如图 11-2 所示。

图 11-2 电子商务两大税种

注:2016 年全面推开"营改增"改革,营业税目前已经废止。2017 年 10 月 30 日国务院常务会议通过《国务院关于废止〈中华人民共和国营业税暂行条例〉和修改〈中华人民共和国增值税暂行条例〉的决定(草案)》,标志着实施 60 多年的营业税正式退出历史舞台。

① 所得税,又称所得课税、收益税,指国家对法人、自然人和其他经济组织在一定时期内的各种所得征收的一类税收。

所得税 1799 年始创于英国,这种税以所得的多少作为负担能力的标准,比较符合公平、普遍的原则,并具有经济调节功能。所得税主要是个人所得税和企业所得税。税收涉及国家的根本利益,涉及广大人民的切身利益。党的二十大报告指出,完善个人所得税制度,规范收入分配秩序,规范财富积累机制,保护合法收入,调节过高收入,取缔非法收入。

② 流转税,又称流转课税、流通税,指以纳税人商品生产、流通环节的流转额或者数量以及非商品交易的营业额为征税对象的一类税收。流转税是商品生产和商品交换的产物,流转税包括增值税、消费税、关税。

3. 税收法律责任

税收法律责任是税收法律关系的主体因违反税法所应当承担的法律后果。税法规定的法律责任形式主要有三种:一是经济责任,包括补缴税款、加收滞纳全等;二是行政责任,依据《行政处罚法》第九条第三款和第四款,行政机关作出责令停产停业、吊销许可证件的处罚;三是刑事责任,对违反税法情节严重构成犯罪的行为,要依法承担刑事责任。

电子商务平台的淘宝客如何纳税?

淘宝客是帮助卖家推广商品并获取佣金的人,不直接与个体客户或消费者形成买卖合同或消费者关系,不承担收款或交货的责任,因此不属于《电子商务法》规定的电子商务经营者范畴。

淘宝客佣金支付模式是按照成交支付的,意思就是说,淘宝客用户推广的商品,产生了有效订单之后,卖家才需要支付相关的佣金。如果淘宝客推广的商品,没有产生交易订单的话，卖家是不需要支付佣金的。

淘宝客帮助平台商家成功推广产品后，收取佣金应纳税，根据"公司收取佣金应缴纳企业所得税，个人收取佣金应缴纳个人所得税"的规定，需要纳税。

从 2019 年开始，淘宝客在提取自己赚取的推广佣金时，需要缴纳一部分税金，税金部分的收取标准，按照国家规定的个人所得税的收取标准执行，起征标准是 800 元。合作收款的支付宝账号为个人账号时，阿里妈妈将根据淘宝客上月推广产品时的可结算收入基于相关法律法规据实进行代扣，并逐月申报缴纳给税务局。个人账户如果是初级和中级淘宝客推广者，可以按照要求提交发票，申请退税；高级推广者不能享受退税的权益，按照国家规定由平台进行个人所得税代扣。

11.1.2 电子商务对现行税收制度的影响

电子商务在虚拟的市场中进行交易，面对的多是个人消费者，不需要开发票，电商多未办税务登记，纳税地点难以确定，这些都给税收带来挑战。税务部门监管难度大，征税往往不到位，这些都引起了电商是否纳税的争议。线上交易不缴税，线下交易按规定缴税，这会构成不平等竞争，影响实体经济的良性发展。

另外，无纸化操作的快捷性、交易参与者的流动性，使得纳税主体、客体、纳税环节、纳税地址等基本环节的界定陷入困境；无纸化操作导致的凭证不复存在，在一定程度上失去了审计的基础；交易主体是无形的，交易与匿名支付结合在一起，没有有形的合同，同时，保密技术的发展使得我们很难确定纳税人的身份及交易的细节。

11.1.3 电子商务税务登记和报税流程

《电子商务法》施行之后，淘宝店也需要办理营业执照和税务登记。《电子商务法》的第十条规定："电子商务经营者应当依法办理市场主体登记。但是，个人销售自产农副产品、家庭手工业产品，个人利用自己的技能从事依法无须取得许可的便民劳务活动和零星小额交易活动，以及依照法律、行政法规不需要进行登记的除外。"

1. 个体电商如何下载和使用营业执照

2015 年 10 月 1 日起全国实行了三证合一登记制度。所谓"三证合一"登记制度是指将企业登记时依次申请，分别由原来的工商行政管理部门核发营业执照、质量技术监督部门核发组织机构代码证、税务部门核发税务登记证的登记方式，改为一次申请、由工商行政管理部门核发一个加载法人和其他社会组织统一社会信用代码（以下称"统一代码"）的营业执照。企业的组织机构代码证、税务登记证不再发放。

电子营业执照是登记机关依据国家有关法律法规和全国统一标准颁发的载有市场主体身份信息的法律电子证件，与纸质营业执照具有同等法律效力，是企业取得主体资格的合法凭证，是市场主体的"身份证"。那么，企业如何下载和使用电子营业执照呢？

（1）下载安装"电子营业执照"App

操作步骤：①打开微信，主页里找到"发现"；②在"发现"最下方点开"小程序"；③在"小程序"里搜索"电子营业执照"；④在查询结果中点击"电子营业执照"，选择

"下载执照",如图11-3所示。

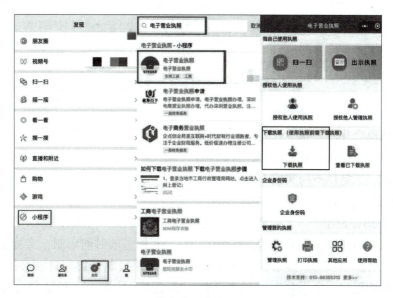

图11-3 下载安装"电子营业执照"App

(2) 授权管理

电子营业执照系统有一套完整的授权使用体系,其中法定代表人具有最高权限,领取手机版电子营业执照后,可自行或授权证照管理员对该电子营业执照进行日常的管理和使用。一个市场主体只允许添加一名证照管理员,有关授权可以更改或者收回。

(3) 出示证照

通过电子营业执照小程序,市场主体可以实现电子营业执照的出示,电子营业执照具有真伪性验证等功能,其他人使用电子营业执照小程序的扫一扫功能可以查看执照及相应授权信息。

(4) 扫码登录

使用电子营业执照小程序的"扫一扫"扫描应用系统中显示的企业二维码,选择电子营业执照进行验证,验证通过后,点击"授权登录",即可完成PC端登录。

2. 电商经营者如何办理税务登记

税务登记是税务机关依据税法规定,对纳税人的生产、经营活动进行登记管理的一项法定制度,也是纳税人依法履行纳税义务的法定手续。税务登记是整个税收征收管理的起点。税务登记种类包括开业、变更、停业、复业登记,注销登记,外出经营报验登记,纳税人税种登记,扣缴税款登记等。

针对电商从业者无实体地址的情况,市场监管总局发布的《关于做好电子商务经营者登记工作的意见》第三条规定:"电子商务经营者申请登记为个体工商户的,允许其将网络经营活动场所作为经营场所登记。"也就是说,没有实体地址,也可以用网店的网址作为经营地址,申请办理个体工商户。

税务登记业务流程,如图11-4所示。

图 11-4 税务登记业务流程

3. 电商经营者如何申报纳税

国税和地税合并后，原地税的申报系统也要合并到国税的申报系统，申报平台升级即可实现。国税和地税合并后办税有三种途径：一是 24 小时自助办税服务区办理，二是税务局网站办理，三是税务局实地办理。

（1）24 小时自助办税服务区办理

24 小时自助办税服务区从 2020 年开始在全国范围内正式实施，是国家税务总局为进一步优化税收营商环境的重要举措，打破了以往办税服务的时间限制，实施全方位一体化办税模式，设有发票领购、发票代开和报税认证以及地税票证打印自助办税等终端设备，不受办公时间的限制，全天候对纳税人开放，纳税人只需带上身份证和金税盘即可自助办理。

（2）税务局网站网上办税

网上办税是一种通过互联网，以远程方式处理纳税人的纳税申报、扣缴税费、税收信息管理等涉税事物的新型办税方式。

网上报税流程：①到税务局申请，获得密码；②登录税务局网站，输入纳税识别码、密码进入报税系统；③进入报税申报，将在"电子报税"系统里面导出的报表，导入网上的报税系统；④报税后可去"报税查询"打印所上报的报表。

（3）税务局实地办理缴税

纳税人应在次月 1 日到 10 日内自行或委托社会中介机构到所在地税务机关办税服务厅纳税申报窗口办理纳税申报，申报时须持下列资料：纳税申报表、财务会议报表及说明资料、增值税申请抵扣凭证、发票领用存月报表、增值税销项税额和进项税额明细表等。

11.1.4 电子商务税收政策

1. 电子商务征税的一般税收原则

对于电子商务征税，各国已取得的共识是，政府既要提供一个使电子商务繁荣兴旺的财政环境，也不能因为电子商务而削弱了政府提供公共产品和服务所需要的资金筹集能力。

（1）中性原则

课税应在电子商务的新形式和常规商务之间，寻求平衡与公平。经营决策应该由经济所驱使，而不是从税收考虑。从事类似交易、处于类似情况下的纳税人应缴纳类似水平的税收。

（2）效率及公平原则

纳税人的缴纳成本和税务当局的管理成本应尽可能最小。课税应该在正确的时间里产生正确数额的税收。偷税与避税的可能性应降到最低，反偷税、避税的措施应与相关风险相称。

（3）确认原则

税收规定应该清楚、易懂，以便纳税人在交易前能预期税收结果，包括征税时间、地点及征税方式。

（4）灵活原则

税收制度应具备灵活性、动态性，以保证税制与技术和商业的发展同步。

2. 电子商务纳税主体和征税客体

（1）电子商务纳税主体界定

电子商务纳税主体的合理界定需要以明确电子商务征税客体、实现电子商务纳税主体的法定化和对电子商务合理课征新税为基本前提。

电子商务纳税主体是指通过互联网等信息网络从事销售商品或者提供服务的经营活动的自然人、法人和非法人组织，具体包括以下四种：电子商务平台经营者、平台内经营者、通过自建网站销售商品或者提供服务的电子商务经营者、通过其他网络服务销售商品或者提供服务的电子商务经营者。

除增值税外，对于个体工商户、个人独资企业与合伙企业，需要缴纳的税种为个人所得税，适用超额累进税率；而注册成为公司的经营主体，需要缴纳的税种是企业所得税，一般税率为25%。同时，后者具有法人资格，公司股东和有限合伙人承担股东有限责任。

（2）电子商务征税客体的确定

征税客体是税法的最基本要素，也是确定纳税主体的前提。在电子商务模式下，由于交易过程全部实现了网络化，物流、资金流与信息流合为一体，同步在网络中完成，交易的商品具有数字化的性质，出现了新的课税对象，即网络信息商品已成为新的征税客体。在这种情况下，纳税主体的范围发生了变化。所以，电子商务征税客体的明确化是确定电子商务纳税主体的重要前提。

3. 《电子商务法》相关的税收政策

近年来淘宝卖家最关心的莫过于税收问题，《电子商务法》的出台，规定了电子商务经营者的税收责任和义务。《电子商务法》中与税收有关的法条，分别是第十一条、第二十八条、第七十一条及第七十二条。

《电子商务法》第十一条第一款规定："电子商务经营者应当依法履行纳税义务，并依法享受税收优惠。依照前条规定不需要办理市场主体登记的电子商务经营者在首次纳税义务发生后，应当依照税收征收管理法律、行政法规的规定申请办理税务登记，并如实申报纳税。"

【条文解读】

本条第一款是关于电子商务经营者纳税义务的确认。电子商务经营者，因为其从事经营活动，根据国家税收相关的法律规定同样必须承担纳税义务。这种纳税义务与从事线下传统的经营者是平等、一致的。至于电子商务经营者具体的需要缴纳的税收类型和税率，基于税收法定原则，应该适用税收征收管理法及其实施细则的相关规定。电子商务经营主体在依法纳税的同时，当然也依法有权享受国家规定的税收优惠政策。

本条文的规定体现了在税收问题上线上线下平等原则。在网络空间中进行的经营活动，同样也产生纳税的义务。

《电子商务法》第二十八条第二款规定："电子商务平台经营者应当依照税收征收管理法律、行政法规的规定，向税务部门报送平台内经营者的身份信息和与纳税有关的信息，并应当提示依照本法第十条规定不需要办理市场主体登记的电子商务经营者依照本法第十一条第二款的规定办理税务登记。"

【条文解读】

上述条文的规定体现了电子商务平台经营者负有提示申报和报送信息的义务。这是因为电子商务平台经营者最先也最便于获取经营者信息变动以及经营情况，除了有义务提供平台内经营者身份、地址、联系方式、行政许可等真实信息外，还应当将平台内经营者的纳税身份及相关信息依法报送税务部门。

只要电子商务平台经营者尽到上述义务，如果平台内经营者不履行税务登记和纳税申报义务，责任承担主体是该平台内经营者。

我国对电子商务经营者和电子商务平台经营者实行不同的税收法律制度。

《电子商务法》明确规定，电子商务平台经营者应当依照税收征管管理法律、行政法规的规定，向税务部门报送平台内经营者的身份信息和与纳税有关的信息，并且提示经营者办理税务登记。电子商务经营者应当依法履行纳税义务，并依法享受税收优惠。我国为了促进就业，促进电子商务企业的发展，大幅降低了小微企业的税收负担，对小企业和微型企业实行定额纳税制度。

11.2 我国电子商务税收法律制度

知识点思维导图

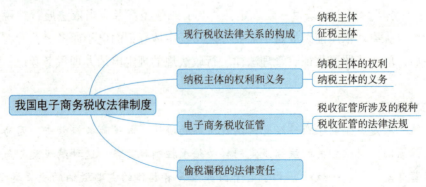

第 11 章 电子商务税收法律制度

【工作任务】

依法纳税是每一个公民和企业的义务,加强电子商务的税收征管势在必行。税收法律关系在总体上与其他法律关系一样,都是由权利主体、义务主体、客体和法律关系几方面构成的,但在其内涵上,税收法律关系则具有特殊性。

小王对电子商务税收的知识非常欠缺,不清楚如下问题:税收法律制度包括哪些内容?电子商务涉及哪些具体的税收优惠政策?

请你查找相关资料,帮助小王解答疑问。

【工作过程】

11.2.1 现行税收法律关系的构成

1. 税法的基本要素

税法的基本要素主要包括:税收法律关系主体(简称税法主体)、征税客体、税目与计税依据、税率、纳税期限、纳税地点等。征税客体是指征税的直接对象或称标的。

2. 税法主体

税法主体包括征税主体和纳税主体。电子商务税收法律关系主体是指在电子商务税收法律关系中享有权利和承担义务的人。税收法律关系主体的权利、义务所共同指向的对象,也就是征税对象。

(1) 纳税主体

纳税主体是指税收法律关系中依法履行纳税义务、进行税款缴纳行为的一方当事人。纳税主体有狭义和广义两种定义,如表 11-1 所示。

表 11-1 纳税主体的定义

纳税主体	概念	具体范围
狭义概念	仅指纳税人	法人和自然人两种
广义概念	该主体是指在税收征纳活动中所履行的主要义务,在性质上属于纳税义务的有关	纳税人、税务代理人、纳税担保人等

纳税义务人,简称纳税人,是税法规定的直接负有纳税义务的法人和自然人,法律术语称为课税主体。纳税人是税收制度构成的最基本要素之一,从电子商务角度看,纳税主体为电子商务经营者、电子商务消费者、网络服务提供者、网络交易平台服务提供者。

纳税担保人是为纳税人的税收债务的履行提供担保的单位和个人。

税务代理人是接受纳税主体的委托,在法定的代理范围内依法代理其办理税务事宜的机构和人员。

(2) 征税主体

征税主体又叫征税人,是指在税收法律关系中行使税收征管权、依法进行税款征收行为的一方当事人。判断和认定某一主体是否为征税主体,主要应看其行使的权利和实施的行为的性质。在我国,征税主体的具体部门有税务部门、财政部门和海关。

3. 税法客体

电子商务税收法律关系客体,是指电子商务税收法律关系中主体的权利和义务指向的对象,包括应税货币、物品、知识财产、信息财产和行为。

· 183 ·

11.2.2 纳税主体的权利和义务

1. 纳税主体的权利

《中华人民共和国税收征收管理法》(以下简称《税收征收管理法》)规定,纳税主体的权利包括以下几点。

①延期纳税权;
②申请减税、免税权;
③多缴税款申请退还权;
④委托税务代理权;
⑤要求税务机关承担赔偿责任权;
⑥申请复议和提起诉讼权。

2. 纳税主体的义务

我国《税收征收管理法》规定,纳税主体的义务包括以下几点。
①依法按期办理税务登记、变更登记或重新登记;
②依法设置账簿,合法、正确使用有关凭证;
③按规定定期向主管税务机关报送纳税申报表、财务会计报表和其他有关资料;
④按期进行纳税申报,及时足额缴纳税款;
⑤接受和配合税务机关的纳税检查,如实报告其生产经营、纳税情况和提供资料;
⑥违反税法规定的纳税人,应按规定缴纳滞纳金、罚款,并接受其他法定处罚。

 11.2.3 电子商务税收征管

1. 税收征管所涉及的税种

(1) 按照征税对象分类

按照征税对象分类,可将全部税收划分为流转税类、所得税类、财产税类、资源税类和行为税类五种类型。电子商务在经营中涉及的主要是流转税类和所得税类。

①流转税类包括增值税、消费税。这些税种通常是在生产、流通或者服务中,按照纳税人取得的销售收入或者营业收入征收的。

②所得税类包括企业所得税(适用于国有企业、集体企业、私营企业、联营企业、股份制企业等各类内资企业)、外商投资企业和外国企业所得税、个人所得税。这些税种是按照生产、经营者取得的利润或者个人取得的收入征收的。

(2) 按税收计征标准分类

按税收计征标准的不同可将税收分为从价税和从量税。

①从价税是指以货物的价格为标准征收的税种,其税率表现为货物价格的一定百分比。从价税额等于货物总值乘以从价税率。从价税额与货物的价格成正比例关系。

②从量税是以货物的数量、体积、重量等计量单位为计税标准的一种关税计征方法。

2. 与电子商务税收征管有关的法律法规

(1)《电子商务法》

《电子商务法》明确了电商平台在提供平台服务时需要履行的两项税收义务:第一,

《电子商务法》第二十五条规定，电子商务经营者有提供有关电子商务数据信息的义务；第二，《电子商务法》第二十八条规定，电子商务平台经营者应当依照税收征收管理法律、行政法规的规定，向税务部门报送平台内经营者的身份信息和与纳税有关的信息，并有提示电子商务经营者办理税务登记的义务。此外，第七十五条还规定了电商平台没有履行第二十五条要求的向税务机关提供平台信息的义务，相关部门将依法对电商平台予以处罚。

目前，我国税务机关的税收征管模式还是以传统的"以票扣税""以票控税""以票管税"为主，发票的管控成为我国税务机关征收管理的关键手段，然而由于电子商务交易的虚拟性，不少电商经营者将不提供发票作为主要避税手段，这种情况造成大量税款流失。

《电子商务法》第二十五条规定的电子商务经营者有提供有关电子商务数据信息义务，不仅仅为税务机关要求电商平台提供平台交易数据提供了法律依据，更是我国税务机关由传统"发票管税"的征管模式向适应数字经济、虚拟经济模式下的"信息管税"征管模式的转变。

（2）《税收征收管理法》

《税收征收管理法》是为了加强税收征收管理，规范税收征收和缴纳行为，保障国家税收收入，保护纳税人的合法权益，促进经济和社会发展而制定的法律。

 11.2.4 税收法律关系的内容

税收法律关系的内容就是权利主体所享有的权利和所应承担的义务，这是税收法律关系中最实质的东西，也是税法的灵魂。它规定权利主体可以有什么行为，不可以有什么行为；若违反了这些规定，须承担什么样的法律责任。

税收管辖权是指一国政府对一定的人或对象征税的权力。税收管辖权意味着主权国家在税收方面行使权力的完全自主性，对本国税收立法和税务管理具有独立的管辖权力。同时也意味着在处理本国税收事务时不受外来的干涉和控制。

电子商务税收管辖权的原则，如表 11-2 所示。

表 11-2 电子商务税收管辖权的原则

类型	原则的内容	税收管辖权
属人原则	属人原则也称居民或公民原则，是指一国依人员范围作为其征税权力所遵循的指导思想原则	居民管辖权 公民管辖权
属地原则	属地原则也称行为发生地原则，是指一国依地域范围作为其征税权力所遵循的指导思想原则	收入来源地管辖权

 11.2.5 偷税漏税的法律责任

偷税，是指纳税人以不缴或者少缴税款为目的，采取各种不公开的手段，隐瞒真实情况，欺骗税务机关的行为。漏税，是由纳税人不熟悉税法规定和财务制度，或者工作粗心大意等原因造成的，如错用税率，漏报应税项目，少计应税数量，错算销售金额和经营利润等。偷税漏税应承担哪些法律责任？

根据《刑法》规定，对偷税罪的刑罚适用原则，包括以下四个方面。

1. 分层次处罚

《刑法》第二百零三条规定："纳税人欠缴应纳税款，采取转移或者隐匿财产的手段，致使税务机关无法追缴欠缴的税款，数额在一万元以上不满十万元的，处三年以下有期徒刑或者拘役，并处或者单处欠缴税款一倍以上五倍以下罚金；数额在十万元以上的，处三年以上七年以下有期徒刑，并处欠缴税款一倍以上五倍以下罚金。"

本条是关于逃避追缴欠税罪及处刑的规定。针对偷税数额的不同，本条分别规定了两个层次的量刑幅度。第一层次是，"数额在一万元以上不满十万元的，处三年以下有期徒刑或者拘役"；第二层次是，"数额在十万元以上的，处三年以上七年以下有期徒刑"。

【条文解读】

本条规定的逃避追缴欠税罪，是指负有纳税义务的单位或个人，故意逃避税务机关追缴欠缴税款的犯罪。

逃避追缴欠税罪是故意犯罪，是纳税人采取本条规定的手段逃避纳税。根据本条规定，构成本罪是以纳税人欠缴应纳税款为前提的。在欠税情况下行为人采取转移或者隐匿财产的手段，逃避纳税。这里所说的"采取转移或者隐匿财产的手段"，是指负有纳税义务的单位或个人在欠缴应纳税款的情况下将其所有的财产转移或隐藏起来，使税务机关无法根据法律、行政法规的有关规定，对其采取相应的行政强制措施而追缴其欠缴的税款。

2. 对自然人偷税并处罚金

《刑法》第二百零三条还针对偷税犯罪行为的贪利性特征，除对自然人犯罪主体在各层次量刑幅度内判处有期徒刑或者拘役的自由刑外，还规定了"并处欠缴税款一倍以上五倍以下罚金"，其立法精神是主刑和附加刑必须同时判处，以防止偷税人在经济上占便宜。

3. 对单位犯偷税罪采取双罚制

《刑法》第二百零五条第二款规定："单位犯本条规定之罪的，对单位判处罚金，并对其直接负责的主管人员和其他直接责任人员，处三年以下有期徒刑或者拘役；虚开的税款数额较大或者有其他严重情节的，处三年以上十年以下有期徒刑；虚开的税款数额巨大或者有其他特别严重情节的，处十年以上有期徒刑或者无期徒刑。"

《刑法》第二百一十一条规定："单位犯本节第二百零一条、第二百零三条、第二百零四条、第二百零七条、第二百零八条、第二百零九条规定之罪的，对单位判处罚金，并对其直接负责的主管人员和其他直接责任人员，依照各该条的规定处罚。"

对单位犯偷税罪采取双罚制，即对单位判处罚金，并同时对单位的直接负责的主管人员和其他直接责任人员，依照本条的规定处罚。

4. 对多次偷税的违法行为累计数额合并处罚

《刑法》第二百零一条第三款规定："对多次实施前两款行为，未经处理的，按照累计数额计算。"行为人多次实施偷税行为，累计偷税数额已经达到定罪标准，造成国家税收严重流失，其主观恶性和人身危险性较大，应当对其多次实施偷税造成严重社会危害的违法行为追究刑事责任。最高人民法院《关于审理偷税抗税刑事案件具体应用法律若干问题的解释》规定，偷税行为跨越若干个纳税年度，只要其中一个纳税年度的偷税数额及百分比达到《刑法》第二百零一条规定的标准，即构成偷税罪。各纳税年度的偷税数额应当累计计算，偷税百分比应当按照最高的百分比确定。

空姐开网店代购，因涉嫌偷税漏税而被判刑

2012年9月3日，北京市第二中级人民法院审理的一起偷逃关税的案件，三名被告人中的李某曾是一名航空公司的空姐，2008年离职后，在淘宝上开了家名为空姐小店的网店。在2010年至2011年8月间，被告人李某、褚某、石某分工配合，共同采取以客带货、从无申报通道携带化妆品进境等方式逃避海关监管，偷逃应缴税款113万余元，三人的行为构成走私普通货物罪，且偷逃应缴税额特别巨大，应依法惩处。在法院一审判决中，被告人李某犯走私普通货物罪，判处有期徒刑十一年，并处罚金人民币50万元。褚某、石某也被分别判处有期徒刑七年、五年，并分别处以罚金。

根据《刑法》第二百零一条对逃税罪的规定："纳税人采取欺骗、隐瞒手段进行虚假纳税申报或者不申报，逃避缴纳税款数额较大并且占应纳税额百分之十以上的，处三年以下有期徒刑或者拘役，并处罚金；数额巨大并且占应纳税额百分之三十以上的，处三年以上七年以下有期徒刑，并处罚金。扣缴义务人采取前款所列手段，不缴或者少缴已扣、已收税款，数额较大的，依照前款的规定处罚。对多次实施前两款行为，未经处理的，按照累计数额计算。有第一款行为，经税务机关依法下达追缴通知后，补缴应纳税款，缴纳滞纳金，已受行政处罚的，不予追究刑事责任；但是，五年内因逃避缴纳税款受过刑事处罚或者被税务机关给予二次以上行政处罚的除外。"

以案说法

案例1：全国首例B2C网站交易逃税被处罚案

【基本案情】

2007年7月，全国首例个人利用B2C网站交易逃税案于一审判决，被告张某因偷逃税款，被上海市普陀区法院判处有期徒刑两年，缓刑两年。这是全国首例网上交易逃税案，引发网络上关于缴税之争。电子商务交易的空间正以惊人的速度扩容，越来越多的人乐于上网购物，网络店铺的消费额也越来越大，如果不尽快完善电子商务交易税收法则，网上交易或成"逃税"避风港。

【法官说法】

我国现行税法规定，无论是线上还是线下，只要达成了交易就要征税。对于C2C交易，如果每次交易超过200元，一个月累计超过2 000元，才需要缴纳增值税。基于电子商务处于培育阶段的实际情况，个人卖家可根据具体情况适当减免。

对于企业卖家，由于它在线下本身就是一个企业实体，电子商务不过是为其提供了新的销售平台，因此，企业卖家应按照国家现行的税法按时足额纳税。对于个人卖家，应视具体情况适当减免，如果超过一定额度就应缴税，但基于其对社会就业的贡献，应适当予以减免。

案例2：武汉首例个人网店交税

【基本案情】

2011年6月武汉的网店"我的百分之一"收到武汉市税务局开出的一张四百三十多万元的征税单。根据记录显示，该网店在2010年这一年总销售额达到1亿元以上，同时，虽然我国没有明确规定电子商务的税务法律，但是明确规定在我国境内的交易都需要纳税，这就为武汉的个人纳税事件提供了依据。同时，武汉市还提出，将对皇冠级以上的个人网店发出纳税通知，鼓励个人网商店者办理纳税事宜。

在对"我的百分之一"淘宝店实行收税的时候，网店店主周某十分配合，他表示纳税之后感觉非常轻松。武汉的其他个人网店在纳税的问题上也比较积极。

【法官说法】

广大电子商务经营者关心的是税收标准问题，尤其是电商行业的网店经营者，利润微薄，他们希望在纳税标准上有所优惠，进而减轻营业的压力。在进行税收的时候，各地政府也要充分考虑优惠政策，避免网店的变动给当地的经济造成损失。

这个案例中也涉及一个地域管理的问题。"我的百分之一"网店的注册地在武汉市，所以武汉市可以对其进行税务的监管。而虚拟的网络世界，许多交易的双方是不确定的，税务部门无法明确交易地点，所以还不能对税收进行合理的分配。在管辖权问题上，我国要尽快设立明确的税收制度，避免税收的冲突。

【法律评析】

尽管网上购物与传统购物在交易环境与方式上有明显区别，但二者在交易实质上是相同的，网上购物的交易模式并没有改变现行消费者保护的法律体制，《消费者权益保护法》《民法典》中关于格式条款的基本原则的规定，都可适用于电子商务中的网上购物格式条款。但是，网络环境不同于实体购物环境，由于网上购物的数字化、无纸化等特征，所以格式条款订立网上购物合同的情况更为复杂，从而产生一些新的法律问题，如，格式条款必须符合哪些要件才能纳入合同，格式条款的法律效力如何认定，对这些条款又应如何规制？等等。

职业素养养成

朱熹教子依法纳税，每个公民应履行纳税义务

朱熹是我国南宋著名的哲学家、教育家、文学家。朱熹在《朱子训子帖》中写道："国课早完，虽囊空虚，独有余庆。"朱熹谆谆

网店店主被判刑第一案：
因代购逃税被判10年

教育子女：必须按照国家规定的税法，足额及时地将所纳的税款缴入国库，不应拖欠国家税款一分一厘；即使因此变得经济拮据，却仍感到心安理得，内心由衷地感到欣慰，因为自己尽了一个纳税人所尽的义务了。朱熹训子之道至今仍值得我们学习。

税收是国家生存和发展，实现各项职能的物质基础。依法纳税属于公民应履行的基本义务。我国的电商企业，特别是有长远发展规划的电商企业，在积极履行纳税义务。

本章小结

电子商务税收法律制度的组成；电子商务税收的种类和征税方式；电子商务税法构成的要素；电商企业的税收优惠政策；电子商务常见税务问题。

本章习题

习题答案

一、判断题

1. 因为电子商务与传统商务在表现形式和操作机制上不同，因而可主张对电子商务免税。（   ）
2. 目前按照征收对象分，电子商务有二大税种：企业所得税和流转税。（   ）
3. 跨境电子商务在交易的过程中不会涉及海关通关监管与征税。（   ）
4. 我国对电子商务经营者和电子商务平台经营者实行不同的税收法律制度。（   ）

二、填空题

1. 税收的特征是_____性、无偿性和固定性。
2. 纳税义务人是构成税收法律关系的_____；征税对象是构成税收法律关系的_____、征税的标的物；税目税率、纳税环节、纳税期限、减税免税等，构成了税收法律关系的_____。
3. 电子商务的税收种类大致分为_____、_____、_____。
4. 电子商务明确税收原则，坚持_____、_____、_____、_____。

三、单项选择题

1. 目前我国的税种中，影响最大的两个是（   ）。
   A. 增值税、个人所得税　　　　　　B. 增值税、营业税
   C. 消费税、企业所得税　　　　　　D. 契税、资源税
2. 下列选项中，能体现对电子商务征税的效率公平原则的是（   ）。
   A. 对电子商务交易采用适度优惠政策
   B. 企业因征税产生的成本和政府的管理成本都应尽可能最小化
   C. 电子商务交易与其他形式交易在征税方面要一视同仁，反对开征新税或附加税
   D. 居民税收管辖权和来源地管辖权并重的原则

3. 税收规定应该清楚、易懂，以便纳税人在交易前能预期税收结果。这体现了对电子商务征税的（　　）。

  A. 中性原则　　　B. 确认原则　　　C. 效率公平原则　　D. 灵活原则

4. 电子商务平台经营者应当依照税收征收管理法律、行政法规的规定，向（　　）报送平台内经营者的身份信息和与纳税有关的信息。

  A. 税务部门　　　　　　　　B. 市场监督管理部门

  C. 相关部门　　　　　　　　D. 国务院

5. 下列选项中，不属于电子商务对现行税法基本要素产生的影响的是（　　）。

  A. 纳税主体难以确认　　　　B. 征税客体定性无明确法律依据

  C. 纳税期限容易界定　　　　D. 纳税地点确认原则适用困难

四、简答题

1. 简述电子商务税收主体及其组成。

2. 电子商务税收按照征税对象分为哪些种类？

第 12 章 跨境电子商务法律法规

党的二十大报告提出，加快建设贸易强国。作为一种新业态新模式，跨境电子商务已成为我国外贸发展的新动能、转型升级的新渠道和高质量发展的新抓手。近年来，随着经济全球化和"互联网+"模式的深入发展，跨境电子商务快速发展，已成为国际贸易的新方式和新手段，对于扩大海外营销渠道、提升我国品牌竞争力、实现我国外贸转型升级有重要而深远的意义。

跨境电子商务涉及领域较广，如跨境支付、跨境物流、清关等，比一般电子商务更为复杂，不同的国家有不同的标准和法律法规，做好跨境电商的风险防范尤为重要。

本章内容包括我国以及其他国家、国际组织跨境电商法律法规政策，跨境电子商务知识产权保护，跨境电子商务税收。

知识点思维导图

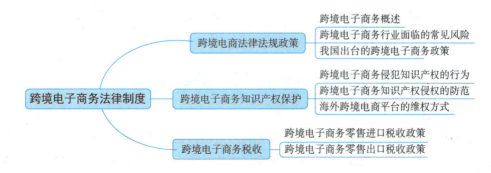

本章学习目标

知识目标

1. 了解跨境电商行业面临的常见风险。
2. 了解跨境电子商务知识产权的侵权行为。
3. 掌握跨境电子商务知识产权保护的方法。
4. 掌握跨境电子商务税收政策。

技能目标

1. 能在跨境电商经营活动中防范知识产权法律风险。
2. 能在跨境电商经营活动中防范税收风险。

思政目标

1. 在跨境电子商务经营过程中，提高知识产权保护意识。
2. 增强跨境电子商务经营过程中遵纪守法的意识。

12.1 跨境电子商务法律法规政策

知识点思维导图

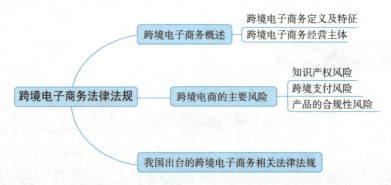

【工作任务】

电子商务经营者从事跨境电子商务，应当遵守进出口监督管理的法律、行政法规和国家有关规定。小王查阅相关媒体发现，在跨境电子商务经营活动中，有来自国外的买家以高价购买仿冒品为由与中国商户聊天，获取其 PayPal 账户（国际第三方支付平台），随后相关品牌商凭借聊天记录在美国提起诉讼。由于在美国打官司费用高昂，大部分国内商户没有选择积极应诉，随之而来的是，其 PayPal 账户及资金被冻结甚至清零，损失惨重。

小王迫切想了解：商家在跨境电子商务经营过程中如何规避境外法律风险？在遭遇国际诉讼时又该如何积极应诉？请你查找跨境电商相关法律法规政策，解答小王的疑惑。

【工作过程】

 12.1.1　跨境电子商务概述

1. 跨境电商交易平台

跨境电子商务又称跨境电商，是指分属不同关境的交易主体，通过电子商务平台达成交易，进行支付和结算，并通过跨境物流送达商品、完成交易的一种国际商业活动。传统国际贸易环节复杂，涉及生产商、贸易商、进口商、批发商、零售商、消费者。跨境电商缩短了对外贸易的中间环节，提升了进出口贸易的效率，为小微企业提供了新的机会。

目前世界上主流的跨境电子商务平台，如表 12-1 所示。

表 12-1　世界主流跨境电商平台

网站	网站简介	网址
亚马逊	美国最大的网络电子商务公司，位于华盛顿州的西雅图，是网络上最早开始经营电子商务的公司之一，成立于 1994 年，已成为全球商品品种最多的网上零售商和全球第二大互联网企业	https：//www. amazon. com
eBay	全球民众上网买卖物品的线上拍卖及购物网站	https：//www. ebay. cn
Shopee	东南亚跨境电商平台，业务覆盖了新加坡、马来西亚、印度尼西亚、泰国、越南、菲律宾及巴西，同时在中国深圳、上海、香港和台湾设立跨境业务办公室。自成立起，Shopee 一直保持高速增长，2020 年平台总订单量达 28 亿个，同比增长 132.8%	https：//shopee. com/index. html
Lazada	Lazada 成立于 2012 年，业务覆盖马来西亚，菲律宾、印度尼西亚、新加坡、泰国和越南六大市场，是东南亚主流的电商平台之一。自阿里巴巴多次追加投资，持股比例高达 83% 后，Lazada 彻底被纳入阿里系，成为阿里巴巴在东南亚市场的重要布局	https：//www. lazada. com/en
阿里巴巴国际站	阿里巴巴国际站帮助中小企业拓展国际贸易的出口营销推广服务，它基于全球领先的企业间电子商务网站，通过向海外买家展示、推广供应商的企业和产品，进而获得贸易商机和订单，是出口企业拓展国际贸易的首选网络平台之一	https：//www. alibaba. com

续表

网站	网站简介	网址
敦煌网	敦煌网是全球领先的在线外贸交易平台，是国内首个为中小企业提供 B2B 网上交易的网站。作为中小额 B2B 海外电子商务的创新者，敦煌网采用 EDM（电子邮件营销）的营销模式，低成本、高效率地拓展海外市场，自建的 DHgate 平台，为海外用户提供了高质量的商品信息	http：//seller.dhgate.com
英超海淘	英国 51Parcel LTD 公司旗下跨境电商品牌。英超海淘通过跨境电商 B2C 模式让英国优质商品直达中国消费者手中，完成信息、商品和物流的流通闭环，已带给 70 万中国用户来自英国的惊喜体验。通过商城直邮和海淘转运两种模式，帮助中国消费者淘尽英国好货	http：//www.51taouk.com

《电子商务法》第七十一条是关于跨境电子商务的原则性规定，表明了国家支持与促进跨境电子商务发展的政策性主张。本条并未规定具体的法律规范与法律制度，但是指出了关于跨境电子商务法律制度发展的方向，包括构建适应跨境电子商务特点、提高贸易便利化水平的政府管理制度，认可与支持跨境电子商务综合服务，支持小微企业参与跨境电子商务活动。

2. 跨境电商经营主体

跨境电商经营主体有通过第三方平台进行跨境电商经营的企业和个人、跨境电商的第三方平台、物流企业、支付企业。

 12.1.2　跨境电子商务行业面临的常见风险

1. 知识产权风险

企业在跨境电子商务活动中，应充分认识到中外知识产权保护法律的不同，针对特定国家对知识产权保护的法律，进行有效的法律风险规避。知识产权具有地域性，在不知情的情况下，跨境电商经营活动容易侵犯其他国家相关知识产权。

企业进口商品时，应事先对国内的在先知识产权进行检索并确认其产品是否有可能侵犯他人的知识产权；另外，企业在出口商品前，应了解本商品在其他国家的知识产权注册情况。

卖家在运营的选品阶段，就要开始做好知识产权侵权防范。可以进入美国专业商标局网站（https：//www.uspto.gov/）查询，如图 12-1 所示。

美国商标查询需要进入美国商标电子查询系统 Trademark Electronic Search System（TESS），通过点击美国专业商标局网站右侧"Trademarks"下的"Search trademark database"进入。TESS 中可以使用的查询语法，常用的如 IC（国际分类）、GS（商品和服务）、LD（商标状态）、OW（公司名及地址）、FM（商标全称）等，如图 12-2 所示。

2. 跨境电商支付风险

国际交易的一般交易流程为确认订单→买家付款→卖家发货→买家收货→卖家收款。我国跨境电商的主要电子支付方式和结算方法，如表12-2所示。

我国跨境电子支付结算的方式主要有跨境支付购汇方式（含第三方购汇支付、境外电商接受人民币支付、通过国内银行购汇汇出等）、跨境收入结汇方式（含第三方收结汇、通过国内银行汇款、以结汇或个人名义拆分结汇流入）。目前跨境电商进出口收款方式大致可归纳为两种：银行间直接支付以及通过第三方支付机构间接支付，如表12-3所示。

图 12-1　美国专业商标局网站

表 12-2　我国跨境电商的主要电子支付方式

电商类型	结算方法	手续费
境内跨境电商	支付宝国际账户，美元与人民币同存的双币种账户。国际支付宝里的美金结汇方法：买家通过国际支付宝完成交易结算，将需支付的款项直接汇入卖家的国内账户或银行卡中，卖家收款时可以自由选择货币币种	国际支付宝在交易完成后只对卖家收取手续费，买家不需要支付任何费用。国际支付宝服务对卖家的手续费收取分为两类，第一类是中国供应商会员，每笔订单收取3%的手续费；第二类是普通会员，每笔订单收取5%的手续费，目前这是全球同类支付服务中最低的费用

续表

电商类型	结算方法	手续费
境外跨境电商	PayPal，美国 eBay 公司旗下的支付平台，通过电子邮件标识身份，有标识身份的用户允许资金转移。其对传统的邮寄支票与汇款的支付方式有了很大的突破。PayPal 在国外使用者众多，很多电商平台通过这一平台支付货款	在商家进行支付转账会产生一部分手续费，PayPal 付款是收款方需付手续费，转账方不收手续费。用这种支付方式转账时，PayPal 收取一定数额的手续费

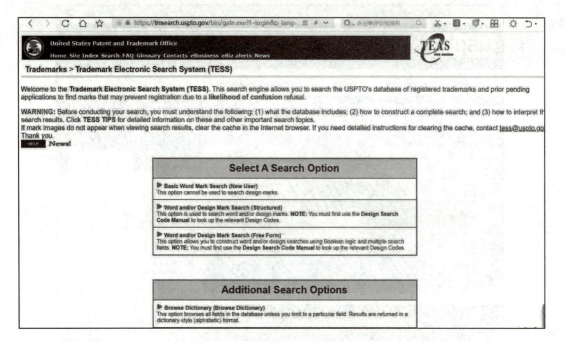

图 12-2　美国商标电子查询系统

表 12-3　跨境电商进出口收付款方式

类型	到账时间	手续费用	应用场景
银行账户间直接支付	2~3 天	费用较高但有封顶	B2B 大额交易 传统进出口贸易
通过第三方支付机构间接支付	T+0	手续费率较低	小额且高频交易

银行间直接支付是指跨境电商平台与跨境买卖双方开设账户的商业银行直连，通过平台对接的银行入口进行支付结算，这种模式与最传统的外贸企业收款模式并无本质区别，银行间系统直连，能够从根本上保障支付数据的安全。

通过第三方支付机构间接支付，即第三方支付机构在对应的银行有一个专用的备付金账户,境外买家付款后,货款先到达第三方支付机构的上述专用备付金账户,买家确认收货之后,第三方支付机构再从备付金账户里打款给境内卖家的账户,典型例子如阿里巴巴开发的速卖通平台上绑定的国际版支付宝。

跨境电子支付业务发生的外汇资金流动,必然涉及资金结售汇与收付汇,跨境电子支付业务流程,如图12-3所示。

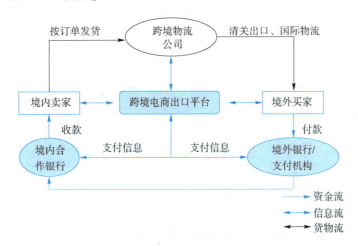

图 12-3 跨境电子支付业务流程

从当前的跨境支付影响力来看,第三方支付机构成为许多用户的首选。在第三方支付平台交易中有两种类型:一是境内的付款人、境外的收款人;二是境外的付款人、境内的收款人。

第三方支付平台在跨境交易上存在较大的安全漏洞,从而导致跨境电子商务交易存在资金安全风险。以"全球购"为例,国内的用户购买海外商品,支付宝提供相关银行的汇率,向国内用户显示商品的人民币成交价格。买方通过支付宝支付相关成交价格,支付宝转给外国商户。在支付成功通知时,海外商家则将货物交付给国内买家。同时,支付宝将提前通过银行购买外汇,并在买家收到订购的货物后立即清算银行的交易金额,完成整个交易过程。在交易过程中,客户的身份,交易目的和性质都具有隐藏的特点,第三方跨境支付机构获得境外商户真实信息的难度更大,对不合法的交易行为难以监控。

3. 产品的合规性风险

有些产品在国内是合规合法的,但是根据某些国家的法律法规,轻则不合规,重则不合法。例如,自2020年4月1日起,我国医用口罩、医用防护服、呼吸机、红外体温计的企业向海关报关时,须提供书面或电子声明,承诺出口产品已取得我国医疗器械产品注册证书,符合进口国(地区)的质量标准要求。海关凭药品监督管理部门批准的医疗器械产品注册证书验放。

关于合规性风险,每个国家的海关都有销售商品目录或者禁止的销售商品目录,我们从目录中可以获得相关信息,找到产品的相关规定,避免误入雷区。

评估产品是否合规时，可以从以下四个方面判断。

①是否是海关限制、禁止进出境的物品。

②内容是否合规。网站上的产品必须在买卖双方司法辖区均合法。另外，医疗/美容/婴幼儿产品、食品等特殊类别的产品有特殊要求，例如，隐形眼镜属于医疗产品，须提供FDA 510（k）认证报告，店铺须具备验光师资格等。

③正确认识高风险商户代码（MCC）。有关行业必须注册高风险 MCC 代码，获得银行卡清算组织许可，才能经营相关业务。

④品牌是否合规。不能出售侵犯知识产权、商标著作权、专利权等的产品。

【动手探究】

请上网查找关于银行卡清算组织的相关内容，了解银行卡结算组织的功能。

【实践操练】

做跨境电商，出口产品都要进行合规认证。《亚马逊卖家合规系统》为中国卖家提供了一站式产品合规解决方案。请你登录亚马逊卖家合规系统（ECTS）查看合规要求，进行网店产品合规性的自我评估。

12.1.3 我国出台的跨境电商相关法律政策

我国跨境电子商务法律法规，除了《电子商务法》《消费者权益保护法》等法律法规外，还涉及进出口监督管理等法律法规，具体包含以下几个方面。

1. 跨境电商贸易、商务、运输相关法律法规

①规范对外贸易主体、贸易规范、贸易监管的一般性法律。

②贸易合同方面的法律。

③知识产权方面的法律和规范。

④跨境运输方面的法律法规。

⑤产品质量和消费者权益方面的法律和其他规定。

2. 跨境电商监管（通关、商检、外汇、税收等）相关法律法规

①跨境电商通关方面的法律法规。

②跨境电商商检方面的法律法规。

③跨境电商外汇管理的法律规定。

④跨境电商税收方面的法律法规。

2018—2019 年我国出台的部分跨境电子商务法律法规，如图 12-4 所示。

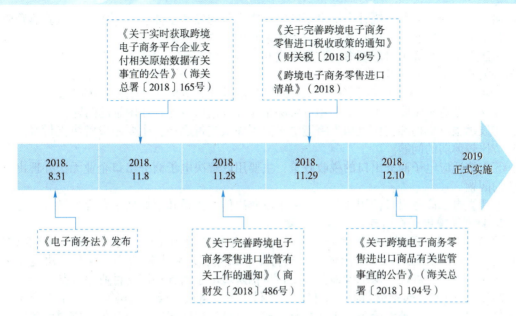

图 12-4 2018—2019 年我国出台的部分跨境电子商务法律法规

2018—2019 年我国出台的部分跨境电子商务法律法规，如表 12-4 所示。

表 12-4 2018—2019 年我国出台的部分跨境电子商务法律法规

时间	发文单位	发文名称	主要内容
2018 年 4 月	海关总署	《关于规范跨境电子商务支付企业登记管理》	进一步规范海关跨境电子商务监管工作
2018 年 11 月	商务部、发展改革委、财政部、海关总署、税务总局、市场监管总局	《关于完善跨境电子商务零售进口监管有关工作的通知》	进一步完善跨境电商零售进口监管工作，调整跨境电商零售进口税收政策，提高享受税收优惠政策的商品限额上限等
2018 年 12 月	海关总署	《关于跨境电子商务零售进出口商品有关监管事宜的公告》	规范零售进出口商品通关管理等事项
2019 年 4 月	市场监管总局、公安部、农业农村部、海关总署、国家版权局、国家知识产权局等	《加强网购和进出口领域知识产权执法实施办法》	对网购和进出口领域侵权行为加强监管，加大对侵犯知识产权行为查处力度，切实维护权利人的合法权益

3. 我国针对跨境零售出口的政策

2013 年 8 月，商务部等九部委出台了《关于实施支持跨境电子商务零售出口有关政策的意见》。在该文件中，首次针对跨境零售出口出台了支持政策，将跨境电子商务零售出口纳入海关的出口贸易统计，提出了确定零售出口的经营主体、专项统计、检验监管模式、收结汇、支付服务、税收政策、信用体系6项具体措施。

①建立电子商务出口新型海关监管模式并进行专项统计，主要用以解决零售出口无法办理海关监管统计的问题。

②建立电子商务出口检验监管模式，主要用以解决电子商务出口无法办理检验检疫的问题。

③支持企业正常收结汇，主要用以解决企业办理出口收汇存在困难的问题。

④鼓励银行机构和支付机构为跨境电子商务提供支付服务，主要用以解决支付服务配套环节比较薄弱的问题。

⑤实施适应电子商务出口的税收政策，主要用以解决电子商务出口企业无法办理出口退税的问题。

⑥建立电子商务出口信用体系，主要用以解决信用体系和市场秩序有待改善的问题。

4. 针对跨境电子商务支付问题的政策

2013年3月，国家外汇管理局制定了《支付机构跨境电子商务外汇支付业务试点指导意见》《支付机构跨境电子商务外汇支付业务试点管理要求》等多项文件，决定在上海、北京、重庆、浙江、深圳等地开展支付机构跨境电子商务外汇支付业务试点。

2013年10月，包括财付通、支付宝、汇付天下、重庆易极付公司等在内的17家第三方支付公司接获国家外汇管理局正式批复，成为首批获得跨境电子商务外汇支付业务试点资格的企业，这标志着国内支付机构跨境电子商务外汇支付业务迎来实质性的进展。

2015年1月20日，国家外汇管理局发布《支付机构跨境外汇支付业务试点指导意见》，在全国范围内开展部分支付机构跨境外汇支付业务试点，允许支付机构为跨境电子商务交易双方提供外汇资金收付及结售汇服务。

5. 针对当前保税进口新模式的政策

海关总署在2014年3月，针对上海、杭州、宁波、郑州、广州、重庆六个地方的保税区试行保税进口模式的情形，出台了《海关总署关于跨境贸易电子商务服务试点网购保税进口模式有关问题的通知》，对保税进口模式的商品范围、购买金额和数量、征税、企业管理等制定了相应的条文。

海关监管方式代码

目前，出口跨境电商监管方式代码有四种，分别代表四种不同贸易方式。

（1）海关监管方式代码"9610"，简称"跨境电商直邮模式"，也就是我们常说的B2C出口，适用于境内个人或电子商务企业通过电子商务交易平台实现交易，并采用"清单核放、汇总申报"模式办理通关手续的电子商务零售进出口商品。

（2）海关监管方式代码"9710"，简称"跨境电商B2B直接出口"，适用于境内企业通过跨境电商平台与境外企业达成交易后，通过跨境电商B2B直接出口的货物。

（3）海关监管方式代码"9810"，简称"跨境电商B2B出口海外仓"，是指境内企业先将货物通过跨境物流出口至海外仓，通过跨境电商平台实现交易后从海外仓送达境外购买者。

（4）海关监管方式代码"1210"，简称"保税跨境贸易电子商务"，该监管方式适用于境内个人或电子商务企业在经海关认可的电子商务平台实现跨境交易，并通过海关特殊监管区域或保税监管场所进出的电子商务零售进出境商品。"1210"相当于境内企业把生产出的货物存放在海关特殊监管区域或保税监管场所的仓库中，即可申请出口退税，之后按照订单由仓库发往境外消费者。

12.2 跨境电子商务知识产权保护

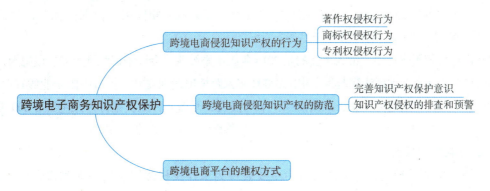

【工作任务】

小王的公司准备入驻亚马逊平台做跨境电商。在亚马逊平台的许多国内跨境卖家由于涉及知识产权侵权遭到亚马逊平台的处罚，资金账号被冻结。这些事件再一次提醒，一定重视知识产权问题，只有提高知识产权保护意识，跨境电商才能走得更远！

在亚马逊做跨境电商运营过程中，会涉及哪些知识产权侵权行为？如何防范跨境电商知识产权侵权？请你通过知网及百度搜索引擎搜集知识产权的资料，告知小王相关知识和防止知识产权侵权的方法。

【工作过程】

12.2.1 跨境电子商务侵犯知识产权的行为

1. 著作权侵权行为

在跨境电商活动中，著作权侵权涉及的相关权利主要集中在复制权、传播权与发行权等权利中。从表现形式来看，普通跨境电商经营活动中的著作权侵权行为主要存在以下三种情况。

（1）未经著作权人许可，擅自使用权利人图片、宣传语、音乐等进行宣传的行为

较为典型的行为就是"盗图"。在"小猪佩奇"国内著作权纠纷案中，侵权人非法使用著作权人的卡通形象，在淘宝网展示侵权商标，并销售印有"小猪佩奇"形象的玩具，被杭州互联网法院认定为侵犯了作品的发行权、信息网络传播权与复制权，最终判赔15万元。

（2）未经权利人同意，擅自出售、传播作品的行为

较为典型的行为就是盗版书籍、盗版影片等，例如，商家在未获得授权的情况下在亚马逊平台销售米老鼠毛绒玩具，就是属于这种情况。该类侵权行为在跨境电商发展的早期阶段较为普遍，目前已经逐渐减少。

（3）未经权利人同意，擅自修改他人作品

此类行为往往与不正当竞争行为挂钩，一般表现为侵权人对权利人享有著作权的美术作品、卡通形象等进行小幅度修改，形成与原作品有区别却神似的新"作品"，以期鱼目混珠、搭上原作品的"便车"来扩展销售市场。

2. 商标权侵权行为

不少跨境电商企业往往会利用他人知名商标或品牌已有的影响力，来混淆消费者的视听。实践中，企业侵害商标权的行为多种多样，主要包括将店铺名称或网站域名注册成与商标权人的商标一致或近似、在产品介绍时使用与商标权人相同或近似的商标、售卖标有他人注册商标的产品、销售仿冒产品等行为。

在商标侵权类案件中，最为著名的是 2016 年美国婚纱业协会以销售假冒产品、侵犯知识产权为由在美国新泽西地区法院起诉了中国 3 000 多家跨境电商独立站，控告中国企业假冒商标。PayPal 平台上的中国电商企业账户被清零，平均损失 2 万美元，此次案件涉及金额 8 000 万美元，这是自 2014 年年末"美国亚马逊大批量下架平衡车"案件后的又一要案。

3. 专利权侵权行为

在跨境电商活动中，专利侵权行为主要表现为未经授权假冒、销售专利权人的产品；未经权利人许可，许诺销售、销售、进口、制造他人享有专利权的产品；未经权利人许可，利用专利方案制造、销售、许诺销售专利产品等。虽然专利权侵权的占比不高，但一旦为认定为存在侵权行为，就会给商家造成巨大的经济损失。

轰动一时的"下架平衡车事件"，是由我国商家涉嫌销售侵害专利权产品引起的，事件的相关权利人及平台对我国上千家商家采取了平台产品全线下架、卖家 PayPal 账户资金冻结的措施，且相关商家均面临着高额的专利侵权赔偿的索赔。

12.2.2　跨境电子商务知识产权侵权的防范

1. 完善知识产权保护意识

提高跨境电商企业的知识产权保护意识，提升企业自主创新能力，完善企业知识产权制度建设，是应对普通跨境电商知识产权侵权风险的根本性措施。我国跨境电商企业在"走出去"的过程中，应当充分注重知识产权的保护，在拓展海外市场前，充分了解进口国相关知识产权法律规定；提前做好知识产权布局，重视产品的市场需求及企业资金状况，在全球主要市场提前注册、申请相关知识产权。

2. 做好知识产权风险排查与预警工作

在产品生产、采购、营销环节中尽可能避免知识产权侵权行为的发生。例如，欧洲轻奢珠宝品牌 TI SENTO 在入驻天猫国际之前，就委托团队为其进行前期的知识产权清查工作。在风险排查过程中，发现"TISENTO"商标早在 2008 年已经被国内第三方在珠宝类别上申请注册。前期 TI SENTO 为开拓中国市场，已经多次提出了商标撤销申请，均被驳回。

TI SENTO 公司通过诉讼与非诉讼结合的方式最终将争议商标权利争取回来，为 TI SENTO 顺利入驻天猫国际平台扫清了"知识产权障碍"。

3. 委托境外当地律师协助处理、应对纠纷

在被控侵犯知识产权时，企业应冷静分析案件情况，针对个案采取不同措施。如确属侵权的，企业则应主动删除、下架被控侵权产品链接，及时将 PayPal 账号提现，减少财产损失。

与此同时，企业可以利用平台、通过 Google 找到权利人网站，查找权利人 Facebook 的公司页面等，获取权利人的联系方式，主动沟通协商和解事宜，争取尽快达成和解方案，以早日解封账户、顺利开展后期的企业经营活动。当无法联系到权利人或无法得到权利人回应时，跨境电商企业可以考虑委托境外当地律师协助处理、应对纠纷。当和解金额过高、条件过于苛刻时，跨境企业可以考虑在律师的帮助下积极应诉，以便在诉讼中争取将赔偿金降低至合理范围。

12.2.3　海外跨境电商平台的维权方式

目前海外四大跨境平台亚马逊、eBay、Wish 及速卖通均设置有知识产权投诉侵权途径，它们和国内阿里巴巴知识产权保护平台的投诉机制比较类似。

投诉方首先要是平台认可的知识产权所有人，即在投诉前需要在平台进行相应知识产权备案，之后遇到侵权的话，只要进入侵权投诉页面然后进行相应的投诉。平台对没有备案的知识产权基本不持积极的态度，这种情况基本不会投诉成功。因此，建议电商平台的卖家在上架产品前获得产品知识产权的相应证书。

> 【实践操练】
>
> 登录中国国际经济贸易仲裁委员会网上争议解决中心（http://www.cietacodr.org/login.jsp），完成个人用户注册。

12.3　跨境电子商务税收政策

知识点思维导图

```
跨境电子商务税收政策
├── 跨境电子商务零售进口税收政策
│   ├── 跨境电商进口方式
│   ├── 调整进口税起征点
│   └── 调整行邮税税率
└── 跨境电子商务零售出口税收政策
    ├── 跨境电商出口方式
    ├── 出口退免税政策
    └── 出口退免税的计算方法
```

【工作任务】

做跨境电商的企业，进口和出口货物分别怎么缴税？请你告知小王相关知识。

【工作过程】

我国对进出境商品区分为货物和物品执行不同的税制。其中，对进境货物征收进口关税和进口环节增值税、消费税；对非贸易属性的进境行李、邮递物品等，将关税和进口环节增值税、消费税三税合一，合并征收进境物品进口税，俗称行邮税。

12.3.1 跨境电子商务零售进口税收政策

自 2019 年 1 月 1 日起，我国调整跨境电商零售进口税收政策，提高享受税收优惠政策的交易限制，并且扩大了商品的清单范围。

1. 跨境电商进口方式

针对跨境电商，常见有两种方式：BC 直购和保税仓备货模式，两者缴纳的都是跨境综合税。

（1）BC 直购

BC 直购（BC，即 Business to Customer 的缩写，BC 直购也称 BC 直邮）模式下，国内消费者在跨境电商网站直接下单购买海外商品，商品直接从境外发货，并通过国际物流运输到境内关口，完成通关后在使用国内物流配送给消费者。跨境 BC 直邮清关由电商、物流商、支付商统一向海关报送四单数据，全程 EDI 传输，申报、放行、查验效率最短在 1 天之内即可完成。

BC 直购有两种方式：针对小包裹的直邮模式和针对大量商品的集货模式。两者之间的区别：前者是用户直接下订单后，国际物流小包裹运输到国内，再清关快递配送到用户手中；后者是用户下单后，不急着发货，而是统一存放在海外仓，等到累积到一定数量时，再通过大包裹国际物流运输到国内进行清关，完成快递配送。这种模式的缺点是收货时间长。

（2）保税仓备货模式

保税仓备货模式，也称为 BBC 模式（BBC 即 Business – Business – Customer 的缩写，第 1 个 B 是指电商平台，第 2 个 B 是小商家，C 是指消费者），是指商家提前从国外批量备货到国内保税仓，待客户下单后，再从保税仓打包，完成通关后使用国内物流配送给消费者。

保税备货主要流程分为 8 个步骤：国外批量采购 – 通过海运或空运进入国内 – 海关报关 – 货物储存于保税区 – 消费者下单 – 订单分拣出库 – 清关 – 国内配送。

在这种模式下如果商品放在保税仓过期了，需要在海关的监督下进行销毁，跨境电商平台和商家需要承担商品销毁的费用。所以这种保税仓模式，主要适用于标品和热款商品等有利于销售的商品。

2. 调整进口税起征点

进口税从价计征。进口税的计算公式为：

$$进口税税额 = 完税价格 \times 进口税税率$$

2019 年 1 月 1 日开始施行的跨境税收政策主要包括三个方面。

①将年度交易限值由每人每年 20 000 元调整至 26 000 元；同时，将单次交易限值由每人每次 2 000 元调整至 5 000 元。

注：提高年度交易限值意味着每人每年"海淘"的额度将提高至 26 000 元，26 000 元以内免交关税，超出将要缴纳严格的关税。

②明确完税价格超过单次交易限值但低于年度交易限值、且订单下仅一件商品时，可以通过跨境电商零售渠道进口，按照货物税率全额征收关税和进口环节增值税、消费税，交易额计入年度交易总额。

③明确已经购买的电商进口商品不得进入国内市场再次销售。

商品清单调整，主要包括两个方面：第一，将部分近年来消费需求比较旺盛的商品纳入清单商品范围，增加了葡萄汽酒、麦芽酿造的啤酒、健身器材等 63 个税目商品。第二，根据税则税目调整情况，对前两批清单进行了技术性调整和更新，调整以后的清单目前一共是 1 321 个税目。

3. 调整行邮税税率

我国一直对个人自用、合理数量的跨境电商零售进口商品在实际操作中按行邮税征税，总体上低于国内销售的同类一般贸易进口货物和国产货物的税负。新税收政策下，购买跨境电商零售进口商品的个人将作为纳税义务人，实际交易价格（包括货物零售价格、运费和保险费）作为完税价格，电子商务企业、电子商务交易平台或物流企业为代收代缴义务人。

海关总署在公告关于调整《中华人民共和国进境物品归类表》和《中华人民共和国进境物品完税价格表》的公告中，公布了最新的行邮税税率：原来按 15% 税率征收的物品，税率下调到 13%；原按 25% 税率征收的物品，税率下调到 20%；原按 50% 税率征收的物品，税率保持不变，仍然为 50%。

行邮税调整范围，如图 12-5 所示。

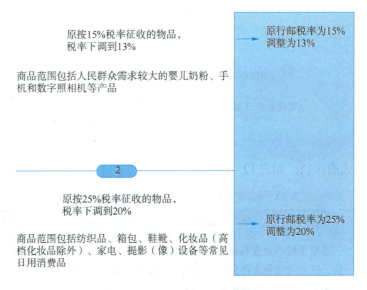

图 12-5　行邮税调整范围

12.3.2 跨境电子商务零售出口税收政策

1. 跨境电商出口方式

一般贸易报关即正式报关，常指的是正规进口和正规出口。进出口都需要通过正规的报关，需要正规收付外汇，进口需要交关税和增值税。

跨境电商出口方式与一般贸易出口的区别，如表12-5所示。

表12-5 跨境电商出口方式与一般贸易出口的区别

项目	跨境电商B2B出口（9710、9810）	跨境电商B2C出口（9610）	一般贸易出口（0110）
通关系统	H2018系统通关	跨境电商出口统一版系统	H2018系统通关
随附单证	9710：订单、物流单 9810：定仓单、物流单 （报关时委托书第一次提供即可）	订单、物流单、收款信息	委托书、合同、发票、提单、装箱单
物流	可适用转关或直接口岸出口，通过H2018申报的可适用全国通关一体化	可适用转关或直接口岸出口	直接口岸出口或全国通关一体化
查验	可享受优先查验的便利	不享受优先查验的便利	不享受优先查验的便利

敦煌网、阿里巴巴国际站、1688网站线跨境电商B2B平台的卖家，根据企业经营模式分为两种，如图12-6所示。

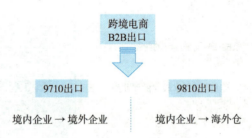

图12-6 跨境电商B2B企业经营模式

上述两种模式的区别，如表12-6所示。

表12-6 跨境电商B2B二种经营模式的区别

企业经营模式	流程	海关监管方式
B2B直接出口	适用于境内企业与境外企业通过跨境电商平台实现交易，通过跨境物流将货物直接出口至境外企业，并向海关传输相关电子数据的模式	海关监管方式代码为9710，简称跨境电商B2B直接出口

企业经营模式	流程	海关监管方式
出口海外仓	适用于境内企业通过跨境物流将出口货物出口至海外仓，通过跨境电商平台实现交易后从海外仓送达购买者，并向海关传输相关电子数据的模式	海关监管方式代码为9810，简称跨境电商出口海外仓

2. 跨境电商企业的出口退免税政策

在我国跨境电商出口企业，主要适用于三类出口退免税政策，即增值税退（免）税政策、增值税免税政策和增值税征税政策。如图12-7所示。

图12-7 跨境电商出口企业的三类政策

（1）申报退（免）税的条件限制

2013年12月30日，财政部和国家税务总局出台了《关于跨境电子商务零售出口税收政策的通知》（财税〔2013〕96号，自2014年1月1日起适用），规定了电子商务出口企业出口货物适用增值税、消费税退（免）税政策的条件，具体如表12-7所示。

表12-7 跨境电子商务出口企业符合退（免）税的条件

退免税政策	适用条件
适用增值税、消费税退（免）税政策	条件1. 电子商务出口企业属于增值税一般纳税人并已向主管税务机关办理出口退（免）税资格认定
适用增值税、消费税退（免）税政策	条件2. 出口货物取得海关出口货物报关单（出口退税专用），且与海关出口货物报关单电子信息一致
	条件3. 出口货物在退（免）税申报期截止之日内收汇
	条件4. 电子商务出口企业属于外贸企业的，购进出口货物取得相应的增值税专用发票、消费税专用缴款书（分割单）或海关进口增值税、消费税专用缴款书，且上述凭证有关内容与出口货物报关单（出口退税专用）有关内容相匹配
适用增值税、消费税免税政策	条件1. 电子商务出口企业已办理税务登记
	条件2. 出口货物取得海关签发的出口货物报关单
	条件3. 购进出口货物取得合法有效的进货凭证

注：跨境电子商务企业通过电子商务形式出口的货物，只有属于财政部和国家税务总局已经明确的予以退（免）税的货物，才可以享受出口退（免）税政策。

（2）申报退（免）税的"两单一票"限制

对外贸型跨境电子商务出口企业的出口退（免）税申报提出了"两单一票"统一的要求，"两单"具体是指海关的核放清单和出口报关单，"一票"是指增值税专用发票、消费税专用缴款书（分割单）或海关进口增值税、消费税专用缴款书，三者的相关内容须保持一致。对生产型跨境电子商务出口企业在出口退（免）税申报时，要求核放清单和出口报关单相关内容应保持一致。

(3) 申报退（免）税的时间限制

对于需要申报出口退（免）税的出口货物，跨境电子商务企业应在货物报关出口之日次月起至次年 4 月 30 日前的各增值税纳税申报期内，收齐有关凭证，向主管税务机关办理出口货物退（免）税申报。逾期的，企业不得申报退（免）税。

3. 出口退免税的具体退税计算方法

目前，我国跨境电子商务企业主要有两种退税计算方法：第一种办法是"免、抵、退"办法，第二种办法是"免、退"办法，具体如表 12－8 所示。

表 12－8　跨境电子商务企业主的退税计算方法

适用的跨境电子商务企业	退税办法	具体方法	计算公式
有出口经营权或委托出口自产货物的生产企业	"免、抵、退"办法	"免"就是指免征生产企业出口环节增值税； "抵"就是生产出口货物所购入原材料、燃料、动力等的进项税可以抵减内销部分的应纳增值税额（不包括适用增值税即征即退、先征后退政策的应纳增值税额）； "退"就是指将未抵减完的部分予以退还	当期应退税额 = 出口货物离岸价格（FOB）× 外汇人民币牌价 × 退税税率 注：当期指一个季度。 年应缴纳增值税额 = FOB × 征税率 − 进项税额
没有进出口经营权的生产企业委托出口自产货物（即外贸公司）的工厂	"免、退"办法	"免"就是免征出口环节增值税； "退"就是对出口相应的进项税额予以退还	增值税 = 离岸价格（FOB）/（1 + 增值税率）× 增值税率 − 进项税额 退税额 = 增值税发票金额/（1 + 增值税）× 出口退税率

【动手探究】

请上网查找跨境电商企业出口退、免税申报的相关流程。

以案说法

案例1：江西某公司在 eBay 网站侵犯国际知名品牌迪奥（Dior）的知识产权侵权案

江西某公司在 eBay 网站注册并售卖女式双层双面印花斜纹长围巾，展示的产品图片中有一张与国际某知名品牌迪奥（Dior）的一款围巾相似。

2020年1月，来自美国的GBC买手（ID号为lysan_9564）买下了涉嫌侵权图片对应的窄丝巾产品，产品上面有一个"CD"标识侵犯了迪奥（Dior）的商标权。品牌方迪奥公司向该公司提起商标侵权诉讼。

2020年5月26日，江西该公司收到PayPal支付平台的通知，由于该公司侵犯了Christian Dior的知识产权，该公司的PayPal账号的付款、收款、提款功能，以及部分款项的使用均受到影响。

【法官说法】

江西某公司知识产权观念淡薄，其行为已经侵犯了国际知名品牌迪奥的商标权。该公司对跨境电商出口中的知识产权侵权风险没有给予足够的重视，在发布产品及产品上架前，没有进行有效的产品检索和分析并排除侵权风险，就将涉嫌侵犯商标权的产品图片上传到店铺。根据美国的法律，在互联网上传涉嫌侵权的图片，即使没有实际售卖侵权产品，未造成实际损害，但这种侵权性的宣传行为也被认定为侵权行为。

跨境电商企业在出口中遭遇知识产权侵权诉讼时，只有通过应诉或和解才能最终解决知识产权侵权纠纷，让原告主动撤诉或法院撤销冻结令。如果跨境电商企业确信自己不存在侵权行为，那么应该选择应诉。

案例2："英超海淘"下单成功后久未发货，售后服务困难

陈女士于2019年11月29日在"英超海淘"下单zatchels剑桥包。下单时承诺2~3周发货，一个月内收到货，截至12月24日物流信息仍然是订单创建状态。陈女士在12月多次联系平台客服，客服回复会尽快发货，但一直没有后续结果。

陈女士认为平台在客服设置上存在很大问题，存在找不到已发货物的情况。"英超海淘"接到该用户投诉后，第一时间将投诉案件移交该平台相关工作人员督办妥善处理。

【法官说法】

《电子商务法》第二十条明确规定："电子商务经营者应当按照承诺或者与消费者约定的方式、时限向消费者交付商品或者服务，并承担商品运输中的风险和责任。但是，消费者另行选择快递物流服务提供者的除外。"因此，按时发货是平台商家理应尽到的义务，此外，由于不同的跨境电商平台在配送时效和服务质量上均有不同，消费者下单前仔细了解发货模式，对于价值高的商品尽量选择保税进口、直邮等安全性高的物流模式；购买生鲜、食品、急需物品，尽量避开购买高峰期，并且了解发货时间和大致的物流时间；务必"先验货再签收"，遇到商品破损、腐烂、货不对板情况，可拒收快件。

职业素养养成

跨境电商让古丝绸之路焕发生机

公元前两个世纪前，一条起始中国的"丝绸之路"成为繁荣数百年的商贸走廊、文化通道。如今，随着"互联网+"的发展，每一个人都是丝绸之路的"起点"，动动鼠标或刷刷二维码，就可采购一件进口商品，跨境

中国千家婚纱跨境电商经营者被美国ABPIA起诉

电商正助推古丝绸之路焕发生机。

跨境电商已成为一种全新的商业机会,正改变全球贸易的格局。在跨境电商的政策方面,政府既要加强法律体系、市场体系、诚信体系等支撑体系的建设,又要积极鼓励创新,留出足够的空间让市场做主。

为了支持、促进和保障跨境电子商务的发展,我国电子商务立法进行了专门规定,一是鼓励发展跨境电子商务;二是推动建立适应跨境电子商务活动需要的监管体系,提高通关效率,保障贸易安全,促进贸易便利化;三是鼓励发展跨境电子商务,推动跨境电子商务活动的电子化方面,如通关、税务、检验检疫等;四是推动建立国与国之间的跨境电子业务交流与合作。

本章小结

跨境电子商务基本概念;跨境电子商务行业面临的常见风险;我国跨境电子商务法律法规;跨境电商经营活动中知识产权的侵权行为;跨境电商经营活动中知识产权保护的内容和方法;跨境电子商务税收政策。

本章习题

习题答案

一、填空题

1. 广义的跨境电商包含 B2B 和 B2C 部分,不仅包括跨境电商 _____ 中通过跨境交易平台实现线上成交的部分,还包括跨境电商 B2B 中通过互联网渠道线上进行交易撮合线下实现成交的部分。

2. 跨境电商行业核心的法律制度,主要体现在税收、检验检疫、_____ 支付、平台责任、信息使用与大数据、消费者权益保护、外资准入等环节中。

3. 跨境电子商务经营主体分为三类:一是自建跨境电子商务销售平台的电子商务出口企业,二是利用 _____ 跨境电子商务平台开展电子商务出口的企业,三是为电子商务出口企业提供交易服务的跨境电子商务第三方平台。

4. 跨境电子商务零售出口是指我国出口企业通过互联网向境外零售商品,主要以 _____、快递等形式送达的经营行为,即跨境电子商务的企业对消费者出口。

二、单项选择题

1. 海关监管方式代码"9710",简称(　　)。
   A. 跨境电商直邮模式　　　　　　B. 跨境电商 B2B 直接出口
   C. 跨境电商 B2B 出口海外仓　　　D. 保税跨境贸易电子商务

2. 跨境电商知识产权保护面临的问题有(　　)。
   A. 各方侵权认识不足　　　　　　B. 侵权行为处理困难
   C. 海关对侵权行为认定困难　　　D. 侵权责任划分困难

三、多项选择题

1. 跨境电商在(　　)等方面,都面临着新问题与挑战。
   A. 纳税主体　　　B. 课税对象　　　C. 课税标准

D. 缴纳程序　　　　E. 归属关系

2. 下列选项中，从事跨境电商应当遵守的法律法规有（　　）。

A. 《电子商务法》

B. 《民法典》

C. 《消费者权益保护法》

D. 进出口监督管理的法律、行政法规和国家有关规定

3. 跨境电商知识产权侵权包括（　　）。

A. 商标权侵权　　　B. 著作权侵权　　　C. 专利权侵权　　　D. 网络域名侵权

四、判断题

1. 跨境支付涉及跨境第三方支付与跨境人民币支付两种。　　　　　　　　　（　　）

2. 跨境电商在纳税主体、课税对象、归属关系、课税标准、缴纳程序等方面，都面临着新问题与挑战。　　　　　　　　　　　　　　　　　　　　　　　　　　（　　）

五、简答题

1. 跨境电子商务常见的法律风险有哪些？

2. 简述跨境电商的出口退（免）税政策中的"两单一票"要求。

第13章　电子商务纠纷的解决

随着电子商务交易的迅速发展，电子商务纠纷的数量也在逐年递增且数量惊人。交易纠纷是制约电子商务发展的重要因素之一。解决电子商务交易纠纷的机制有协商、仲裁和诉讼等。此外，通过在线争议解决方式处理电子商务纠纷也受到越来越多的关注。

本章内容包括电子商务纠纷的种类和特点，电子商务纠纷争议的解决和法律责任。

知识点思维导图

电子商务纠纷的解决
- 电子商务纠纷的概念和种类
  - 电子商务纠纷的发展趋势
  - 电子商务纠纷的类型
  - 电子商务纠纷的解决机制
  - 网络在线纠纷的解决方式
- 电子商务纠纷的法律解决
  - 电子商务纠纷处理流程
  - 互联网法院
  - 电子商务争议解决相关法律

本章学习目标

知识目标

1. 了解电子商务纠纷的种类和特征。
2. 了解电子商务争议解决的流程和途径。
3. 了解电子商务纠纷的解决机制。
4. 掌握电子商务纠纷的法律适用。

技能目标

1. 能进行电子商务纠纷的诉讼举证。
2. 会使用电子商务纠纷的解决方法。

思政目标

1. 在电子商务纠纷处理过程中，要诚实守信。
2. 在电子商务纠纷处理过程中，要恪守职业道德，做到遵纪守法。

13.1 电子商务纠纷的概念和种类

 知识点思维导图

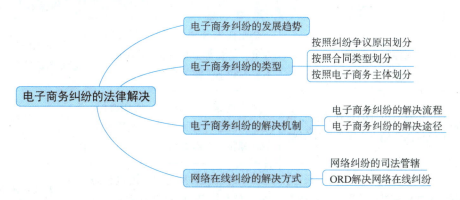

【工作任务】

电子商务纠纷的种类和特点有哪些？电子商务争议解决的方法和途径有哪些？产生电子商务纠纷后如何维权？小王对这些问题涉及的法律条款并不清楚，他迫切需要了解这方面的情况。

假如你是法院的工作人员，请你给予小王合理化建议，帮助找出电子商务纠纷的解决之道。

【工作过程】

13.1.1 电子商务纠纷的发展趋势

电子商务交易还在逐年地增加，电子商务纠纷的数量也在逐年递增且数量惊人。电诉宝消费纠纷调解平台（http：//www.100ec.cn/Index/complain.html）相关调查数据表明，近五年电子商务争端案件数量年增长率在40%～60%。新型电商涉诉案件明显增多，跨境电商纠纷则成为案件新的增长点，通过天猫国际、全球购、网易考拉、小红书等专门从事进口产品销售的平台购买进口产品引发的纠纷案件增长较快。

13.1.2 电子商务纠纷的类型

1. 按照纠纷争议的原因划分

按照纠纷争议的原因划分，电子商务纠纷可分为：①商品质量或服务内容争议；②款项支付争议；③售后服务争议；④商品配送争议。

2. 按照合同类型划分

电子商务纠纷在大多数情况下也是一种合同纠纷，按照合同类型划分，电子商务纠纷主要包含网络购物合同纠纷、网络服务合同纠纷、网络广告合同纠纷、电信服务合同纠纷等，对此争议的解决可以参照合同的相关法律规定。

3. 按照电子商务主体划分

电子商务纠纷也可因电子商务主体不同分为 B2C 纠纷、B2B 纠纷、C2C 纠纷，这三种电子商务纠纷表现不完全相同，当事人之间地位不都是对等的，而且，每一种纠纷中不对等程度又有所不同，具体如表 13－1 所示。

表 13－1 电子商务纠纷的类型比较

类型	特点	纠纷产生的原因	纠纷解决方式
B2B 纠纷	争议标的金额大	企业商家和消费者在交易地位、力量、信息等方面存在着实质上的不对等和不平衡关系	当事人往往通过诉讼来解决纠纷
B2C 纠纷	小额与小批的订购模式，争议标的金额少，案件事实简单	企业商家和消费者在交易地位、力量、信息等方面存在着实质上的不对等和不平衡关系	当事人往往不会通过诉讼来解决纠纷
C2C 纠纷	多数在线交易涉及金额小，案件事实简单。当事人往往不会通过诉讼来解决纠纷	C2C 的主要交易过程是通过交易平台进行的，所有的交易信息也都保留在平台	当事人往往不会通过诉讼来解决纠纷

我国电子商务争端在线仲裁制度正在不断完善，电子商务纠纷相关的法律有《电子商务法》、《消费者权益保护法》、《民法典》、《中华人民共和国仲裁法》（以下简称《仲裁法》)、《民事诉讼法》等。

13.1.3 电子商务纠纷的解决机制

电子商务纠纷解决机制是指电子商务纠纷解决法确认的、有效地解决和消除电子商务纠纷和争议的制度和方法的总称。

1. 电子商务纠纷解决的流程

电子商务纠纷解决的流程,如图 13-1 所示。

图 13-1 电子商务纠纷解决的流程

2. 电子商务纠纷解决的途径

《消费者权益保护法》第三十九条规定了买卖合同纠纷解决途径:和解、调解、投诉、仲裁和诉讼。

(1) 和解

和解是指当事人因合同发生纠纷时可以再行协商,在尊重双方利益的基础上,就争议的事项达成一致,从而解决纠纷的方式。和解是当事人自由选择的在自愿原则下解决合同纠纷的方式,不是合同纠纷解决的必经程序。当事人也可以不经协商和解而直接选择其他解决纠纷的途径。此种方式主要是消费者与平台内商品或服务提供者之间通过友好协商的方式就相关纠纷达成和解,如果和解不成,可以引入第三方,进行调解。

(2) 调解

调解是指在第三人的主持下,通过运用说服教育等方法来解决当事人之间的纠纷。调解有人民调解委员会和行政调解两种方式,两者的区别,如表 13-2 所示。

表 13-2 调解的两种方式

调解方式	组织的类型	调解程序	调解对象与范围	达成调解协议的效力
人民调解委员会	基层群众自治性组织	向纠纷当事人所在地或者纠纷发生地的人民调解委员会申请调解	对民间纠纷双方当事人进行调解说服、疏导	人民调解达成的调解协议或制作的调解书,虽然具有法律的约束力,但仍不能作为直接强制执行依据,靠当事人的觉悟、道德和诚信而自己履行
行政调解	国家行政机关、企事业单位的行政调解机构	工商行政管理机关、消费者组织、行业协会或者其他依法成立的调解组织调解	具有行政隶属关系的人	行政调解达成的协议或制作的调解书,一般不具有法律效力,但是在法律有明文规定的情况下,某些行政调解可能生效后具有法律效力,权利人可以作为申请人民法院依法强制执行的根据

申请行政调解的纠纷必须具备以下条件:申请人必须是与本案有直接利害关系的当事

人，有明确的被申请人、具体的调解请求和事实根据；符合工商行政管理机关受理案件范围的规定。但已经向人民法院起诉或者已经向仲裁机构申请裁的，以及一方要求调解另一方不同意调解的，调解申请不予受理。

双方当事人接受调解达成协议的，应当制作调解协议书，当事人即应当按照调解协议书履行各自的义务。由于调解协议书不具有法律强制力，一方当事人不履行的，对方当事人不能就此请求人民法院强制执行，但可以采用其他方式来解决争议。

（3）投诉

电子商务争议解决投诉的途径，有电话投诉、网络投诉和线下投诉等渠道，具体如表 13-3 所示。

表 13-3 电子商务争议解决投诉的途径

投诉途径	投诉方法
电话投诉	拨打 12315 热线电话
网络投诉	12315 网站、中国电子商务投诉与维权公共服务平台等第三方消费者电商权益保护平台
线下投诉	到所在城市的工商行政管理部门进行投诉

中国电子商务研究中心推出的"中国电子商务投诉与维权公共服务平台"是全国最大第三方消费者电商权益保护平台，该平台把网购消费者举报信息积极向相关部门反映，严格保护消费者的权益，不泄露任何个人信息。该平台投诉页面，如图 13-2 所示。

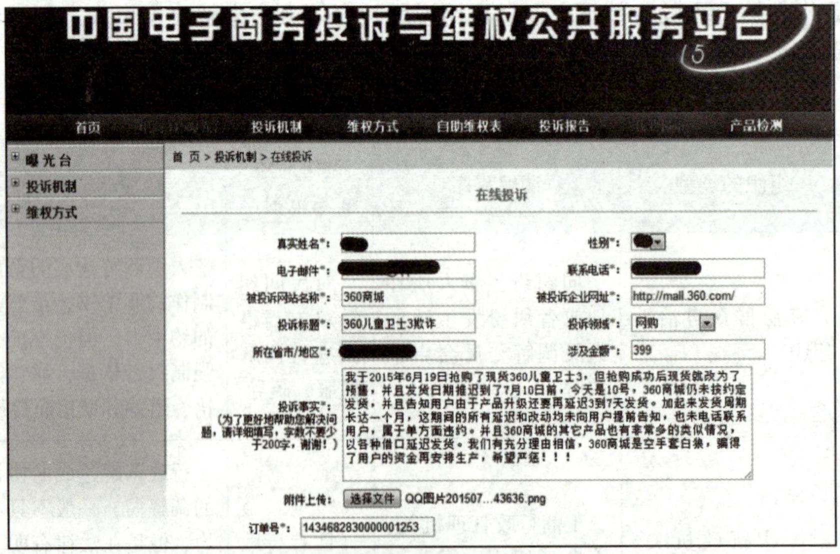

图 13-2 中国电子商务投诉与维权公共服务平台投诉页面

（4）仲裁

当事人可以通过和解或者调解解决合同争议。当事人不愿和解、调解或者和解、调解不成的，可以根据仲裁协议向仲裁机构申请仲裁。仲裁是指发生合同争议的双方当事人，根据争议发生前或发生后达成的仲裁协议，将纠纷提交仲裁机关进行裁决并解决纠纷的方式。仲裁机构做出的仲裁裁决具有法律效力,当事人应当履行。

中国国际经济贸易仲裁委员会颁布的《中国国际经济贸易仲裁委员会网上仲裁规则》(2014年修订),特别适用于解决电子商务争议。电子商务纠纷可以申请网上仲裁,网上仲裁流程是指整个仲裁程序的执行过程,即从程序的发起到裁决的执行,如图13-3所示。

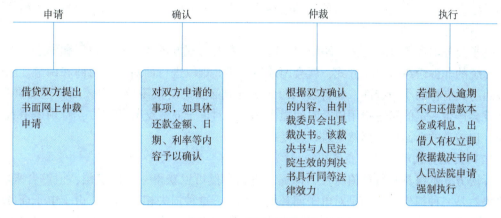

图13-3 网上仲裁流程

仲裁的执行同样可以通过网络进行,当事人在银行或网上银行的资金可通过网络划账还款。如一方不愿主动履行,则胜诉方可要求人民法院强制执行。同样,法院作出强制执行裁定,亦可通过网络指令相关银行强制转账支付欠款或赔款。

采用普通仲裁规则,仲裁庭在组庭后6个月内应作出裁决结案。而依据2015年1月1日起施行《网上仲裁规则》,根据申请标的金额的涉外纠纷,结案时间如表13-4所示。网上仲裁大大缩短了争议解决的时间。

表13-4 根据申请标的金额的仲裁结案时间

标的金额	结案时间
100万元以上	4个月以内
10万~100万元	2个月以内
10万元以下	15天以内

(5) 诉讼

诉讼是指合同纠纷发生后,当事人如果没有仲裁协议,任何一方均可以向人民法院提起民事诉讼,请求人民法院对合同纠纷依法予以处理,这是解决合同纠纷的最常见方式。

 13.1.4 网络在线纠纷的解决方式

1. 传统纠纷解决机制面临的困境

传统的纠纷解决机制划分为非诉讼(包括和解、调解、仲裁)和诉讼方式。显然,不管是非诉讼方式还是诉讼方式，对于解决电子商务纠纷都是可以运用的，但都有着比较突出的缺陷。

（1）非诉讼方式解决电子商务纠纷

非诉讼纠纷解决方式，又称替代性纠纷解决机制（Alternative Dispute Resolution，简称 ADR），主要包括协商、调解和仲裁。该方式由于具有速度快、效率高等优势，在民事类等纠纷处理中得到广泛应用。但是非诉讼纠纷解决方式在处理电子商务纠纷时，却面临着一些不适应性。

电子商务本身具有跨地区、跨境这一特性，交易的双方可能在不同地区和国家，如果采用传统的非诉讼纠纷解决方式，就会因地域问题而难以进行面对面的协商和调解。电子商务纠纷具有标的小的特性，非诉讼纠纷解决方式必要的时候需要当事人双方进行会面，这样就会产生一定的路途费用以及时间投入成本。对电子商务交易的双方，特别是消费者来说，比较高的会面成本仍然是难以接受的。

（2）诉讼方式解决电子商务纠纷

诉讼方式本身具有负价值特性，即通过诉讼虽然可以获得一定的赔偿，但综合来看，诉讼仍然是一种损失。特别是对电子商务纠纷来说，这种损失相对更大。由于电子商务纠纷标的较小，当事人更加希望能够以较小的成本高效率地解决纠纷。但诉讼本身严格的举证程序及高昂诉讼成本，与当事人的愿望是背离的。另外，由于电子商务纠纷的数量比较庞大，如果没有经过过滤筛除，就全部集中到法院来进行处理，势必使法院压力激增，实际上这会极大地浪费司法资源。

2. 网络纠纷的司法管辖

我国民事诉讼法律对于侵权案件的地域管辖，秉持的原则是：侵权行为地、被告住所地。

《民事诉讼法》第二十六条规定："因产品、服务质量不合格造成他人财产、人身损害提起的诉讼，产品制造地、产品销售地、服务提供地、侵权行为地和被告住所地人民法院都有管辖权。"

为了对侵权行为地予以明确，《民事诉讼法》第二十四条规定："民事诉讼法第二十八条规定的侵权行为地，包括侵权行为实施地、侵权结果发生地。"《民事诉讼法》第二十五条规定："信息网络侵权行为实施地包括实施被诉侵权行为的计算机等信息设备所在地，侵权结果发生地包括被侵权人住所地。"上述法条针对日益活跃的信息网络，专门就侵权行为实施地以及侵权结果发生地，进行了更为具体明确的界定。

3. ODR 解决电子商务在线纠纷

在线纠纷解决机制（Online Dispute Resolution，简称 ODR），涵盖所有网络上由非法庭但公正的第三人解决企业和消费者间因电子商务契约所生争执的所有方式。

欧盟的《消费者 ODR 条例》以及联合国国际贸易法委员会出台的《关于网上争议解决的技术指引》是相对比较成熟的，对于我国构建在线纠纷解决机制具有重要的参考和借鉴意义。

（1）ODR 的功能

ODR 业务在国际上主要分在线协商、在线调解、在线仲裁和在线司法四种类型。ODR 能够促使争议快速、合意地解决，保证双方还能继续保持合作。ODR 的具体特点，如表 13-5 所示。

表 13-5 ODR 在线纠纷解决机制的特点

特点	具体内容
高效便捷性	（1）使用 ODR 克服地域障碍和时间障碍，不会受到时间的限制，一天 24 小时都可以进行纠纷处理。 （2）通过 ODR 进行纠纷解决，简化了解决争议的流程，缩短了解决争议的时间，效率也非常高
低成本	（1）ODR 通过网络方式解决纠纷，可以节约住宿和交通费用，降低了资金成本和时间成本。 （2）ODR 网站采用市场化经营，引入企业资金或者保险制度，ODR 的诉讼服务费用少，当事人维权成本较低
灵活性	（1）ODR 的价值属性决定了 ODR 程序本身具有灵活性，这就给当事人带来了很大的便利。比如，当事人可以根据需要选择自己拟定协议，也可以由第三方拟定协议，自主性较强。 （2）如果当事人不愿暴露自身信息，可选择匿名方式参加纠纷调解。 （3）ODR 对于举证规则也相对灵活，因此无须聘请律师
较小对抗性	ODR 无须当事人双方直接会面，避免了当事人在会面时的激烈对抗，有助于双方冷静地解决争议的关键点

（2）ODR 争议解决程序

当事人如果需要纠纷处理，可以登录 ODR 平台填写电子投诉表及相关文件。在填写投诉表时，要注明需要哪一个 ADR 机构进行纠纷处理。由于 ODR 平台只是各成员国 ADR 机构的连接，其本身不具有纠纷解决功能，因此当事人在提交电子表格后，ODR 平台就会将电子表格信息传递给相应的 ADR 机构进行处理。ADR 机构在收到电子表格后，判定能否进行纠纷处理。如果可以进行纠纷处理，则需将相关程序规则以及费用告知当事人，并在 90 天内将纠纷处理完毕。

 13.1.5 域名、无线网址、短信网址纠纷的处理

1. 域名纠纷的类型

（1）域名抢注

中国互联网络信息中心授权的争议解决机构，依据《中国互联网络信息中心域名争议解决办法》，解决 cn/中文域名争议。

作为美国互联网络名称和编码分配机构指定的世界四家通用顶级域名争议解决机构之一的亚洲域名争议解决中心北京秘书处，依据互联网络名称和编码分配机构颁布的《统一域名争议解决政策》解决诸如 .com、.org、.net 等通用顶级域名争议。

（2）通用网址抢注

中国互联网络信息中心授权的通用网址争议解决机构，依据《中国互联网络信息中心通用网址争议解决办法》，解决中国互联网络信息中心负责管理和维护的通用网址争议。

（3）无线网址抢注

中国互联网络信息中心授权的无线网址争议解决机构，依据《中国互联网络信息中心无线网址争议解决办法》，解决中国互联网络信息中心负责管理和维护的无线网址争议。

（4）短信网址抢注

中国移动通信联合会授权的短信网址争议机构，依据中国移动通信联合会短信网址联合信息中心颁布的《短信网址争议解决办法》，解决由中国移动通信联合会短信网址联合信息中心负责管理和维护的短信网址争议。

2. 域名纠纷的解决方法

（1）通过协商方式，有偿转让域名

域名注册纠纷的争议双方可通过协商解决争端，在实践中，有些企业基于各种原因，没有通过法律途径而是与侵权方私下协商，以购回的方式，取得对其域名的所有权。但这样做付出的代价是很大的。据统计，从抢注者手中买回域名，费用高达1万~300万美元。

（2）向人民法院起诉

当事人可根据侵权内容的不同以及维护自身权益的便利性，分别按《反不正当竞争法》《消费者权益保护法》和《商标法》等相关法律法规提起民事侵权诉讼，以维护自身的合法权益。

（3）向专门仲裁机构申请仲裁

域名侵权纠纷总会涉及域名注册方面的一些专业问题，因此向专门的域名争端仲裁机构申请仲裁一般较为简便快捷。

国内域名争议，找域名注册管理机构——中国互联网络信息中心下设的域名争端仲裁机构受理解决，依据《中国互联网信息中心域名争议解决办法》规定的域名仲裁程序，当事人可以向其申请仲裁，解决.cn/中文域名争议。

（4）向工商行政管理部门请求处理

依据《消费者权益保护法》第三十二条、《商标法》第三十五条、《反不正当竞争法》第四条的规定，当事人也可以向工商行政管理部门请求处理。

13.2 电子商务纠纷的法律解决

知识点思维导图

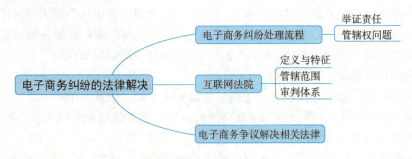

【工作任务】

如何确定纠纷的管辖是有效解决纠纷的首要问题。电子商务纠纷的举证责任如何确定，电子商务纠纷的司法管辖权归属问题如何确定，电子商务纠纷的法律适用等问题，小王对此不太明白，请你帮助小王解答他的疑惑。

【工作过程】

 13.2.1 电子商务纠纷处理流程

1. 电子商务纠纷的举证责任

根据我国《民事诉讼法》有关规定，举证责任原则为"谁主张谁举证"，即当事人对自己提出的主张有责任提供证据。在一些特殊类型的侵权案件和某些技术性、专业性较强的案件中，权利主张人限于客观原因很难举证证明自己的主张，此时举证责任发生倒置，由造成侵害的一方承担举证责任来证明自己无过错或损害是由对方造成的，如不能举证就要承担民事责任。

中国电子商务目前已经发展到较为成熟的阶段，与此同时，知识产权保护遇到一些新的问题。《中国法院知识产权司法保护状况（2019）》显示，2019 年，人民法院共新收一审、二审、申请再审等各类知识产权案件 481 793 件，比 2018 年分别上升 44.16% 和 48.87%。以网络传播侵权为主，近几年更是呈爆发式增长，国家对于网络知识产权保护越来越重视。与此同时，《侵权责任法》《电子商务法》《民法典》等法律规定的具体适用存在不同的理解，司法实践中也出现裁判标准不统一的情况。正是基于上述两大背景，最高法出台了相关规定。

2020 年 9 月 10 日最高人民法院公布《最高人民法院关于审理涉电子商务平台知识产权民事案件的指导意见》（简称《意见》），9 月 12 日公布《最高人民法院关于涉网络知识产权侵权纠纷几个法律适用问题的批复》（简称《批复》），《意见》和《批复》明确了电子商务、网络侵权举证责任倒置的规定，平台经营者可以要求平台内经营者提交技术特征或者设计特征对比的说明等证据材料，进一步建立和完善保障电子商务中消费者合法权益的机制。

2. 电子商务纠纷的管辖权问题

网上购物引起纠纷，进行司法诉讼如何选择管辖权？电子商务纠纷的管辖权，有如下两种选择。

（1）选择被告所在地或常住地院管辖

民事诉讼采取原告就被告的原则，简单说，就是到被告所在地或常住地法院起诉。

根据我国《民事诉讼法》第二十三条规定："因合同纠纷提起的诉讼，由被告住所地或者合同履行地人民法院管辖。"被告住所地，一般是比较明确的，即被告经常居住地或被告户籍所在地。

（2）选择合同履行地法院管辖

合同纠纷管辖地的选择，在司法实践中为了节省成本，律师一般会想办法选择合同履行地法院起诉。

根据我国《最高人民法院关于适用〈中华人民共和国民事诉讼法〉的解释》第二十条规定："以信息网络方式订立的买卖合同，通过信息网络交付标的的，以买受人住所地为合同履行地;通过其他方式交付标的的,收货地为合同履行地。合同对履行地有约定的,从其约定。"

3.《电子商务法》关于电子商务争议解决的相关法律条文

《电子商务法》第五十八至六十三条的内容,涉及电子商务争议解决方式,可以采取传统线下方式,也可以采取在线方式。

(1)向有关行政机关投诉

《电子商务法》第六十条规定:"电子商务争议可以通过协商和解、请求消费者组织、行业协会或者其他依法成立的调解组织调解,向有关部门投诉,提请仲裁,或者提起诉讼等方式解决。"

(2)向电子商务平台经营者寻求解决

《电子商务法》第六十一条规定:"消费者在电子商务平台购买商品或者接受服务,与平台内经营者发生争议时,电子商务平台经营者应当积极协助消费者维护合法权益。"

《电子商务法》第六十二条规定:"在电子商务争议处理中,电子商务经营者应当提供原始合同和交易记录。因电子商务经营者丢失、伪造、篡改、销毁、隐匿或者拒绝提供前述资料,致使人民法院、仲裁机构或者有关机关无法查明事实的,电子商务经营者应当承担相应的法律责任。"

(3)采用在线解决机制

《电子商务法》第六十三条规定:"电子商务平台经营者可以建立争议在线解决机制,制定并公示争议解决规则,根据自愿原则,公平、公正地解决当事人的争议。"

【思考】《电子商务法》第六十条规定的争议解决方式与第六十三条规定的平台争议解决机制的联系和区别。

13.2.2 互联网法院

1. 互联网法院的定义与特征

互联网法院是指案件的受理、送达、调解、证据交换、庭前准备、庭审、宣判等诉讼环节在互联网上完成,以全程在线为基本原则的法院。这是司法主动适应互联网发展趋势的一项重要举措。

互联网审理案件,探索建立与互联网时代相适应的审判模式,推动起诉、调解、立案、庭审、判决、执行等诉讼环节全程网络化,创新顺应互联网审判的程序规则,建立全类型案件标准化、智能化审理模式,发挥跨地域审理优势,方便当事人参与诉讼。

2. 互联网法院的管辖范围

为规范互联网法院诉讼活动,保护当事人及其他诉讼参与人合法权益,2018年9月3日,最高人民法院审判委员会第1747次会议审议通过了《最高人民法院关于互联网法院审理案件若干问题的规定》,自2018年9月7日施行。其中规定,互联网法院管辖范围如下:"(一)通过电子商务平台签订或者履行网络购物合同而产生的纠纷;(二)签订、履行行为均在互联网上完成的网络服务合同纠纷;(三)签订、履行行为均在互联网上完成的金融借款合同纠纷、小额借款合同纠纷;(四)在互联网上首次发表作品的著作权或者邻接权权属纠纷；（五）在互联网上侵害在线发表或者传播作品的著作权或者邻接权而产生的纠纷；（六）互联网域名权属、侵权及合同纠纷；（七）在互联网上侵害他人人身权、财产权等民事权益而产生的纠纷；（八）通过电子商务平台购买的产品，因存在产品缺陷，侵害他人人身、财产权益而产生的产品责任纠纷；（九）检察机关提起的互联网公益诉讼案件；（十）因行政机关作出互联网信息服务管理、互联网商品交易及有关服务管理等行政行为而产生的行政纠纷；（十一）上级人民法院指定管辖的其他互联网民事、行政案件。"

3. 互联网审判体系的意义

将涉及网络的一些案件，从现有的审判体系当中分离出来，依托先进的互联网技术和大数据分析技术，完成整个案件的审核过程，从而实现节约资源和便民诉讼的目的。互联网审判体系创新发展的重大意义，主要有如下三点。

（1）实现互联网审判体系的创新发展

从杭州互联网法院试点情况来看，集中管辖互联网案件、完善配套机制建设，有利于提升专业化审判水平，有利于推动网络空间治理法治化，实现人民法院审判体系和审判能力的现代化发展。

（2）强化互联网空间秩序的规范治理

通过对更多新型互联网案件的公正审理，以公正裁判引导和规范网络行为，强化对网络虚拟财产、知识产权、企业商业秘密、公民个人信息的保护力度，推动构建网络空间安全保障体系，促进全面提升个人信息安全保护能力，打造公平诚信的网络环境。

（3）推广互联网空间全球治理的中国经验

互联网法院的增设和完善，是我国主动参与全球网络空间治理和规则制定的重大尝试。近年来，人民法院在智慧法院建设基础上，进一步探索互联网司法新模式，总结形成网络治理的中国经验。

我国三家互联网法院

（1）杭州互联网法院

2017年8月18日，全国首家互联网法院——杭州互联网法院正式成立，该法院定位于用互联网方式审理互联网案件，集中管辖杭州市辖区内基层人民法院有管辖权的涉互联网案件。当事人通过互联网，足不出户就能完成诉讼。

（2）北京互联网法院

2018年9月9日，北京互联网法院挂牌成立。北京互联网法院集中管辖互联网购物合同纠纷、互联网著作权权属纠纷等案件。登录北京互联网法院电子诉讼平台，即可足不出户网上打官司。另外，随着北京互联网法院的成立，北京铁路运输法院同时撤销。2019年6月27日，北京互联网法院"在线智慧诉讼服务中心"正式上线。

（3）广州互联网法院

2018年9月28日，广州互联网法院正式挂牌成立。这是继杭州、北京互联网法院后，我国成立的第三家互联网法院。广州互联网法院按照广州市城区基层人民法院设置，对广州市人大常委会负责，接受广州中院的监督和指导。

总体上，互联网法院审理案件呈现出三个特点：一是收结案数量双高，互联网技术在便捷诉讼、增效审判方面成果初显；二是知识产权案件占比高；三是新类型案件多，折射出互联网新技术、新业态、新模式、新内容发展蓬勃，亟待规范。

以案说法

案例1：互联网第一案——《后宫甄嬛传》作者诉网易公司侵权案

2017年8月18日上午，杭州互联网法院揭牌后的第一案开审。互联网法院联网的大屏幕显示，原告位于杭州，而被告位于北京。互联网法院让"网上纠纷网上了"变成现实。原告为《后宫甄嬛传》作者，被告为网易公司，起诉案由是，网易未经授权，在其经营的网站"网易云阅读"上通过收费方式非法向公众提供《后宫甄嬛传》的在线阅读服务，侵害作品信息网络传播权。根据《信息网络传播权保护条例》，所谓信息网络传播权，是指以有线或者无线方式向公众提供作品、表演或者录音录像制品，使公众可以在其个人选定的时间和地点获得作品、表演或者录音录像制品的权利。审理完第一案，只花了不到半个小时。

【法官说法】

这个案件属于互联网著作权属和侵权纠纷，《著作权法》第十条应当是对著作权人拥有的权利的原则性规定，其中包括发表权、署名权、修改权、保护作品完整权等）以及许可他人使用获得报酬的权利。复制权、发行权、出租权、展览权、表演权、放映权、广播权、信息网络传播权、摄制权、改编权、翻译权、汇编权以及应当由著作权人享有的其他权利。

案例2：宝洁公司诉北京国网公司域名纠纷案

原告：（美国）宝洁公司

被告：北京国网信息有限责任公司

原告（美国）宝洁公司诉讼请求：被告国网公司注册的"whisper.com.cn"域名与我公司的驰名商标在读音、字母组合上均完全相同，该域名是对我公司的驰名商标的抄袭与模仿，被告国网公司的此种行为旨在搭乘和利用我公司的驰名商标所附属的商誉而行销自己，使我公司无法在网络媒体上利用自己的驰名商标创造商机，降低了该驰名商标的广告价值，且导致消费者的混淆，淡化了该驰名商标在网络上表现与区别商品的能力，损害了我公司的合法权益。被告国网公司的行为构成了不正当竞争并侵害了我公司的商标权，故请求法院依据《中国互联网络域名注册暂行管理办法》及其《实施细则》和《中华人民共和国反不正当竞争法》《中华人民共和国商标法》及《保护工业产权巴黎公约》的有关规定，判令被告国网公司：第一，立即停止商标侵权及不正当竞争行为，立即停止使用并撤销"whisper.com.cn"域名；第二，承担本案的诉讼费用和律师费、调查取证费等费用两万元人民币。

【审判结果】

被告北京国网公司注册了与原告宝洁公司的驰名商标相同的域名，易使消费者产生混淆，误认为该域名的注册人为驰名商标的注册权人或与其存在某种必然的联系，并在客观上利用了附属于该驰名商标的商业信誉，以有益于本公司的经营活动。"WHISPER"作为驰名商标，具有较高的认知度，被告国网公司明知或者应知该商标是带有较高价值的驰名商标，且经查证，北京国网公司还注册了大量与其他在先注册的知名商标相同的域名，并均未开通使用，其待价而沽的非善意注册的主观动机是十分明显的，故被告国网公司将与自己没有任何合理性关联的"WHISPER"驰名商标注册为域名，有悖诚实信用的基本原则，构成了不正当竞争。

对此，被告国网公司应承担相应的法律责任。故依据《中华人民共和国反不正当竞争法》第二条第一款的规定，判决如下：第一，被告北京国网信息有限责任公司注册的"whisper.com.cn"域名无效，北京国网信息有限责任公司立即停止使用并于本判决生效后十日内撤销该域名；第二，被告北京国网信息有限责任公司赔偿原告（美国）宝洁公司经济损失两万元人民币。

【法官说法】

被告北京国网信息有限责任公司注册"whisper.com.cn"域名的行为，违反了《中国互联网络域名注册暂行管理办法》及其《实施细则》的有关规定，有悖《保护工业产权巴黎公约》的有关规定及精神和《中华人民共和国反不正当竞争法》的基本原则，对原告宝洁公司驰名商标的专用权造成了侵害，构成不正当竞争。

案例3：北京爱奇艺公司诉北京搜狗公司等不正当竞争纠纷案

原告：北京爱奇艺科技有限公司

被告：北京搜狗信息服务有限公司

原北京爱奇艺科技有限公司（以下简称爱奇艺公司）系爱奇艺网站的经营者。爱奇艺网站是以提供文艺、娱乐等领域的视频内容为主的网站。被告北京搜狗信息服务有限公司（以下简称搜狗公司）是搜狗输入法软件的提供者。当用户在互联网环境下使用搜狗输入法进行拼写时，搜狗输入法同时提供"输入候选"和"搜索候选"，用户点击"搜索候选"，会跳转至搜狗搜索网站。"输入候选"和"搜索候选"在搜狗输入法中呈现上下两列、不同大小的区分，同时搜狗输入法提供了关闭"搜索候选"的设置，但在安装时默认带有"搜索候选"功能。被控不正当竞争行为的表现方式为：当手机用户在浏览器环境下进入爱奇艺网站，在使用搜狗输入法输入拟搜索的视频名称时，用户点击了搜狗输入法提供的"搜索候选"词而跳转至搜狗搜索引擎，且搜索结果第一位中显示有搜狐视频的内容。爱奇艺公司认为，搜狗输入法中"搜索候选"的呈现方式极易使用户误认为是"输入候选"，诱导用户进行点击，从而使网页跳转至搜狗公司的搜狗搜索，并呈现其关联公司搜狐视频，损害了爱奇艺网站的利益，该行为构成不正当竞争。被告上海恩度网络科技有限公司（以下简称恩度公司）通过其运营的"N多市场"向公众提供搜狗输入法的下载，亦应承担侵权责任。爱奇艺公司诉请法院判令：1. 搜狗公司立即停止以不正当竞争的方式向用户提供其运营的搜狗输入法软件的"搜索候选"功能；2. 搜狗公司向爱奇艺公司赔偿经济损失100万元，恩度公司就其中的10万元承担连带责任；3. 搜狗公司、恩度公司共同赔偿爱奇艺公司为制止侵权行为所支出的合理开支134 000元。

上海知识产权法院审理认为，本案被控行为虽然使爱奇艺公司遭受了损失，但其损失是有限的，爱奇艺公司的正常运营并没有受到实质性的妨碍或破坏；给消费者权益带来的影响也具有复杂性，且并未破坏市场选择功能，未扰乱市场竞争秩序。因此，搜狗公司的行为并不构成不正当竞争。故二审判决驳回上诉，维持原判。

【法官说法】

本案判决思路紧扣2018年新施行的《反不正当竞争法》有关一般条款修改的立法精神，以竞争者、消费者和市场秩序三元利益的平衡作为判断被控行为是否正当的基础，并考虑互联网环境的特点和互联网产业发展。本案判决还强调了竞争是市场经济最基本的运行机制，对于未实质妨碍其他经营者正常经营、亦未破坏市场竞争秩序、且具有创新效果的竞争行为，司法应赋予市场自由竞争的空间。本案的裁判理念和思路对于判断互联网环境下新型竞争行为是否构成不正当竞争具有重要的借鉴和指导意义。

职业素养养成

提高反诈识别力，防范网购诈骗

某平台诉平台内经营者售假造成平台商誉损失案

随着现代科技的发展，我们的生活方式也在改变，网购现已成为人们生活中不可或缺的一种购物方式，人们足不出户就能满足一切生活需求。近年来，犯罪分子利用高科技手段设立网购陷阱进行诈骗，各种骗术防不胜防，主要有以下几种诈骗手段：(1) 诱骗网购人员登录钓鱼网站，骗取密码；(2) 谎称物品有质量问题，诱骗网购人员点击退款假链接；(3) 设置陷阱，诱骗网购人员兼职刷单等。

广大消费者要时刻防骗意识，提高反诈识别力，需要做到以下几点：(1) 凡陌生人发送的手机链接和二维码，一律不点击、不扫描；(2) 陌生人要求扫码支付刷单的，网上遇到兼职扫码刷单返还佣金的，均是诈骗；在电商平台购买商品时，要使用安全的第三方支付平台进行交易，不要直接通过QQ链接支付，以确保资金安全；(3) 对于在QQ、微信等社交平台上发布的购物、兼职、刷单等信息不要相信，所谓的"保障金""押金""刷单超时无法返还佣金"等均为骗子的话术；(4) 电脑、手机中安装"国家反诈中心App"安全软件，可以有效拦截钓鱼网站。

本章小结

电子商务纠纷的种类和特点；电子商务争议的解决和法律责任；电子商务争议解决的相关法律条文；电子商务争议解决的途径；电子商务诉讼举证责任；电子商务线上纠纷处理机制；互联网著作权权属和侵权纠纷。

本章习题

习题答案

一、判断题

1. 电子商务争议可以通过协商和解，请求消费者组织、行业协会或者其他依法成立的调解组织调解，向有关部门投诉，提请仲裁，或者提起诉讼等方式解决。（   ）

2. 电子商务平台经营者可以建立争议的在线解决机制，制定并公示争议解决规则，根据自愿原则，公平公正地解决当事人的争议。（   ）

3. 在电子商务交易纠纷中，消费者仅以商品经营者为被告提起诉讼的，法院要依职权追加网络交易平台提供者为被告参加诉讼。（   ）

4. 电子商务侵权纠纷不应该实施举证责任倒置，以保护消费者权益。（   ）

二、填空题

1. 解决电子商务交易纠纷的机制有协商、_____、仲裁和诉讼等，此外还有较新颖的在线争议解决方式。

2. 互联网法院是指案件的受理、送达、调解、证据交换、庭前准备、庭审、宣判等诉讼环节在_____上完成。

3. ODR 业务在国际上主要分在线协商、在线调解、在线_____和在线司法四种类型。

三、单项选择题

1. 电子商务争议中，较新颖的纠纷解决方式是（   ）。
A. 在线 ODR   B. 调解   C. 仲裁   D. 诉讼

2. 在线纠纷解决机制是指（   ）。
A. 解决企业和企业间因电子商务契约所生争执的所有方式
B. 所有的网络上由非法庭但公正的第三人，解决企业和消费者间因电子商务契约所生争执的所有方式
C. 通过电子邮件方式，解决企业和消费者间因电子商务契约所生争执的所有方式
D. 通过 MSN 等实时沟通软件方式，解决企业和消费者间因电子商务契约所发生争执的所有方式

四、多项选择题

1. 在线纠纷解决机制的优势是（   ）。
A. 解决纠纷方式的效率性   B. 解决纠纷方式的灵活性
C. 处理争端的灵活性   D. 处理争议的经济性
E. 适用规则的效率性   F. 适用规则的灵活性

2. 有关电子商务个人信息保护的立法，目前已经颁布并正式施行的是（　　）。
A. 《中华人民共和国民法典》　　　　B. 《中华人民共和国电子商务法》
C. 《中华人民共和国个人信息保护法》　D. 《中华人民共和国电子签名法》

五、简答题

1. 简述电子商务纠纷解决机制的概念。
2. 如何确立网络侵权责任纠纷中的管辖权？

附录1：电子商务领域涉及的部分法律

1. 《中华人民共和国电子签名法》
2. 《中华人民共和国电子商务法》
3. 《中华人民共和国民法典》
4. 《中华人民共和国商标法》
5. 《中华人民共和国专利法》
6. 《中华人民共和国技术合同法》
7. 《中华人民共和国刑法》
8. 《中华人民共和国著作权法》
9. 《中华人民共和国反不正当竞争法》
10. 《中华人民共和国食品安全法》
11. 《中华人民共和国消费者权益保护法》
12. 《中华人民共和国商业银行法》
13. 《中华人民共和国税收征收管理法》
14. 《中华人民共和国民事诉讼法》
15. 《中华人民共和国网络安全法》
16. 《中华人民共和国个人信息保护法》

附录2：电子商务领域涉及的部分法规

1. 《中国互联网络信息中心域名争议解决办法》
2. 《国务院办公厅关于加快电子商务发展的若干意见》
3. 《电子认证服务管理办法》
4. 《电子银行业务管理办法》
5. 《电子银行安全评估指引》
6. 《互联网电子邮件服务管理办法》
7. 《信息网络传播权保护条例》
8. 《关于网上交易的指导意见（暂行）》
9. 《关于促进电子商务规范发展的意见》
10. 《非金融机构支付服务管理办法》
11. 《电子商务示范企业创建规范（试行）》
12. 《关于开展国家电子商务示范城市创建工作的指导意见》
13. 《第三方电子商务交易平台服务规范》
14. 《商务部关于利用电子商务平台开展对外贸易的若干意见》
15. 《关于促进电子商务应用的实施意见》
16. 《关于跨境电子商务零售出口税收政策的通知》
17. 《财政部国家税务总局海关总署商务部关于跨境电子商务综合试验区零售出口货物税收政策的通知》
18. 《电信和互联网用户个人信息保护规定》
19. 《信息安全技术 个人信息安全规范》（GB/T 35273—2020）
20. 《关于网上交易的指导意见（暂行）》
21. 《电子认证服务密码管理办法》
22. 《网上交易平台服务自律规范》
23. 《支付清算组织管理办法》（征求意见稿）
24. 《电子支付指引（第一号）》
25. 《关于全面推广跨境电子商务出口商品退货监管措施有关事宜的公告》

26. 《网络直播营销行为规范》
27. 《网络购买商品七日无理由退货暂行办法》
28. 《市场监管总局关于加强网络直播营销活动监管的指导意见》
29. 《关于审理涉及计算机网络域名民事纠纷案件适用法律若干问题的解释》
30. 《中华人民共和国消费者权益保护法实施条例》
31. 《中国互联网信息中心域名争议解决办法》
32. 《关于加强网络直播营销活动监管的指导意见》
33. 《关于跨境电子商务零售出口税收政策的通知》
34. 《关于实施支持跨境电子商务零售出口有关政策的意见》
35. 《关于互联网法院审理案件若干问题的规定》
36. 《App 违法违规收集使用个人信息行为认定方法》
37. 《App 违法违规收集使用个人信息自评估指南》

附录3：电子商务领域涉及的常用法律网站

1. 中华人民共和国最高人民法院（http：//www.court.gov.cn）
2. 中国裁判文书网（http：//wenshu.court.gov.cn）
3. 中国庭审公开网（http：//tingshen.court.gov.cn）
4. 中国审判流程信息公开网（http：//splcgk.court.gov.cn）
5. 中国执行信息公开网（http：//zxgk.court.gov.cn）
6. 人民法院知识产权审判网（http：//zscq.court.gov.cn）
7. 人民法院诉讼资产网（http：//www.rmfysszc.gov.cn）
8. 最高人民法院诉讼服务网（http：//ssfw.court.gov.cn）
9. 人民法院送达平台（http：//songda.court.gov.cn）
10. 人民法院公告网（https：//rmfygg.court.gov.cn）
11. 中国法院网（https：//www.chinacourt.org）
12. 《人民法院报》官网（http：//rmfyb.com）
13. 《人民司法》官网（http：//rmsf.chinacourt.org）
14. 最高人民法院数字图书馆（http：//eastlawlibrary.court.gov.cn）
15. 中国法院博物馆（http：//mcc.chinacourt.org）
16. 国家法官学院（http：//njc.chinacourt.org）
17. 中国应用法学网（http：//yyfx.court.gov.cn）
18. 人民法院出版集团（http：//www.courtbook.com.cn）

参考文献

[1] 董晓波. 谈谈中国法律典籍"走出去"[N]. 人民日报, 2020-04-26(7).

[2] 孙祥和. 电子商务法律实务[M]. 北京：中国人民大学出版社, 2019.

[3] 孙占利. 国际电子商务立法：现状、体系及评价[J]. 学术界. 2008(04).

[4] 网经社电子商务研究中心. 2019—2020年中国电子商务法律报告[EB/OL]. (2020-06-23)[2021-07-29]. http://www.100ec.cn/zt/2019_2020flbg/.

[5]《电子商务法》有哪些特点、亮点？[EB/OL]. (2018-08-31)[2021-07-29]. https://baijiahao.baidu.com/s?id=1610307382668996669&wfr=spider&for=pc.

[6]《民法典》亮点集锦和模拟题——合同编[EB/OL]. (2020-07-13)[2021-07-29]. https://www.sohu.com/a/407384169_120178960?_trans_=000014_bdss_dktf.

[7] 徐鹭鹭. 结合案例分析电子商务税收问题[J]. 合作经济与科技. 2014(09)

[8] 王婷婷. 第三方电子支付平台的法律规制问题研究[D]. 长春：吉林大学, 2019.

[9] 张淑杰. 新加坡《支付服务法案》对我国的启示[J]. 黑龙江金融, 2020(02): 47-48.

[10] 徐阳, 王小波. 电子商务移动支付风险分析[J]. 现代商业, 2020(33).

[11] 张彤. 论民法典编纂视角下的个人信息保护立法[J]. 行政管理改革. 2020(2).

[12] 直播带货的法律责任分析.[EB/OL].(2020-07-13).[2021-07-29]. https://www.thepaper.cn/newsDetail_forward_10662565.

[13] 王宗鹏, 苏凌清. 从"虎牙域名恶意解析案"探究域名侵权判断规则[EB/OL].(2021-01-15)[2021-09-21]. https://www.sohu.com/a/444754389_221481.

[14] 国家市场监督管理总局公布2019年第四批虚假违法广告典型案件[EB/OL]. (2019-12-17)[2021-07-29]. http://www.samr.gov.cn/ggjgs/sjdt/gzdt/201912/t20191217_309265.html.

[15] 付金. 跨境电商怎样规避法律风险[N]. 北京日报, 2015-03-12.

[16] 跨境电商的知识产权侵权风险及防范措施[EB/OL]. (2020-11-16)[2021-

07-29]. https：//www.sohu.com/a/432271866_120051855.

[17]"互联网+"时代银行卡风险增加 需警惕交易风险[EB/OL].（2016-02-25）[2021-07-29]. http：//www.cac.gov.cn/2016-02/25/c_1118157974.htm.

[18]中国法院的互联网司法白皮书[M].北京，人民法院出版社，2019.

[19]卢秀艳.我国电子商务纠纷在线解决机制研究[D].重庆：重庆大学，2019.

[20]万丽.从一则案例看跨境电商出口中的知识产权侵权风险与防范[J].对外经贸实务，2020（11）.